BRASIL
APARTHEID

Luís Mir

BRASIL APARTHEID

GENÉTICA DE POPULAÇÕES

Raças não existem.
Pele não tem cor.

GERAÇÃO

BRASIL APARTHEID: Genética de populações
Raças não existem. Pele não tem cor

Copyright © 2024 by Luís Mir
Copyright desta edição © 2024 by Geração Editorial

1ª edição - Julho de 2024

Grafia atualizada segundo o Acordo Ortográfico da Língua Portuguesa de 1990, que entrou em vigor no Brasil em 2009.

Editor e Publisher
Luiz Fernando Emediato

Produção Gráfica e Editorial
Antonio Emediato

Capa e Projeto Gráfico
Alan Maia

Imagem de Capa
Criada por Antonio Emediato

Preparação
Angela Tijiwa

Revisão
Josias A. de Andrade

Dados Internacionais de Catalogação na Publicação (CIP) de acordo com ISBD

M671b	Mir, Luís
	Brasil Apartheid: Genética de Populações / Luís Mir. -- Geração Editorial, 2024.
	416 p. : il. : 15,6cm x 23cm.
	Inclui índice e bibliografia.
	ISBN: 978-65-5647-133-4
	1. Ciências Sociais. 2. Sociologia e Antropologia. 3. Racismo. 4. Apartheid Brasil. 5. Genômica. I. Título.
2024-583	CDD 300
	CDU 3

Elaborado por Odilio Hilario Moreira Junior – CRB-8/9949

Índice para catálogo sistemático:

1. Ciências Sociais   300
2. Ciências Sociais   3

GERAÇÃO EDITORIAL LTDA.
Rua: João Pereira, 81 - Lapa
CEP: 05074-070 - São Paulo - SP
Telefone: 55 11 3256-4444
E-mail: geracao@geracaoeditorial.com.br

Impresso no Brasil
Printed in Brazil

Para Helena Keico Sato,
primeira, única, sempre.

Para Alberto Hideki Kanamura,
parceiro na literatura e na medicina.

E para Francisco Mauro Salzano,
meu mestre orientador,
fundador do Brasil Genético.

Sumário

Apresentação 9
Alberto kanamura
Prefácio 13
Introdução 17

Capítulo 1 | **Vida e evolução**
Código universal 29
E no princípio tudo eram ervilhas......34
Big Bang 38
Seres atômicos 42
Milhões de anos 45
Bioquímica da vida 48
Seres sistêmicos 52
Morte e evolução 55
Hegemonia do sistema 57

Capítulo 2 | **Humanidade africana**
Mamíferos bem adaptados 63
Hominídeos 65
Pai e mãe 72
Espécie dominante 78
Nossos ancestrais 81

Seleção natural 83
Seleção e demografia 91
Violência geneticamente evolutiva 93
Epigenética 94

Capítulo 3 | **Evolução e humanidade**
Africanidade populacional 104
Epiderme e pigmentação 108

Capítulo 4 | **Ciência eugenista**
Racismo científico 119
Gobineau e o imperador 122
Aparição da eugenia 123
Estado eugenista 126
Cavalli-Sforza e a genética
de populações 130
Onguismo terrorista 138
Jonathan Pritchard 138
Supremacia despigmentada 140
Branqueamento e desafricanização ..146
Democracia racial 150

Capítulo 5 | **Africanismo brasileiro**

Genômica populacional brasileira 157

Medicina eugenista 160

Teses eugenistas 174

Higiene social eugenista...................177

Terror médico – Boletins de eugenia ...180

Capítulo 6 | **Mal absoluto**

Companhias Escravistas Jesuíticas ...193

Mar de informação 197

Modernidade escravocrata 208

Capítulo 7 | **Herança maldita**

Independência 225

Império 230

República 231

Pátria-estado 235

Mitos fundadores.............................239

Capítulo 8 | **Guerra sem fim**

Segregação programada 250

Guerra civil étnica............................254

Escola de frankfurt 258

Soweto é aqui...................................261

Constituição e *apartheid*..................268

Suprema Corte do *apartheid* 272

Apartheid universal..........................276

Crime de Lesa-humanidade 284

Capítulo 9 | **Armas do *Apartheid***

Terrorismo étnico-militar 289

Corpos policiais terroristas 296

Apartheid impune 300

Direitos humanos e guerra étnica 307

Capítulo 10 | **Vitimologia étnica**

Apartheid Educacional 315

Apartheid da desigualdade 318

Capítulo 11 | **Sequelas do *apartheid***

Medo profundo................................327

Vítimas preferenciais 329

Capítulo 12 | **Crime imprescritível**

Lixo humano 339

Apartheid corrupto 343

Apartheid global 349

Reparação brasileira 354

Reparação na Namíbia 358

Trégua..359

Conclusão

Negociação negacionista 368

Sociedade omissa 370

Glossário – Genômica e evolução..373

Bibliografia científica 403

Apresentação

Alberto Kanamura*

A ciência nasceu com o homem. Observando a natureza que o cercava, fez perguntas. Para algumas obteve respostas; para outras, formulou hipóteses e elaborou teorias e crenças que foram sendo acumuladas. O que não conseguia explicar envolveu em misticismo e inventou causas sobrenaturais. O sobrenatural serviu a aproveitadores e a privilegiados. Privilégio que resultou em desigualdade, instrumento de poder e de dominação de uns sobre outros. Tornar o conhecimento das ciências naturais de domínio público, quebrando o exclusivismo da informação em prol de todos, foi o passo corajoso que alguns iluminados tiveram que dar, para que a ciência viesse a ser a grande alavanca civilizatória.

Entretanto, esse processo que já dura milênios, não foi retilíneo. Entre avanços e retrocessos, acertos e erros, facilidades e obstáculos, a verdade científica foi sendo burilada pela persistência. Pensar, pesquisar e divulgar o que era descoberta impunha riscos. Galileu, que confrontou a ciência de Aristóteles, quase foi queimado vivo. Darwin esperou por 20 anos para publicar o seu "A origem das espécies", com medo da igreja criacionista.

Com o argumento de que cristãos não poderiam ser escravizados, a Europa aboliu a escravidão na Idade Média. Entretanto, com a descoberta das Américas, a escravidão retornou com força, porque a produção agrícola e a exploração das riquezas do Novo Mundo importavam muito para a Europa, o hegemônico mundo de então. O escravo não era outro europeu, mas africano, e considerado uma espécie inferior, uma subespécie, além de o aprisionamento e escravização serem práticas aceitas na cultura daquele continente, a África — assim justificavam. Cientificamente, diziam, eram mais ajustados ao trabalho braçal do que o nativo americano. Para que esse modelo de economia pudesse ser sustentado por mais de 300 anos, a ciência foi utilizada pela elite dominante, e até hoje serve como desculpa.

No Brasil dos portugueses, a história não aconteceu de modo diferente. Um importante território da África era também português, e trazer africanos escravizados para o Brasil era uma empreitada natural. Até tentaram escravizar índios, mas não deu certo. Primeiro, no ciclo da cana; depois no ciclo do ouro e, por fim, no ciclo do café no Vale do Rio Paraíba. Foi a escravidão mais duradoura do Novo Mundo, que marcou profundamente a formação do povo brasileiro em todos os aspectos. Os ecos das lamúrias das senzalas, dos gritos do pelourinho, depois de 134 anos da formal abolição, ainda são ouvidos em todos os lugares onde vivem os que descendem das nações abaixo do Saara. Durante todo esse tempo, continuaram apartados e discriminados, como se fosse natural.

A ciência comete erros, por isso suas "verdades" precisam ser revisadas de quando em quando, para que efetivamente possa servir ao mundo civilizado que se almeja. A ciência descobre que, dentro da grande diversidade na aparência, o *Homo sapiens* é uma espécie única. Houve um tempo em que alguns estudiosos acreditaram ser o criminoso um caráter primariamente hereditário, e pela aparência do seu rosto e pelas medidas do seu crânio era possível identificá-lo. A criminologia evoluiu, abandonando a antropometria como método, e essa ciência é estudada em novas bases psicossociais. A biologia, baseada na morfologia e nas medidas, justificou por muito tempo a existência das raças como explicação científica para a diferença entre pessoas. A mesma biologia, agora molecular, se encarregou de derrubar. É nesta linha que esta obra de Luís Mir se apresenta, com argumentos que rompem com o inaceitável estado de coisas. Removendo o véu da ignorância, ilumina com ciência o tema da discriminação de iguais por iguais, que, em meio à conveniente penumbra, permeia a sociedade.

ALBERTO KANAMURA é médico, cirurgião-geral, com mestrado em ciências pela Faculdade de Medicina da Universidade de São Paulo (FMUSP) e especialista em gestão hospitalar e sistemas de saúde. Foi superintendente do Hospital das Clínicas da Faculdade de Medicina da FMUSP e diretor do Hospital Israelita Albert Einstein. Consultor na gestão de sistemas de saúde e na gerência de hospitais públicos e privados de excelência e *expert* em literatura médica contemporânea.

Prefácio

A ciência — em todos os campos — não está subordinada ao calendário. Ela é atemporal e regida por hipóteses a serem investigadas e descobertas; e estas hipóteses, quando confirmadas com resultados interpares, são incorporadas ao saber científico mundial.

Alguns exemplos:

Mendel fundou a genética (atual genômica) em 1865, ao publicar os resultados dos seus experimentos com ervilhas, ficando estabelecidas cientificamente as leis de hereditariedade de todos os seres vivos.

A descoberta da molécula do DNA por Rosalind Franklin, em 1951, elucidou a programação da criação da vida e verificou que nos tornamos, com a seleção natural, com um genoma universal, uma só espécie humana.

Com a Teoria da Evolução das Espécies, publicada em 1859, Darwin acabou com as farsas religiosas e científicas sobre a espécie humana (e de todos os outros seres vivos).

A magnífica teoria das ondas gravitacionais foi proposta por Einstein há 100 anos, junto com a Teoria da Relatividade Geral.

A lei da gravitação universal, proposta por Newton, há mais de 300 anos, condiciona até hoje os movimentos da física contemporânea.

A especulação teórica sobre os buracos negros teve início no século XVIII, mas só conseguimos fotografar o primeiro no século XXI.

O século XX pode ser considerado como uma era de ouro para as ciências biológicas. A herança recebida do século XIX exigia respostas: 80% dos males estavam diagnosticados, embora a maioria deles exigisse medicações e procedimentos que ainda levariam décadas para serem conseguidos.

Nas cirurgias, tivemos o clorofórmio, que as tornou seguras. De cada dez pacientes operados, metade morria na mesa ou no pós-operatório. Novos anestésicos, no fim do século XX, chegaram a um grau de segurança total.

Com a penicilina e o posterior desenvolvimento de antibióticos (e antivirais), as infecções (e as moléstias infectocontagiosas) tiveram sua morbidade controlada e reduzida a praticamente zero.

Com as vacinas, que para alguns foram um dos três maiores avanços preventivos da atual civilização, calcula-se que foram evitadas entre 100 e 120 milhões de mortes no século passado e foram erradicadas, ainda, doenças como a paralisia infantil, flagelo de sequelas agudas para milhões.

Também o raio X tornou-se uma ferramenta diagnóstica de inestimável valor no dia a dia. Atualmente, temos a tomografia computadorizada em 3D, que reproduz qualquer órgão ou sistema do corpo humano, com precisão absoluta.

E chegamos aos transplantes. Embora com o problema da rejeição não totalmente controlado, a sobrevida dos pacientes é assegurada por muitos anos.

Em relação ao tratamento do câncer, alguns se tornaram controláveis, possibilitando a seus portadores uma sobrevida normal em termos de atividades e rotina, por muitos anos. Diz-se que o paciente vai morrer, mas não de câncer.

E junto com a inseminação artificial, houve a descoberta da insulina, o tratamento para o raquitismo e diversos outros avanços de prevenção e tratamento. Sem esquecer a pílula anticoncepcional, que mudou a liberdade sexual da mulher num grau jamais imaginado.

O século XXI será o da Era da Genômica. Diagnósticos, tratamentos e medicamentos que há 50 anos seriam considerados futuristas ou impossíveis, estão no dia a dia da genética clínica, como os testes preditivos e a etapa final da manipulação dos organismos vivos. Não serão só os dos primatas, como os nossos.

Avançou-se da célula, do tecido, do órgão e do aparelho, para o DNA, RNA, genes, cromossomos e proteínas. Ou seja, estamos literalmente na pesquisa e coleta de resultados no campo atômico das moléculas orgânicas, responsáveis pela constituição de todo ser vivo.

Todavia, a genômica tem uma tarefa a cumprir: eliminar definitivamente as barreiras criadas pela má ciência entre humanos. Ela já provou que somos todos geneticamente iguais, temos o mesmo genoma e, portanto, só há uma espécie humana.

Possíveis diferenças, como a tonalidade da pele (que não tem cor, tem pigmentação como defesa contra a radiação solar e danos ao DNA) não são diferenças de genoma, mas epigenéticas (interações de genes com o meio ambiente), que alteram o fenótipo (características), mas não o genótipo, o programa universal de todos nós.

Introdução

A mistura de raças mui diversas é, na maioria dos casos, prejudicial. Ante as conclusões do evolucionismo, ainda quando reaja sobre o produto o influxo de uma raça superior, despontam vivíssimos estigmas da inferior. A mestiçagem extremada é um retrocesso. [...] o mestiço — traço de união entre as raças, breve existência individual em que se comprimem esforços seculares — é, quase sempre, um desequilibrado.

Foville compara-os, de um modo geral, aos histéricos. Mas o desequilíbrio nervoso, em tal caso, é incurável: não há terapêutica para este embater de tendências antagonistas, de raças repentinamente aproximadas, fundidas num organismo isolado. [...]

E o mestiço — mulato, mameluco ou cafuzo — menos que um intermediário, é um decaído, sem a energia física dos ascendentes selvagens, sem a altitude intelectual dos ancestrais superiores.

Contrastando com a fecundidade que acaso possua, ele revela casos de hibridez moral extraordinários: espíritos fulgurantes, às vezes, mas frágeis, irrequietos, inconstantes, deslumbrando um momento e extinguindo-se prestes, feridos pela fatalidade das leis biológicas, chumbados ao plano inferior da raça menos favorecida [...] uma moralidade rudimentar, em que se pressente o automatismo impulsivo das raças inferiores.[1]

EUCLIDES DA CUNHA (1866-1909)

Foi em Filadélfia [1848] que tive pela primeira vez um contato prolongado com os negros; todos os empregados de meu hotel eram homens de cor. Mal posso lhe expressar a dolorosa impressão que experimentei, particularmente porque a sensação de que eles me inspiraram vai contra todas nossas ideias a respeito da confraternização de todo tipo (gente) de homens e da origem única de nossa espécie. Mas a verdade deve estar acima de tudo.

---

[1] *Os Sertões*, obra publicada pela primeira vez em 1902.

Não obstante, senti compaixão por seu destino ao pensar que se tratava realmente de homens. Contudo, é-me impossível reprimir a impressão de que eles não são feitos do mesmo sangue que nós. Ao ver suas faces negras com lábios grossos e dentes disformes, a carapinha de suas cabeças, seus joelhos torcidos, suas mãos alongadas, suas grandes unhas curvas, e principalmente a cor lívida da palma de suas mãos, não pude deixar de cravar meus olhos em seus rostos para mandá-los se conservarem a distância.

E, quando estendiam aquelas mãos horrendas em direção a meu prato a fim de me servir, desejei ter a coragem de me levantar e sair à procura de um pedaço de pão em qualquer outro lugar, em vez de jantar servido por gente como essa. Que desgraça para a raça branca ter ligado sua existência tão intimamente à dos negros em certos países! Que Deus nos livre desse contato!

Louis Agassiz (1807-1873)

PARAÍSO SEGREGADOR

Este é um ensaio científico destinado a um público leigo, interessado em esquadrinhar científica e geneticamente o apartheid, *herança maldita da escravidão.*

A bordo da genética de populações, buscou-se uma linguagem inteligível, embora com a imprescindível complexidade. E expor, em toda a sua infâmia, a falsa ciência das raças, com a suposta inferioridade biológica das populações africanas. Um crime secular, contínuo, que se recicla e temos ainda hoje sua continuidade.

Ao mesmo tempo, é um exercício de didatismo científico para colocar a genômica, essa nova fronteira de conhecimento da humanidade, ao alcance do leitor sem o hermetismo, muitas vezes petulante e desnecessário, do linguajar acadêmico.

Faz-se aqui também uma revisão crítica do papel da medicina, de médicos que não só participaram como dirigentes de entidades e associações médicas, de faculdades de medicina e órgãos estatais, na construção de ideários eugenistas e higienistas por aqui. Criaram e alimentaram preconceitos e segregação contra afro-brasileiros, elevando-os a um patamar de infâmia.

Eles cometeram crime humanitário ao categorizá-los como seres desprovidos de inteligência, preguiçosos, doentios, maníacos sexuais, pervertidos, inabilitados para a vida social. E os responsáveis pelo atraso brasileiro.

Nos anais da medicina brasileira do fim do século XIX até a metade do século XX, esse é o período histórico mais vergonhoso e imprescritível registrado. Será que serão necessários mais milhões de anos para que consigamos, evolutivamente, nos tornarmos iguais, fraternos e solidários?

A tese central deste ensaio é que só há uma espécie humana. O DNA é o mesmo em todos os seres humanos. Somos todos geneticamente semelhantes. Não há dois humanos que sejam menos do que 99,9% idênticos. A porcentagem de 0,1% de diferença não sustenta a existência de *raças*, mas nos dá a diversidade que temos, as características que permitem sobreviver e reproduzir melhor em um ambiente. Não são ideais (embora muitas vezes até pareçam) e seguem o curso da seleção natural.

As hipóteses desta investigação foram as seguintes: surgimos pós-Big Bang como planeta; evoluímos como seres multicelulares há centenas de milhões de anos a partir de um ancestral comum a todos os seres vivos; e ocupamos o planeta depois de deixarmos nosso berço africano. E se somos iguais, por que foram inventadas diferenças inexistentes para nos tratarmos como dessemelhantes? Apesar disso, somos criadores e produtos da nossa maior obra até agora: a civilização contemporânea, com aquisições maravilhosas nas ciências em todos os campos.

Uma delas, a genômica[2], tem aqui o papel de ciência mãe na descoberta da nossa origem e evolução, a sinalizar para onde vamos ou como nos manteremos como espécie dominante. É uma ciência nova, surgida no século XX, decorrente de descobertas que remontam de séculos a milênios atrás. Por exemplo, os primeiros estudiosos que descreveram o átomo foram um grego, Demócrito, há 2.500 anos; e um romano, Lucrécio, há 2.100 anos.

A genômica permite buscarmos entender como se engendrou, a bordo de falsa ciência, o holocausto escravista africano, com milhões de mortos durante a travessia oceânica e nos cativeiros, fato tão assombroso quanto o dos nazistas contra os judeus, também com milhões de mortos. E continuam

---

[2] Criado em 2000, por ocasião do Projeto Genoma Humano (PGH), o termo genoma surgiu pela primeira vez em 1920, pela fusão das palavras gene e cromossomo, para descrever globalmente o campo da genética.

os holocaustos, de diferentes vitimologias, mundo afora. Agora assistimos a extermínios em massa, alguns ao vivo e em cores, pela televisão.

E se, em caráter especulativo, a genômica estivesse disponível no início da escravidão (com tráfico humano, trabalhos forçados e aprisionamento permanentes)?[3]

Não haveria como justificar os iguais como *inferiores* e submetê-los a um martírio que até hoje envergonha a todos nós porque persiste. Todos temos a mesma origem, o mesmo DNA; não há *cores* de pele, somente pigmentação. Apenas mais ou menos fotoproteção por melanina contra a radiação e danos ao DNA. É a bordo dessa ideia que irei dissecar aqui as bases da falsa ciência que sustenta o seu pior lado: a sua herança contemporânea, o *apartheid*.[4]

GENÔMICA

É um ramo da genética que estuda o genoma completo de um organismo. Trata-se do material genético dos seres vivos transmitido à sua prole. Nos estudos de genômica, busca-se entender como os genes e a informação genética estão organizados dentro do genoma e como eles determinam a sua função.

GENÉTICA

A genética é a parte da ciência que estuda a hereditariedade, a estrutura e função dos genes, e a variação dos seres vivos. É por meio dela que buscamos compreender os mecanismos e leis de transmissão das características de uma geração para outra.

Teorizou-se e reinterpretou-se a genômica — assim como seu sucedâneo imediato, o *apartheid*[5] — neste paraíso tropical, à saciedade, no campo das ciências sociais e políticas, como modelo de produção e de sociedade, mas não à luz da ciência. A revisão que proponho, com respeito

---

[3] Esse conceito e valoração se aplica também às suas derivações, como escravismo, escravatura, escravocratas.
[4] Definição do *apartheid* como mecanismo de dominação étnica ainda vigente no país.
[5] *Apartheid* é uma palavra africâner que significa separação, ou ser separado, literalmente *apart-hood* (do africâner = *heid*). Seu primeiro uso registrado data de 1929.

a essa tragédia humanitária, utiliza essa ferramenta como meio ideal para um estudo realizado em termos genômicos.

Podemos reparar o crime cometido contra a humanidade africana pelos hipócritas que se diziam superiores? Ou, cometer um novo erro, mas desta vez condenando semelhantes a serem *inferiores* a seus semelhantes por escolha de uma supremacia biotecnológica dominante, onipotente, programados para servir a novos senhores, dentro de um corpo datado, com função definida e existência previamente limitada?

Acredito na ciência, como avanço civilizador. Ela salva milhões, nos retirou das trevas e possibilitou uma expectativa de longevidade impensável no século passado. Brevemente nos levará a Marte, e robôs ultrapassarão o sistema solar.

Mas não podemos absolver o mal que alguns fizeram em nome do saber. Iguais escravizando iguais e apresentando-se como portadores de *conhecimento científico* a serviço da civilização. Milhões aceitaram essa ignomínia e se beneficiaram, acumpliciados. Escravizaram homens livres tão-somente por sua pigmentação da pele. Quem já fez isso alguma vez, faz e fará de novo.

Temos um sistema de segregação e exploração de mão de obra escrava que resistiu à Independência do Brasil (1822) e manteve-se, durante o Império até o penúltimo ano antes da Proclamação da República (1889), como a principal força de trabalho na economia. Abolida em 1888, por um documento apenas formal, a escravidão irrompe no seu vácuo, com o *apartheid*, que significa *vidas separadas* em africâner. Este ensaio é sobre este tema, montado e mantido a ferro e fogo contra os libertos, mas não considerando-os cidadãos. A ascendência africana da época, e continua ainda hoje, fantasmagórica em termos sociais e econômicos.

Aqui, quando citamos os afro-brasileiros — não só por nascença territorial, mas por direito de pertencimento a um país independente que construíram e onde constituem de fato — estamos nos referindo à maioria da população brasileira. E mantivemos as senzalas, institucionalizadas em novos quilombos, nossas sowetos[6], as atuais perigosas *favelas negras*, com maioria de afrodescendentes.

---

[6] Soweto (South Western Townships), em português, *bairros do sudoeste*. Nasceram inicialmente para alojar os trabalhadores africanos das minas de ouro em Joanesburgo. Depois, todos foram expulsos de suas casas nos bairros principais da cidade pela população despigmentada.

A primeira revolução social brasileira deveria ter sido a revogação da escravatura. A abolição não gerou em nenhum país americano, e tampouco no Brasil, a integração social que agregasse educação, renda, emprego, saúde e habitação para os libertos. Para participar de alguma forma do reinado dos seus senhores, os libertos teriam de sair de sua condição natural e simular o padrão do *mundo dos brancos*, segundo Florestan Fernandes (1920-1995).

> Em termos demográficos, os países latino-americanos com populações de ascendência africana são classificados em pelo menos cinco grupos:
>
> - Grande tradição cultural afro, como Brasil e Cuba
> - Afrodescendentes majoritários, a exemplo do Brasil, Haiti e da República Dominicana
> - Importantes minorias africanas, como Colômbia, Venezuela e Equador
> - Escassa população e mobilização africana, como México, Peru, Uruguai e Argentina

Se a mudança ocorreu em uma só esfera (abolição) e não em outra (cidadania e integração), perenizou-se o mal original. Confrontada a história da população de ascendência africana na história brasileira, verifica-se o quanto foi destituída de qualquer significado humano. Humanidade, cultura, tradições, crenças dessas pessoas escravizadas foram negadas e sufocadas, sobrou-lhes a invenção de identidades imaginárias e completa invisibilidade social. O nacionalismo étnico, em suas versões extremas, sequestrou e vandalizou a identidade nacional *outra*.

Portanto, como não questionar e revisar esse fenômeno que nos envergonhará até o fim dos tempos, sem mergulhar na falácia pseudocientífica da existência de *raças humanas*, como a que se disseminou na Europa entre os séculos XVI e XIX? O escravismo permaneceu incólume, sem se abalar com as revoluções e reformas que mudaram o mundo durante esse período. Sustentado, afinal, por essa monstruosidade denominada *racismo científico*, predominante em todos os campos nos meios eruditos europeus, da ciência às artes, obteve seguidores notáveis em todos os continentes.

Como será o nosso futuro? Qual a situação atual, após três séculos e meio de escravismo, com várias reciclagens sucessivas, mas mantendo até o presente uma nova dominação com o *apartheid*? Por que mantemos a segregação da maioria de nossa população afrodescendente ativa e institucionalizada? Essa é a grande história que abordaremos. À luz da ciência, dissecaremos as matrizes fundacionais que nos constituíram e nos perenizam como fundadores pós-abolição de uma infâmia étnica, criminosa e institucionalizada em toda a nossa sociedade.

Fomos e continuamos sendo um país segregador, com uma sociedade segregadora em toda a geografia humana e modelo social. Isso é o que ordena o juízo sobre a razão de ser do nosso país, as instituições que o sustentam, a ilegitimidade da minoria que, ao ignorar a maioria, sacrifica a coesão nacional. Serve-se do extremismo étnico alojado nas instituições públicas. Não há estudos específicos sobre esse fenômeno. Encoberto por diversas camadas que impedem que a luz não o penetre o suficiente, evita que nossos olhos fiquem tão horrorizados com o que ele provoca no seio da população afrodescendente.

Decompor o seu metamorfismo é imprescritível, pois passará a existir alguma probabilidade de suprimi-lo ou diminuir-lhe os efeitos funestos. No estágio a que chegamos, não é possível ainda dar-lhe uma definição concreta. O máximo que se poderia admitir é que se trata da ação de grupos que se autodenominam como *brancos*, como supremacia social, econômica e política. Em seus danos contra a população majoritária de predomínio africano, não só permaneceu em toda a jornada de três séculos e meio, como ainda se conserva.

Por fim, em 14 de dezembro de 1890, Rui Barbosa de Oliveira (1849-1923), como ministro da Fazenda, decreta a destruição de todos os livros de matrícula, documentos e papéis referentes à escravaria existentes no Ministério da Fazenda. Acatava uma proposta feita por Joaquim Aurélio Barreto Nabuco de Araújo (1849-1910), em 1888, mesmo ano da abolição. Essa decisão só foi cumprida em 13 de maio de 1891, na gestão de Tristão de Alencar Araripe.

Esta proposta considerava a escravatura como o maior dos problemas do Brasil, e não tolerava os sucessivos adiamentos quanto ao seu fim. Citava como exemplo as *Leis do Ventre Livre* e do *Sexagenário* e dizia que se fosse para deixar de existir, que fosse extinta por completo. E se alguém devesse ser indenizado, deveriam ser os próprios escravizados. Porém, com a impossibilidade desse acontecimento, a sua ideia de queimar o acervo documental era para evitar a indenização por parte dos senhores. O resultado foi nefasto e irrecuperável até hoje.

Luís Mir

Notas

1. Quando um autor, uma instituição, uma fonte, órgão de pesquisa, estudo, livro, publicação de qualquer campo, ensaio, artigo etc. é citado e/ou transcrito neste original, as categorizações *racismo, racial, pardos, negros, brancos, raça branca, amarela, raça social,* e outras derivações, serão mantidas. Mas tais conceituações, à luz da evolução, da genômica populacional, são contrafações científicas.
2. A categoria afrodescendente neste ensaio define uma coletividade de indivíduos refletida na língua, cultura e identidade. Por isso as citações serão pela origem continental — africanos — e não pela pigmentação da pele. Os indivíduos oriundos de relacionamentos interétnicos serão tratados como brasileiros interétnicos, ascendência multiétnica, população interétnica e não como mestiços.
3. A construção ideológica e social do que denomino *supremacia despigmentada* é adequada para descrever, categorizar e qualificar na escravidão e seus crimes no passado e agora no presente, pelos supremacistas, que ameaçam o nosso futuro com o *apartheid*.
4. Todos temos a pele incolor. Quando digo todos, digo a humanidade. O que se tem é mais ou menos concentração de melanina, como fotoproteção contra danos ao DNA, provocados pela radiação solar e adaptação ao meio ambiente. Cada região do planeta gera uma pigmentação específica. Os pigmentos são frutos da interação com a luz do sol ao longo de milhões de anos.

5. A tarefa primordial dos geneticistas deve ser banir, para sempre, as discriminações entre iguais, baseadas na falsa ciência das *raças* e numa inexistente *cor de pele*. Ainda confinada aos meios científicos, a quebra desse preconceito milenar não avançou para o imaginário social, isto é, para o cidadão comum.
6. *Negreiro* é uma definição genérica, ofensiva e desumanizada. Utilizo a categoria *navios de tráfico humano africano*, e não *navios negreiros*.
7. Ao invés de *pele branca*, pele com baixa pigmentação de melanina, ou despigmentada. Ao invés de *pele negra*, pele protetora contra a radiação solar, pigmentada pela melanina, característica evolutiva.
8. Em vez de *racismo*, fundamentalismo étnico, extremismo étnico, arianismo, eugenia.
9. *Mestiçagem e mestiços* substituo por cidadãos multiétnicos, relações interétnicas.
10. Diante de qualquer dificuldade com a terminologia genômica, o glossário pode ser consultado, na pág. 373.

Capítulo 1

Vida e evolução

Brasil, quem somos? Segundo maior país de população de progênie africana do mundo, temos dessemelhança e confronto étnico seculares. A história da população de ascendência africana é marcada por memórias de ressentimento, devido a uma situação imutável de exploração e discriminação.[7] No momento de transição de uma sociedade escravocrata para uma sociedade clássica liberal, na Independência, o desafio era a gestão da barbárie infligida pelo cativeiro secular. Isso não foi feito e sequer tentado, e a besta seguiu seu caminho, sob nova forma e instrumentos, um *apartheid* universal e massivo.

---

[7] Do latim *discriminare*, dividir, separar, determinar uma diferença. Derivado de *discernere*, distinguir, separar. Composto pelo prefixo *dis* (fora), mais *cernere* (peneirar, separar).

GENÔMICA

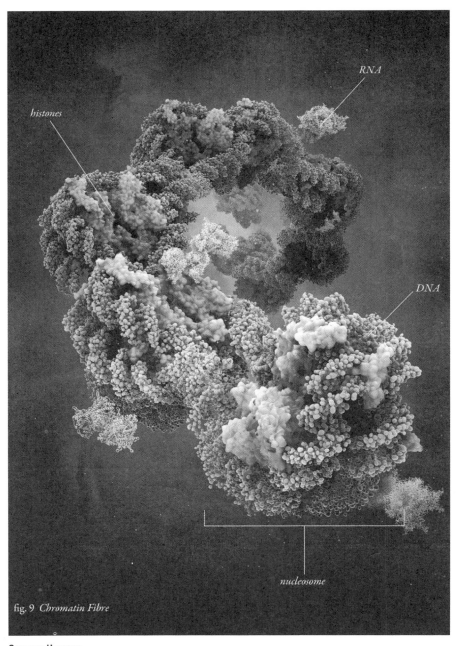

Genoma Humano.
Reprodução Marcos Kay/Behance.

Código universal

A nossa espécie pode ser identificada por informações contidas no corpo, sejam elas biométricas ou genéticas. A biologia se aproxima da matemática e transforma-se em uma ciência da informação, a partir de dados digitalizados e apropriados para serem processados. O corpo orgânico — compreendido como um arquivo de dados, sobretudo genéticos — passa a ser fundamental para a ciência. Não se trata de um processo empírico ou análise mecânica, mas de uma realidade já posta.

Vou me permitir uma afirmação audaciosa: interromper, vetar ou proibir essa revolução hoje é impossível. Não se trata mais de uma pesquisa, mas sim de uma mudança científica em todos os sentidos e em todos os campos.

A genômica relaciona os genes que determinam as características com suas frequências dentro de populações de indivíduos. A variação de populações deve-se a múltiplos fatores, dentre eles as mutações. Se benéficas aos indivíduos que as adquirem, se estabelecem (fixam-se) na população.

Outros indutores da variação são a seleção natural, a introdução de germoplasma, o desvio meiótico, a deriva genética. Mas nem todas as alterações nas frequências alélica e genotípica de populações levam a um novo fenótipo. Além disso, temos ainda a microbiota, relacionada com a ancestralidade/dieta/cultura, que introduz e modula nossos outros genomas, e cujo papel é fundamental na nossa fisiologia, codificando muito mais genes que o nosso próprio genoma.

A informação genética e sua manipulação não consiste tão-somente em um *status* técnico-científico, mas também numa interação global entre evolução, seleção natural e civilização humana. A hipótese de que num futuro, mais ou menos longínquo, possa nascer um indivíduo cujo genótipo tenha sido selecionado ou manipulado em laboratório representa tanto um cenário fascinante quanto tenebroso que iremos vislumbrar, e com potencial de agravar ainda mais o *apartheid* que temos hoje. "A velocidade com que se passa da pesquisa pura para a aplicada é, hoje, tão alta que a permanência, mesmo que por breve tempo, de erros ou fraudes, pode provocar catástrofes" (BERLINGUER,1993).

A genômica possibilitou entrarmos numa realidade evolutiva cuja existência nem Darwin e seus seguidores suspeitaram, como a transmissão horizontal de genes (THG), que consiste na troca de sequências de bases e de pedaços inteiros de genoma entre seres tão diferentes como vírus, bactérias, plantas e animais, inclusive o ser humano. Ou a metilação de DNA, que permite que indivíduos portadores das mesmas características genéticas apresentem aspectos bem diferentes.

É dos mais desafiadores passos da civilização humana? Ou uma tentativa ousada — e arriscadíssima — de mediação entre nós e a seleção natural? Temos vários projetos científicos ao longo da história contemporânea que buscaram o perfeito: a cura perfeita, o medicamento perfeito, o alimento perfeito, o corpo perfeito. Em alguns casos, o resultado foi catastrófico.

A plena utilização da informação genética de todos os seres vivos é algo imprevisível em termos de resultados e/ou danos cujos desdobramentos ainda são imprevisíveis. É possível tratá-la como outra informação qualquer? Não, são promotoras da quebra da privacidade individual e de apropriação identitária. Ou seja, o controle do perfil genético de pessoas cria demandas legais e éticas sobre o uso e propriedade final desse patrimônio único.

Qual é o cerne, a tese em discussão? A importância conferida aos dados genéticos humanos, se pensarmos no papel fundamental desempenhado pela informação em nossas sociedades. Nas últimas décadas, de forma cada vez mais intensa, a informação transforma-se em uma chave explicativa central. Impulsionada pelo desenvolvimento das tecnologias de informação, espraia-se para todos os campos do conhecimento e da produção (MARTINS, 2005).

O termo genoma foi proposto em 1920 por Hans Winkler[8] para designar o conjunto de genes de uma célula haploide de um organismo. Hoje, o conceito se expandiu ao acrescentarmos a essa definição as sequências de DNA que não codificam proteínas, mas é de fundamental importância para a ação biológica destes genes em seu papel regulatório.

Em 1987, Victor McKusick[9] cria o conceito de genômica, que engloba todo o genoma — genes e regiões intergênicas, interações, mapeamento, sequenciamento, análise de genomas — com a informação genética completa (contida no DNA) nas células humanas.

Assim, tornou-se possível o estudo simultâneo de todos os genes (inclusive aqueles cuja função ainda é desconhecida) envolvidos em diversos processos e mecanismos, pelo método hipotético-dedutivo, uma nova forma de fazer ciência.[10] Por esse trabalho, Richard Axel e Linda Brown Buck conquistaram o Prêmio Nobel de Fisiologia/Medicina de 2004, ao possibilitar que fossem estudadas questões biológicas e moleculares complexas e abarcantes da genética.

No núcleo, o genoma humano é constituído por 3,2 bilhões de nucleotídeos que compõem o DNA, que integra os cerca de 20 mil genes, localizados nos 46 cromossomos. De pessoa para pessoa existem cerca de 1% a 2% de variações não patológicas na sequência dos nucleotídeos, chamadas polimorfismos. Quando caracterizados por um único nucleotídeo diferente em cada um dos cromossomos pares, são designados bialélicos ou *Single Nucleotide Polimorphisms* (SNP). Estima-se existir mais de 10 milhões de SNP no genoma humano.

---

[8] Hans Winkler (1863-1913) foi professor de Botânica na Universidade de Hamburgo. O termo genoma deriva do grego *gignomai*, nascer, e do latim *oma*.

[9] Victor Almon McKusick (1921-2008) foi um médico geneticista, professor de Medicina no Hospital John Hopkins. McKusick propôs mapear o genoma humano para estudar doenças congênitas.

[10] Wilhelm Ludwig Johannsen (1857-1927) cunhou os termos gene, genótipo e fenótipo no início do século XX.

Imaginemos o genoma como um livro. Há 23 capítulos chamados cromossomos. Cada um contém milhares de histórias chamadas genes. Cada história é formada por parágrafos, chamados éxons, que são fixados por regras chamadas íntrons, compostos por palavras chamadas códons, que por sua vez são escritas com letras chamadas bases. A expressão de instruções genéticas contidas nesse livro é um processo de comunicação sofisticado e bem-sucedido. O DNA instrui o RNA que, por sua vez, se encarrega de transmitir as mensagens que resultarão na síntese de proteínas necessárias à formação e ao funcionamento do corpo.

Constitui a base da compreensão do processo evolutivo e da diversidade atual dos seres vivos. No nosso caso, somos todos primatas, africanos, de origem e descendência, com o mesmo DNA. Isso foi comprovado por meio da genômica populacional, com modelos matemáticos, por Luca Luigi Cavalli-Sforza (1922-2018), a partir da variação proposta por Charles Robert Darwin (1809-1882) em sua Teoria da Evolução das Espécies.

O genótipo define a constituição genética de um indivíduo, ou seja, o conjunto de genes recebidos do pai e da mãe. São eles que, juntamente com as influências do meio, gerarão o fenótipo de todos nós. E existem as chamadas *mutações de novo* que ocorrem após a formação das primeiras células diploides do novo indivíduo em formação. São poucas, mas podem ter papel relevante em certas condições, patológicas ou não.

Quando um organismo possui genes recessivos e dominantes, ou quando um indivíduo é homozigoto ou heterozigoto, trata-se do seu genótipo. As características genotípicas são identificadas ao analisar-se o fenótipo ou os descendentes de um indivíduo.[11] A produção do fenótipo, que é determinada pelo genótipo, passa por vários níveis de regulação. Cada um deles está subordinado a um sistema dinâmico, cujas leis e estratégias cabem a nós pesquisar.

A consciência da chegada a este patamar impõe modificações profundas nas abordagens utilizadas para se conquistar maior conhecimento de todos os organismos vivos. E, desse modo, pode-se aprofundar o conhecimento do sistema complexo que é o fenômeno biológico e expandir as

---

[11] Doenças como o câncer passam por uma alteração de genótipo com o acúmulo de mutações, que se refletem em um fenótipo que, ao passar por evolução darwiniana, dá vantagens à célula tumoral que escapa do sistema imune, segue por expansão clonal com a formação de tumores.

fronteiras da investigação na medicina, na biologia molecular, também baseada na ciência evolutiva e no comportamento.

A obtenção de perfis de expressão gênica no cérebro foi a primeira influência mútua entre informação hereditária e ambiental, o que permitiu o desenho do comportamento em sociedade. Também surpreendem as grandes diferenças de arranjos na estrutura do genoma observadas em espécies que são muito próximas a nós, no sentido evolutivo. E, como se não bastasse todo esse movimento, alguns geneticistas estão repensando até a própria definição de gene.

Pelo fenótipo, identificamos o indivíduo por suas características morfológicas, fisiológicas e até mesmo comportamentais. Elas são o resultado da expressão dos genes e das ações do meio ambiente. Como características fenotípicas, temos a gradação cromática das flores, do pelo de um animal, dos cabelos e olhos de uma pessoa, entre outras. E não visíveis, mas verificáveis; são características fenotípicas também o tipo sanguíneo e outras que dependem de intervenções ambientais. Dois irmãos gêmeos que vivem em localidades diferentes, por exemplo, terão pigmentações diferenciadas, uma vez que a radiação solar influencia a produção de melanina.

ANCESTRALIDADE GENÉTICA

Com a bioinformática, as novas técnicas de sequenciamento — hibridização de DNA e extração de DNA de ossos — permitem aos pesquisadores multidisciplinares entender a evolução humana, o nosso passado. Esse *mix* biotecnológico amolda-se a vários estudos: genética forense, bioarqueologia, antropologia molecular e/ou genética populacional, entre outros.

O estudo de populações ancestrais foi viabilizado com o sequenciamento de DNA. Um exemplo: a camada óssea do crânio ao redor do ouvido contém mostras de DNA, mesmo em esqueletos pouco conservados. O sequenciamento do material genético nos esqueletos tem colaborado para esclarecer de onde vieram e para onde migraram. Permitiu aos pesquisadores progredirem em seus estudos limitados, que se restringiam a objetos que indicavam as migrações, por meio de identidades culturais de cada povo.

A investigação genética autoriza estudar acuradamente os processos evolucionários e o ambiente remoto, assim como as bruscas transformações genéticas em fósseis ajudam a rastrear grandes extinções e migração de populações no passado. Até 2013, poucos genomas humanos antigos haviam sido sequenciados, mas em 2017 houve um salto, passando de 500.

Não há consenso entre estudiosos, tanto contra quanto a favor dessas técnicas. Os críticos que refutam os resultados obtidos pela aplicação dessas inovações asseguram que o número de esqueletos analisados ainda é pequeno e que as marcas culturais são mais importantes.

Os arqueólogos, em geral, não possuem uma estrutura laboratorial e conhecimento científico necessários para utilizar as técnicas da biologia molecular. É imprescindível que voltem aos bancos escolares e, com o apoio de geneticistas, façam um *upgrade*, fundamental para sustentar suas teorias e conclusões, sob o risco de serem desmentidos ou refutados pela ciência genômica disponível, que trata da evolução e adaptação do homem moderno.

Refiro-me a estudos interdisciplinares como base de pesquisa de qualquer campo científico atual, uma deficiência que a antropologia ortodoxa resiste a eliminar. Na medicina, não é diferente. Evoluir da célula, do tecido, do órgão, do sistema e do aparelho para um diagnóstico, terapia e medicação genômicas está sendo um parto doloroso. Mas a medicina atual não pode mais prescindir do DNA, das proteínas, dos cromossomos e do genoma.

E no princípio tudo eram ervilhas...

O gênio que desencadeou a revolução genômica na ciência contemporânea foi Gregor Johann Mendel (1822-1865), um monge agostiniano que, com seus experimentos com o cruzamento de diferentes tipos de ervilhas, elucidou a hereditariedade. Descobriu que cada característica de um indivíduo de qualquer espécie é determinada por eventos que ocorrem aos pares pela reprodução sexuada. Tais conceitos tornaram-se a base da genética, tendo Mendel recebido postumamente, com muita justiça, o título de *pai da genética*.

Gregor Mendel, o segundo da direita para a esquerda, segurando uma flor (em pé).
Foto: wikicommons

Esses fatores ficaram conhecidos como genes, as unidades do DNA responsáveis pela informação biológica de todos os seres vivos, e como os pares de genes são arranjados nos cromossomos. Mas não seria ele quem criaria o termo gene.

Onde começou essa epopeia, a descoberta das leis da hereditariedade, que mudou a ciência de então e a própria humanidade daí por diante?

Por décadas, a Sociedade Agrícola de Brunn buscou uma resposta para a *coloração negra* do pelo de ovelhas filhas de ovelhas com pelo branco. O dogma à época era que a hereditariedade era um processo de mistura e diluição: os descendentes teriam um *mix* das características do pai e da mãe. Como isso não ocorria no caso das ovelhas, Mendel buscou a resposta vasculhando as regras que transmitiam características de uma geração para outra em plantas.

Antes de usar ervilhas *(Pisum sativum)* em seu estudo, Gregor Mendel havia cruzado diversas outras plantas e pequenos animais: chicória, feijão, plantas frutíferas e até camundongos. E a ervilha se mostrou a melhor opção para cruzamentos artificiais. Os primeiros testes foram realizados em 1856 e envolveram pelo menos 118 cruzamentos de 25 ervilhas com as características de sementes lisas, enrugadas, verde e amarela. O experimento foi encerrado em 1863, com a publicação desse trabalho intitulado *Experimento em híbridos de plantas*, em 1865, sendo considerado a base da genética como novo conhecimento científico.

Durante dois anos seguidos, Mendel produziu 22 variedades de ervilhas puras para depois cruzá-las entre si. Foram cultivadas por seis gerações até que fossem obtidas linhagens puras. Elas sempre produziram descendentes idênticos aos originais. Com esses resultados, encontrou padrões de hereditariedade semelhantes para as sete características analisadas nas ervilhas selecionadas. Também descobriu que eram herdadas de forma independente: uma característica, como altura da planta, não influenciava a herança de outra, como a forma da semente.

Mendel descobriu que pais podem gerar filhos que não sejam como eles mesmos, mas como seus ancestrais mais antigos. Sabia que tinha desvendado as leis que cercam a hereditariedade, mas seu trabalho só foi reconhecido 35 anos após sua morte. Esse passo fundamental sobre as características hereditárias ficaria conhecido como as *Leis de Mendel* ou genes podem ser dominantes ou recessivos.

A *Primeira Lei de Mendel* provou que todas as características de um indivíduo são determinadas por um par de genes. Cada ser vivo herdaria um deles da mãe e o outro do pai. Na formação dos gametas de cada indivíduo, se separariam e haveria a mesma probabilidade de o gameta ser formado por um ou por outro gene responsável por uma característica.

Na *Segunda Lei de Mendel*, duas ou mais características são transmitidas aos gametas de forma independente, recombinam-se ao acaso e formam todas as combinações possíveis. Segundo Mendel, na formação de gametas, os diferentes pares de fatores se separam de modo independente, de tal forma que cada gameta recebe apenas um fator de cada par.

Os princípios básicos do modelo de *herança mendeliana* mantiveram-se por mais de um século. Elucidavam como muitas características (diferentes) são herdadas em diversos organismos, incluídos os seres humanos. Essas regras ainda são a base do nosso entendimento sobre herança genética. Ou seja, como os traços são passados para a próxima geração e como o **genótipo** (grupo de alelos) de um organismo determina seu **fenótipo** (características observáveis). Contudo, sabemos hoje que existem exceções, extensões e variações que devem ser adicionadas ao modelo, para que se possa entender todos os padrões de herança que vemos ao nosso redor. Por exemplo, algumas das variações nas regras de Mendel envolvem genes únicos.

Wilhelm Ludvig Johannsen (1857–1927) foi o primeiro a descrever as unidades individuais de hereditariedade de Mendel. Em seu livro *Elemente der exakten Erblichkeitslehre*, introduziu o termo gene, em 1909. O livro se tornou um dos textos fundadores da genética.[12] Assim como também criou os termos e conceitos de genótipo e fenótipo. No caso específico da conceituação, o termo *gene* foi cunhado em oposição ao então *pangene*, que se originou da *teoria da pangênese*, de Darwin.

No início do século XX, biólogos mergulharam nos manuscritos de Mendel. Foi estabelecido, então, o gene como a unidade fundamental da hereditariedade, o que resultou no surgimento da genética tal como a conhecemos hoje em dia. É o segmento de uma molécula de DNA que contém as características herdadas. É composto por uma sequência específica que contém um código (instruções) para produzir uma proteína que desempenha uma função específica no corpo. Cada gene é formado por uma sequência específica de ácidos nucleicos — as biomoléculas mais importantes do controle celular — pois contém a informação genética. Existem dois tipos de ácidos nucleicos: ácido desoxirribonucleico (DNA) e ácido ribonucleico (RNA).

Seu extraordinário feito foi redescoberto em 1900 pelos pesquisadores Carl Correns (1864-1933), da Alemanha; Erich von Tschermak-Seysenegg

---

[12] Johannsen, W.L. *Arvelighedslærens elementer (The Elements of Heredity)*. 1905. Copenhagen; *The Genotype Conception of Heredity*. The American Naturalist. 1911. Disponível em: *The genotype conception of heredity* — PMC — NCBI.

(1871-1962), da Áustria; e Hugo de Vries (1848-1935), da Holanda. Este último foi o primeiro a encontrar os relatórios perdidos das pesquisas do monge. Esses cientistas replicaram os experimentos com híbridos, seguindo as *Leis de Mendel*, e chegaram, cada qual, a resultados semelhantes aos da pesquisa original do monge austríaco. Assim, deu-se a descoberta de que as unidades hereditárias se localizam no interior do cromossomo e ali são organizadas e definidas.

Em 1903, Wilhelm Johannsen realizou experimentos de cruzamentos com feijões, enquanto em 1909, Nils Herman Nilsson-Ehle (1873-1949)[13] conduziu experimentos de cruzamentos com trigo. Ambos demonstraram que os fatores *mendelianos* eram responsáveis por características de variação contínua.

Big Bang

Não existia nada. Foi o próprio Big Bang que criou a estrutura que Einstein batizou de continuum espaço-tempo, uma espécie de malha estrutural da realidade onde essas duas dimensões se emaranham como uma coisa só, distorcidas pela matéria e energia espalhadas pelo Universo.

Tempo e espaço como os conhecemos não existiam antes do Big Bang, portanto, toda e qualquer coisa que possa ter acontecido há mais de 13,8 bilhões de anos nos é completamente inacessível.

Eventos que antecedem o Big Bang não deixaram qualquer evidência observável, logo podem ser deixados de fora da teoria (não são reais, nunca existiram). Não existia nada por aí antes do Big Bang.

STEPHEN HAWKING (1942-2018, *IN MEMORIAM*)

---

[13] Um dos defensores do eugenismo, a exemplo de uma gama de cientistas notáveis da época. A maioria reviu suas posições, à medida que as pesquisas e descobertas da genética se tornaram achados científicos incontestáveis.

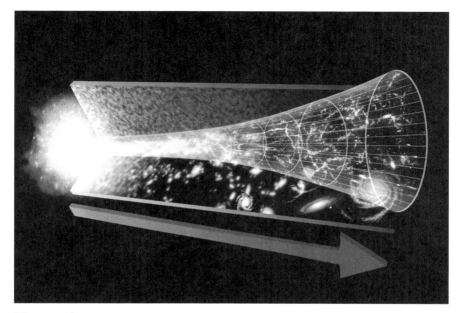

E fez-se o universo.
Fonte: NASA/WMAP Science Team

Tudo o que conhecemos (e comprovamos) a respeito do Big Bang chegou até nós depois de 13,8 bilhões de anos. Foi o momento em que esse ponto infinitamente denso e massivo — uma singularidade — liberou toda a matéria e energia que há por aí.[14] Nos estágios iniciais, o universo tinha uma composição simples: hidrogênio, hélio e um pouco de lítio, formados na explosão original. Do restante dos elementos químicos, formaram-se os eventos estelares:

(1) Reações termonucleares nas estrelas.
(2) Explosões de estrelas.
(3) Ação de raios cósmicos fora das estrelas desde a gênese da galáxia.

---

[14] A *Teoria do Big Bang* é fundamentada em dois pressupostos principais. O primeiro é a *Teoria da Relatividade Geral*, de Albert Einstein, que explica como a matéria interage gravitacionalmente. O segundo pressuposto é o princípio cosmológico, que afirma que o aspecto do universo independe da posição do observador. Isso significa que não há um ponto de observação privilegiado, tornando o universo isotrópico. Além disso, não importa a direção em que se olhe, o universo apresentará o mesmo aspecto, o que o torna homogêneo.

Stephen Hawking.
Foto: NASA/Paul E. Alers

A *Teoria Cosmológica*, formulada pelo teólogo e astrônomo belga Georges Édouard Lemaître (1894-1966) e ampliada por Georgi Antonowitsch Gamow (1904-1968), propõe que a totalidade da matéria, da qual somos um dos produtos, derivou de um átomo primitivo conhecido como *ovo cósmico*. Essa teoria postula que a partir desse estado inicial, o universo se expandiu e evoluiu, resultando na diversidade de matéria e estruturas que observamos hoje. O mais complexo: comprovar de onde surgiu essa energia, como ela foi reunida em um espaço menor que o diâmetro de uma ponta de alfinete, como pôde acontecer o que aconteceu: a inevitável explosão desse monstro de 10 elevado a menos 43 segundos (*Tempo de Planck*).

O espaço, e não a luz, viajou mais rápido que ela no vazio (299.792 quilômetros por segundo). A energia se converteu em calor de 100 trilhões de graus e o espaço se inflou, o inimaginável dentro do inimaginável. E desde esse instante o universo recém-nascido — e repleto de elétrons, pósitrons, neutrinos, antineutrinos e fótons — expande-se, continua a expandir--se e ininterruptamente se expandirá, graças à energia negativa, a última sensação dos astrônomos, que nos augura uma era gelada em um espaço plano. A hipótese inicial no modelo cosmológico proposto pelo Big Bang é de onde saiu a energia necessária para constituir esse átomo primitivo.

Isto foi solucionado pela *Teoria Alpher-Bethe-Gamow*, publicada em 1948. Gamow adicionou o nome de Hans Albrecht Bethe (1906-2005), que não participara da concepção do trabalho, para fazer um jogo de palavras com as três primeiras letras do alfabeto grego: *alpha, beta e gamma*.

O trabalho elucidava como os percentuais atuais de hidrogênio e hélio (dos quais se pensava, e ainda se admite, corresponder a 99% da matéria do universo) seriam explicados por reações que ocorreram durante aquele evento, embora não explicasse a presença de elementos mais pesados do que o hélio (o que foi feito mais tarde por Fred Hoyle [1915-2001]). Os astrônomos não deram crédito a Gamow por questões práticas: detectar essa radiação na época não seria possível, não havia a tecnologia que viria mais tarde com a observação de micro-ondas.

A constatação do Big Bang seria feita em 1965 por Arno Allan Penzias e Robert Woodrow Wilson, do *Bell Telephone Laboratories*, ao descobrir, quase por acidente (*serendipia*), a radiação cósmica de fundo predita por Gamow em 1948. Os fótons remanescentes dessa grande explosão formam a chamada radiação cósmica de fundo. Dentro desse modelo, tal radiação é quase isotrópica e apresenta a imagem de um corpo escuro. As pequenas anisotropias são causadas por diversos componentes, e o seu estudo leva aos vários parâmetros desse modelo. Os dois descobridores ganharam o Prêmio Nobel de Física em 1966.

O satélite explorador do fundo cósmico COBE, lançado em 1998, comprovou por medição a radiação cósmica de fundo. As pequenas anisotropias também foram medidas e resultaram no Mapa do COBE (*Cosmic Background Explorer*), o mapa do universo primitivo.[15]

Outra descoberta genial: John Cromwell Mather e George Fitzgerald Smoot III, ganhadores do Prêmio Nobel de Física de 2006, demonstraram que, previamente à existência de tempo-espaço, a energia-matéria existente concentrava-se num único ponto. Esse é o conceito fundamental da tese do Big Bang. Se reuníssemos toda a matéria do universo e a convertêssemos em energia e a adicionássemos ao que já era energia pura, seria o máximo de energia

---

[15] Acredita-se que a radiação cósmica de fundo seja um vestígio do Big Bang. Essas *relíquias fossilizadas* registram a distribuição de matéria e energia no início do universo, antes que a matéria se organizasse em estrelas e galáxias.

possível de se obter. Não haveria como produzir outra ou além dessa. Desde então, sua temperatura média tem diminuído em decorrência de sua expansão, e as temperaturas mais baixas propiciaram a constituição de estrelas e planetas.

O Large Hadron Collider (LHC), o Grande Colisor de Hádrons, tem como objetivo investigar e confirmar a ocorrência da grande explosão conhecida como o Big Bang, que deu origem ao universo em uma gigantesca bola de fogo primordial. No LHC, são alcançados os níveis máximos de energia e matéria, em meio a um vasto vazio. Essa expansão teve início em uma temperatura extraordinariamente alta, da ordem de 15 bilhões de graus Kelvin, algo que desafia nossa capacidade de imaginação. Ao longo de um túnel de 27 quilômetros, quatro detectores — ATLAS, CMS, LHCb e ALICE — simulam uma viagem que remonta a uma fração de segundo após o Big Bang. Durante esse processo, a energia dos prótons atinge 7 TeV (trilhões de elétron-volts) em diferentes estágios do processo de aceleração, chegando a 14 TeV no centro de massa dos prótons em interação.

Essas colisões são capazes de provocar choques entre as partículas que compõem a matéria e desmembrá-las, tal como se encontravam após a grande explosão. E, por meio dos detectores — equipamentos acoplados ao acelerador de partículas —, pode-se observar o que ocorre com o choque dessas partículas e examinar a composição da matéria.

Seres atômicos

De onde viemos? Do Big Bang, o marco zero. E se o tomarmos como base para a nossa idade em termos físicos, temos 13,8 bilhões de anos. Do que somos feitos? Já está disponível o conhecimento atômico-químico-biológico-genômico para sabermos como somos produzidos e organizados como seres vivos: com átomos de carbono, oxigênio, nitrogênio, hidrogênio, enxofre e fósforo, que compõem 99% da massa da maioria das células, que são os elementos *biogênicos*.

E água, muita água, nosso principal constituinte como seres vivos. Mais de 70% de nossa massa corporal, das plantas e dos animais corresponde a esse solvente. Se um vertebrado terrestre vive na água ou no ambiente terrestre, seus fluidos corporais são praticamente os mesmos. Durante a conquista do ambiente terrestre, a seleção natural conservou a composição dos fluidos corporais. A água é o componente majoritário deles, correspondendo a algo em torno de 60% a 65% dentro de suas células.

A química dos organismos vivos está regida pelos átomos de carbono, que constituem a metade do peso seco das células. Formam cadeias unidas entre si e podem estar associadas a outros grupos químicos denominados grupos funcionais. São os grupos funcionais das moléculas orgânicas que atribuem propriedades químicas específicas às biomoléculas. E as estruturas, os mecanismos e os processos químicos, compartilhados por todos os organismos, fornecem os princípios organizacionais que fundamentam a vida, em todas as suas diferentes formas; são a base molecular da vida e o que se define como bioquímica da vida.

Nas moléculas de DNA estão todas as instruções necessárias para o desenvolvimento, crescimento, funcionamento e longevidade de cada ser vivo. Armazenam os códigos de fabricação das proteínas, além de genes com papel regulatório fundamental, mas que não codificam proteínas (os chamados *non-coding RNAs*). Para todas essas atividades, inclusive a síntese de proteínas, a célula requer a participação intermediária de moléculas de RNA, denominadas RNA mensageiros.

Estima-se também que, há dois bilhões de anos, desenvolveu-se a multicelularidade. Ela resultaria na primeira linhagem de organismos multicelulares. Por sua vez, há 1 bilhão de anos ocorreu a evolução dos procariotos, as formas simples de células, de tipo bacteriano, sem uma membrana que envolve o núcleo celular. E há 900 milhões de anos à frente, uma nova associação produziu organismos multicelulares com grande complexidade, que resultariam nos animais e na humanidade.

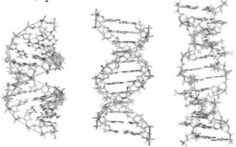

O DNA tem diferentes formas.
Ilustração: commons.wikimedia.org/wiki

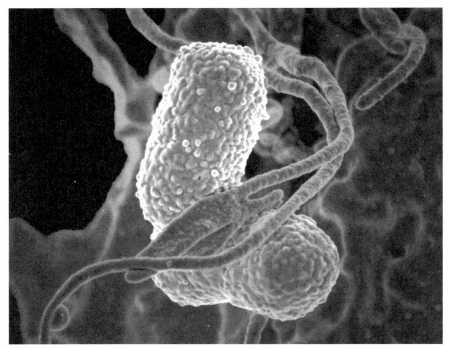

Bactéria Klebsiella_pneumoniae.
Crédito: CDC

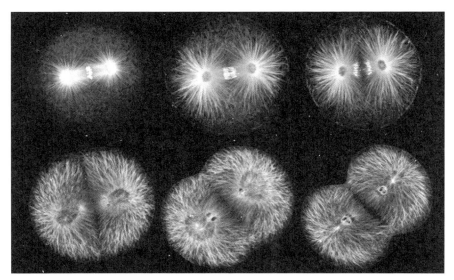

Divisão celular — mitose — em organismos multicelulares.
wikimedia.commons

Milhões de anos

A atmosfera da Terra atravessou múltiplas transformações antes de atingir sua composição atual. A maioria das teorias sobre os primórdios da Terra converge para a tese de que havia escasso ou nenhum oxigênio livre (O_2) nos estágios iniciais. Recebia a luz ultravioleta do Sol, pois não havia a camada de ozônio (O_3) na atmosfera para bloqueá-la. Sob essas condições, ocorreram as reações químicas que produziram as biomoléculas simples. E foi então que tudo começou.

Quanto tempo dispenderam nesse propósito de permanência é irrelevante. Se foram em extensos períodos ou por breves instantes, estes arranjos formaram os primeiros seres vivos que habitaram o planeta. Quanto havia de novo nisso é difícil de avaliar: as partículas que as formavam indicavam haver-se criado (estavelmente) na sopa cósmica inicial.

E esses primeiros seres seriam imortais: as partículas que os formavam o eram. E isto porque não incorporavam em sua estrutura tempo determinado, curvas de eficiência, relógios biológicos de qualquer tipo que lhes condenassem à mortalidade. Estes seres primitivos teriam sido duráveis no tempo, caso o ambiente ante o qual reagiam não tivesse sofrido dramáticas mudanças. Nenhum ambiente resultou então estável para eles, pois estavam aptos para conservar sua organização em um determinado ambiente. Diante de mudanças bruscas, viram-se condenados à extinção. Estas organizações imortais existiram e desapareceram. Mas a demarcação da vida ficaria estabelecida: eram organizações de matéria e energia que opunham-se ao fluir incessante do entorno, estabeleciam mecanismos de preservação de sua estrutura.

Existiriam as peças precisas para isso na grande dança de partículas do universo, se algumas destas armações fossem capazes, não só de repor-se diante de eventuais perturbações exteriores, mas da construção de réplicas, cópias atemporais delas próprias. O experimento, entretanto, revelar-se-ia fracassado na obtenção da imortalidade pela replicação. As cópias, espelhos exatos de seu original, estavam condenadas a desaparecer ante a mudança drástica do ambiente no qual se desenrolavam os novelos do DNA.

Se as cópias perfeitas resultaram não ser extensivas, se o processo não triunfou, fez-se uma variante sofisticada do procedimento replicativo; outras organizações geraram cópias de si mesmas, com uma qualidade adicional: as cópias teriam que ser similares ao original, réplicas exatas. Similares a ponto de não perder a natureza de suas funções, que as levasse ao caos e à dissolução. Em termos evolutivos, diferenciadas, para que alguma delas assegurasse, na geração próxima e superada a crise ambiental, suas funções de conservação e replicação.

Ante os periódicos desastres ambientais, sem qualquer aviso, algumas dessas cópias escaparam e não era necessário começar do zero. O próximo passo já tinha sido alcançado. Com milhares (ou milhões) de gerações amparadas por essa imperfeição na cópia, essas organizações refinaram seu grau (aptidão) de transformação geracional: muita homogeneidade não assegurava a persistência em caso de crise, muita heterogeneidade em cada salto geracional conduzia ao caos. Com a sobrevivência como norma, sucessivas gerações desses seres, já transformados em evolutivos, diferenciaram-se, desenvolveram estratégias de sobrevivência variadas, e em entornos distintos.

A vida fica distinguida como um mecanismo imperfeito. Quando alguma destas colônias saturou o espaço ambiental disponível, os seres vivos tiveram que aprender a relacionar-se, já não só com um meio em constante agitação e mutação, mas com distintos seres vivos.

Lutar para permanecer vivo, disputar posições em um território subitamente limitado, suportar a aparição de vários estágios de complexidade: começou o caminho para a variedade biológica. Se foi evolucionista para os seres vivos como categoria, as consequências foram devastadoras para o ser vivo entendido como unidade, como indivíduo. Qualquer criatura maior e mais antiga que a média se depararia rodeada por outras jovens, também evoluídas, mais agressivas, que interagiam com o ambiente na disputa por recursos limitados.

Vamos detalhar isso: a vida não teria surgido na Terra no curto prazo de quatro bilhões de anos sem a ação das leis da física. Foi necessária a energia nuclear para ligar os prótons e elétrons ao núcleo dos átomos, o eletromagnetismo para sustentar átomos e moléculas juntos, e a gravidade para manter os ingredientes da vida resultantes presos à superfície do planeta.

Átomos, ingredientes básicos para a construção de seres vivos.
Foto: David Muller, Kavli Institute, Cornell University.[16]

Para o físico Freeman John Dyson (1923-2020), a vida teve duas origens: as proteínas com capacidade metabólica e um pré-genoma (o RNA, aponto, é um apropriado candidato) com habilidades replicadoras. Ambos se fundiram e cooperaram. Defendem alguns que os cristais de argila são suportes para que se dê uma codificação de informação através de íons metálicos. Propiciaria o RNA, passando antes por moléculas auto-catalisadoras, que são as que deixam de trabalhar para outras moléculas e beneficiam as reações químicas que reproduzam a si mesmas.

---

[16] Sobre isso ver: *Electron Ptychography Achieves Atomic-Resolution Limits Set by Lattice Vibrations*, publicado na Science 21 May 2021: Vol. 372.

Bioquímica da vida

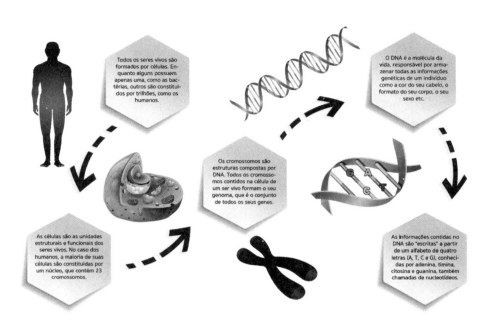

Fonte: genome.gov.com

A conjuntura conhecida como *mundo do RNA*, que surgiu pela primeira vez em 1986, requer alguns comentários, uma vez que vários de seus pressupostos são de difícil verificação. O RNA parece ter sido o primeiro ácido nucleico a surgir na Terra primitiva, uma vez que formava curtas cadeias em ambientes que existiam naquela época. O RNA se liga transitoriamente a sítios específicos e catalisa certas reações na célula viva na ausência de enzimas. A descoberta desta propriedade catalítica do RNA reformulou as convicções sobre o caminho evolutivo e mostrou como as relações entre os ácidos nucleicos e as proteínas são numerosas.

Durante algum tempo especulou-se que esses dois tipos de moléculas biológicas teriam evoluído simultaneamente. Se o RNA primitivo possuísse funções catalíticas quando a vida surgiu, além da aptidão de armazenamento de informação, estes tipos de ácidos nucleicos funcionariam sem DNA e proteínas. É admissível então que esse mecanismo tenha existido nos estágios iniciais da constituição das células primitivas e funcionou como elemento aglutinador da informação genética. Posteriormente, o RNA originou o DNA, provavelmente por transcrição inversa, molécula destinada a funcionar como arquivo seguro da informação genética da célula.

Embora a síntese artificial de RNA seja uma possibilidade real, sua concretização é difícil. A possibilidade de formação espontânea desta molécula em condições prebióticas é bastante improvável. A síntese do açúcar constituinte deste ácido nucleico, a ribose, dá origem a açúcares que inibem a síntese do RNA. A presença de fósforo no estado de ácido nucleico ainda é uma questão em aberto, já que este elemento é raro na natureza. Após a síntese do RNA, a replicação *in vitro* deste ácido nucleico é um procedimento complexo que ocorre em numerosas etapas e com o envolvimento direto do experimentador.

A síntese de uma nova molécula orgânica capaz de se replicar de forma autônoma atraiu a atenção dos investigadores nesta área.

Trata-se do éster triácido de aminoadenosina (ETAA), que apresenta uma estrutura e comportamento similares quer aos ácidos nucleicos, quer às proteínas. Essa nova molécula, quando colocada em uma solução de clorofórmio, atua como molde para a síntese de novas moléculas de ETAA. Ou, possibilita que novas moléculas desse éster se formem de maneira espontânea a partir de seus elementos individuais.

A replicação precisa destas moléculas, sem que ocorra qualquer tipo de variação em sua estrutura, bem como as condições artificiais em que isto ocorre, são dois formidáveis obstáculos ao relacionamento desta molécula com a origem da vida. A despeito de termos admitido que os primeiros constituintes orgânicos terrestres teriam se formado nos oceanos primitivos do nosso planeta, evidências parecem apontar que a síntese exógena dessas moléculas tenha ocorrido quando da formação do sistema solar. Este fenômeno ainda ocorre em regiões peculiares da nossa galáxia.

Os modelos ditos endógenos, resultantes da síntese de compostos orgânicos, foram equacionados por Aleksandr Ivanovich Oparin (1894-1980)[17] em 1924, e por John Burdon Sanderson Haldane (1892-1964)[18] em 1927. Segundo estes autores, a evolução biológica foi precedida por uma química. Oparin formulou um modelo em que os compostos orgânicos seriam decorrentes da ação de descargas elétricas na atmosfera inicial terrestre, que originaram o caldo ou sopa inicial. A presença de água no estado líquido era fundamental para a formação desses compostos. Os primeiros sistemas biológicos seriam resultantes da evolução progressiva de compostos orgânicos presentes na Terra primitiva no seio desse caldo ou sopa inicial.

Seja como RNA, seja como vírus, ou seja, em configuração aleatória, o caso é que surgiu um micro-organismo que, do inferno do fundo marinho, subiu a ambientes frios nas águas superficiais e aconteceu, talvez, há 3,8 bilhões de anos, a primeira grande ramificação: das arquéas se cindiram as eubactérias (as ditas bactérias), e algumas delas, as cianobactéricas, começam a usar a luz solar para decompor os minerais e metais. Nasciam os fotótrofos, que produzem o primeiro oxigênio do planeta para nos preparar o terreno. Os corpos unicelulares sem núcleo (procariotos) mantiveram-se sem companhia por cerca de 1,6 bilhão de anos, até o momento em que várias associações de bactérias resultaram nos seres unicelulares eucariotos (como as amebas).

Células evoluíram com o uso de diferentes moléculas para diferentes funções: o DNA (mais estável que o RNA) tornou-se o material genético predominante; proteínas (que promovem reações químicas mais eficientes que o RNA) tornaram-se responsáveis pelo metabolismo básico da célula; e o RNA foi rebaixado ao papel de mensageiro para a maioria dos organismos, carregando informações do DNA para os centros construtores de proteínas da célula. As células que incorporaram essas inovações teriam superado as células com metabolismo baseado em RNA, trazendo, por fim, o *Mundo de RNA*.

---

[17] Biólogo e bioquímico russo, considerado um dos precursores dos estudos sobre a origem da vida.
[18] Pensador marxista, geneticista e biólogo britânico. Foi um dos fundadores, junto com Ronald Fisher e Sewall Wright, da Genética Populacional.

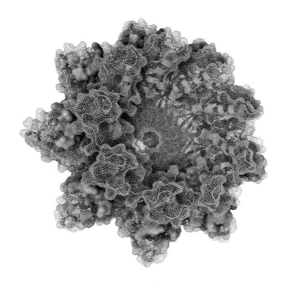

PROTEÍNA 3D
Fonte: dproteinimaging.com

Como já foi dito, não desvelei qual motor pôs em movimento o inanimado. Mas, levando-se em conta que em suas células repetem-se os procedimentos elementares ocorridos no princípio dos tempos, temos processos bioquímicos para ordenar aleatoriamente uma série de moléculas. Esses processos nos proporcionaram uma informação que ficou a cargo da seleção natural. Por isso, temos que nos dar por satisfeitos: a vida já não é ininteligível na maior parte de suas etapas evolutivas, e o que sabemos é que estas etapas não são mágicas, muito menos transcendentais.

Neste marco, aconselho não descartar que uma proteína ou um gene pôde obedecer, antes das leis biológicas, às leis físicas e químicas: na teoria da complexidade, um sistema físico pode saltar, em um dado período, de um estado a outro e auto-organizar-se. As leis da complexidade emergente comprovariam a biogênese, que ao recolher a informação, grava-a na matéria, o que faz com que a arquitetura de proteínas e ácidos nucleicos se conduza por princípios matemáticos de organização. Esses princípios responderiam à segunda lei da termodinâmica, com a produção de energia útil (a ordem da vida) acompanhada de energia inútil (desordem ou entropia).

Quando irrompe essa maravilhosa obra da evolução? Hidrocarbonetos caíram sobre os mares primitivos, que já estavam em processo de esfriamento, e se depararam com a água depositada pelos cometas e outros objetos estelares, que se condensaram na atmosfera incipiente. Começaram a surgir os compostos orgânicos que conhecemos: açúcares, gorduras, carbono que come carbono. Ao acrescentar oxigênio e nitrogênio ao hidrogênio e ao carbono, as moléculas adquirem organização.

A vida começa então como uma série de substâncias díspares que, bem associadas, gostavam de comer pratos de enxofre, metano, ferro, zinco, ácido sulfúrico e outras coisas exóticas. E gostavam do calor (esta tese me convence) que fazia nas proximidades das erupções oceânicas e que chegava aos 350 ºC.

É essencial compreender quais as primeiras moléculas que se formaram em condições abióticas e que continham informação essencial para a constituição de seres vivos. Tudo aponta para os ácidos nucleicos, os quais teriam tido primazia às proteínas. Organizados, esses ácidos nucleicos possuiriam a capacidade potencial de viver, decorrente de sua aptidão para codificar proteínas, desenvolver autorreplicação e serem objeto de mutação. A aquisição de uma membrana envolvente e o acréscimo de catalisadores são sucessos evolutivos posteriores. Esta hipótese não tem suporte nos dados experimentais até agora obtidos, e pesquisas recentes apontam para uma nova avaliação dos ácidos nucleicos na ação inicial de irrupção da vida.

Seres sistêmicos

A vida é um sistema complexo, repleto de informações. Capaz de se reproduzir e evoluir, a vida se caracteriza pela presença de um mecanismo reprodutor, metabolismo adequado, homeostase e uma luta constante pelo equilíbrio termodinâmico, ou seja, contra a morte. É um sistema organizado, que se perpetua em um conjunto mutável, em um procedimento invasivo e assimilador da matéria, com a energia disponível em seu entorno. Este mecanismo chegou a desenvolver a habilidade de construir e executar modelos potentes de seu ambiente. E, no limite, inventa um modelo próprio no cenário ao qual se inscreve para executá-lo.

Para o surgimento da vida, não é apenas imprescindível a existência de química compatível. No processo que conduz a isso, é vital a existência de água no estado líquido. Mas há outros componentes fundamentais para que ela possa aflorar, como a temperatura. A estrela principal de um sistema solar deve ter dimensões pequenas, ser quente e produzir energia que garanta condições climáticas regulares. No entanto, devemos atentar para agentes que podem alterar o que se convencionou designar de zona habitável. Dentre estes agentes estão a eventua existência de um solvente líquido diferente da água e a existência de diferentes fontes de calor, como as fontes hidrotermais que possibilitam a aparição de vida onde não deveria existir. Desempenham papel enorme a ação gravitacional e o tipo de atmosfera presentes no planeta, em particular quando isso provoca o efeito estufa.

Temos evidências da existência de condições propícias para a habitabilidade em nosso planeta há cerca de 4 bilhões de anos, e a presença de vida há aproximadamente 3,8 bilhões de anos. Isto se deve à presença de água no estado líquido, um solvente essencial para o surgimento da vida, onde reações químicas podem ocorrer. Um solvente líquido como a água apresenta propriedades estruturais que aceitam interações em grau molecular, o que ocorreria apenas com um sólido ou com um gás. Além de um solvente, a vida no nosso planeta caracteriza-se pela existência de uma química baseada no carbono. No entanto, generalizar que a combinação carbono/água seja a base da vida no universo é arriscado como hipótese ou afirmação.

Podemos indagar sobre a existência de formas de vida que utilizam amoníaco em vez de água e silício no lugar de carbono. Pelas propriedades destes compostos, a vida nesses planetas seria diferente da que temos na Terra. Dos já numerosos planetas descobertos fora do nosso sistema solar, sabe-se que alguns têm uma bioquímica diferente da nossa.

Com base na reconstituição do cenário ambiental que existiu há cerca de 4 bilhões de anos, é possível conceber um modelo evolucionista, que teria como uma primeira etapa, curiosamente, a geração espontânea. Não seria a dos organismos vivos, mas a de moléculas orgânicas. As etapas seguintes foram a da polimerização das moléculas simples, a condensação espontânea dessas novas entidades químicas em microgotas individualizadas e detentoras de faculdades metabólicas (protobióticas) e, finalmente, a aquisição, por parte destas, da propriedade de reprodução com transmissão de informação.

Os primeiros seres assemelhar-se-iam a bactérias: somente heterotróficos e anaeróbios. Depois, teria surgido a competência de utilização da energia solar para fotossintetizar moléculas orgânicas: a autotrofia. De início, como fornecedor de hidrogênio um sulfureto. Só depois a água se impôs como fornecedor do hidrogênio necessário à constituição das moléculas orgânicas. Com esta nova fotossíntese, o teor de oxigênio livre subiu drasticamente, transformando a atmosfera de redutora a oxidante.

Submetidas ao oxigênio livre, muitas teriam sido eliminadas, mas surge um novo catabolismo energético de rendimento excepcional: a respiração. Formou-se, então, o escudo de ozônio, que nos protege da radiação ultravioleta de menor comprimento de onda, portanto, de maior energia. Estavam criadas as condições para os seres vivos se libertarem do meio protetor, que é a água, e conquistarem as terras emersas.

Quanto à árvore genealógica da vida, faço-a derivar, em caráter pessoal, de uma bactéria hipertermófila há 3,8 bilhões de anos. E antes do ser termófilo, houve uma fase prebiótica de entes intermediários entre seres inanimados e vivos, que seguiram um sinuoso caminho. Como teria sido esse caminho? Não havia víveres, porque a cadeia alimentícia fracassava no primeiro elo: a fotossíntese. Sem clorofila, não existiam os vegetais; e sem estes, os herbívoros. E sem os últimos, os carnívoros e os onívoros (ratos, porcos e homens).

Em duas palavras: nem autótrofos nem heterótrofos. São quimiótrofos, ou comilões de provimentos químicos, como já citados. Se queriam deixar de ser um montão de moléculas tolas tinham que produzir biomassa com o dióxido de carbono, por exemplo, e combiná-lo com o hidrogênio, o enxofre e o ferro, que gera oxidações muito energéticas, além de engordar e sintetizar proteínas!

Os procariotos são os organismos que apresentam características similares às dos primeiros seres vivos que se formaram no nosso planeta. Organismos unicelulares, apresentavam habilidades adaptativas notáveis que permitiram e permitem a eles a ocupação de diversificados *habitats*.

Os fósseis mais antigos descobertos, datados de cerca de 3,5 bilhões de anos e encontrados na África do Sul e na Austrália, são de natureza procariota. Os microfósseis achados no continente australiano são de uma comunidade procariótica de organismos autotróficos, diversificada e complexa, similares às cianobactérias atuais.

É plausível que a vida tenha surgido múltiplas vezes e que tenha sido destruída repetidas vezes pelo bombardeio intensivo por asteroides e cometas a que o nosso planeta esteve sujeito durante cerca de 200 a 300 milhões de anos. Isto significa que há cerca de 4,4 bilhões de anos tinha a sua crosta solidificada, continha água e apresentava qualidades ambientais para o estabelecimento de vida. Apoiado nesses dados, existe um período de cerca de 400 milhões de anos em que não existem vestígios fósseis, que corresponderia ao período do provável advento da vida.

Como fabricar proteínas sem um manual de instruções? Responder acertadamente me daria o Nobel, e como ninguém no presente nem em um futuro próximo receberá esse prêmio por isso, terá que conformar-se com a suposição que desdobrarei a seguir, nada desatinada, que conste: algumas moléculas têm tendência, por semelhança química, a unir-se de maneira que resultem aminoácidos e outras moléculas, como o RNA ou similar.

Morte e evolução

A morte não nasceu com a vida. Os primeiros seres vivos não estavam marcados com o signo da morte. A replicação evolutiva demonstrou ser mais efetiva para a subsistência que a simples imortalidade. A vida é um sistema organizativo, sujeito a regras específicas e autônomas de acordo com seu suporte. Redefinamos, pois, a vida como um sistema expansivo que regula certa quantidade de matéria e energia, administra suas relações com o entorno e com outros diferentes sistemas vivos para perpetuar-se. Está longe de ser a frágil arquitetura que aparenta.

Se analisarmos os indivíduos isoladamente, eles converteram-se em uma organização dotada de um mecanismo de expansão poderoso. À custa do sacrifício do indivíduo, a replicação, por meio de pequenas mudanças na estrutura, deixou de ser um simples expediente pelo qual, temporalmente, certas estruturas evitaram a dissolução e se transformaram em um sistema invasivo. Como uma apurada maneira de agrupar matéria e energia com o fim último de preservação, a vida se firmou de forma inexorável.

A memória foi elemento chave para que uma organização viva tivesse possibilidades de conservar sua instalação ante um entorno hostil e utilizasse sua aptidão para executar ações com a finalidade precisa de repor os elementos destruídos nesse arranjo. Com sucessivas mudanças ambientais e com sistemas vivos habilitados para efetuar tais ações, uma organização viva torna-se resistente se dispuser das ferramentas necessárias para perdurar no entorno em que se encontra, mantendo na memória os recursos empregados em colapsos precedentes. Perante uma conjuntura ambiental nova, a forma básica de sobrevivência é o ensaio e o erro.

Pode-se perguntar: o que seria eficaz para garantir a manutenção dessa estrutura: reagir de modo primário, às cegas, diante de cada transformação que possa ocorrer ao seu redor? Ou acionar a experiência de ensaios anteriores para aprender a prognosticar mudanças e adiantar-se a seus efeitos? É possível prever e antecipar os efeitos das transformações nas estruturas por meio de modelos relacionados a mudanças já ocorridas. Essa habilidade analítica foi decisiva para a obtenção de resultados que permitiram que as primeiras organizações não necessitassem executar um ato para avaliar suas consequências. Podemos, assim, decompor o processo em duas partes: a geração de modelos de reações possíveis ante um evento dado, e a possibilidade e competência de selecionar e executar uma das opções.

A possibilidade de evitar perigos mediante a observação e a reação adequada gerou um novo tipo de estrutura. E uma nova corrida armamentista entre seres cuja sobrevivência dependia, não só de reagir perante os riscos, mas de prevê-los e antecipar-se a eles. A probabilidade de optar pela melhor alternativa dentre várias para garantir a subsistência, além de útil para o propósito da sobrevivência, possibilitou a emergência do reino animal. Com os metamodelos, aproximamo-nos da nossa constituição definitiva: a geração seguinte seria capaz de construir modelos e modelos de modelos em progressão crescente.

Os novos seres não só detectavam o perigo e, como consequência, agiam, mas também antecipavam uma série de possíveis condutas dos rivais em potencial ou possíveis modificações do entorno. Assim, podiam preparar diferentes respostas para cada situação. Em relação aos homens — potentes metamodeladores do entorno — esta habilidade oferecia a quem a possuía a possibilidade de acautelar-se contra as atividades de rivais de diferentes espécies, a controlar e administrar reações, segundo suas prioridades. A aparição dos metamodeladores — em que pese sua capacidade de administrar a vida e a morte de seus rivais, ou de transformá-los em serventes — não supôs uma inovação radical no caminho evolutivo. Em essência, compartilham com seus ancestrais, em suas regras básicas, estrutura e composição, seus procedimentos e condicionamentos para perdurar e expandir-se.

Todavia, a mudança surpreendente deu-se no estágio anterior, com a introjeção das habilidades de reação que antecedem o gênero humano. Foi o surgimento da habilidade de se realizar modelos virtuais, de realidades prováveis ou possíveis. Disso se extrai uma assertiva: um conjunto de matérias e regras arranjam-se em um modo tal que gera novos modeladores que, gradativamente, organizam as simetrias da natureza.

Sobreviver por meio da mutação é uma das suas saídas para perpetuar-se. A mais primitiva necessita da extinção da forma não adaptada ao meio (serão só seus descendentes os que poderiam resistir, mas isso depende do acaso). Lynn Margulis (1938-2011) e Dorion Sagan (1959-) descreveram a simbiose, por exemplo, como intercâmbio de fragmentos entre os seres vivos mais primitivos com os modelos de seres mais evoluídos (informação). A simbiose conjuntiva, por sua vez, alcança uma enorme variedade de integrações de um ser vivo em outro. O citoplasma se introduz no núcleo para, juntos, adaptarem-se a um novo ambiente oxigenado, numa forma de vida comunitária, até chegar aos ecossistemas e equilíbrio entre espécies.

Hegemonia do sistema

Os sistemas vivos se unem continuamente para formar novos sistemas organizados, com o propósito de perpetuar-se, priorizando a ideia de sistema sobre a de indivíduo. Neles, os grupos repartem tarefas e cumprem funções específicas. Essa coordenação é prioritária à sobrevivência particular. Não importa de qual espécie se trate, qualquer um pode quebrar as regras se facilitar a sobrevivência do grupo. A similaridade é aquela a que as células, e inclusive os órgãos, submetem-se às necessidades do corpo do indivíduo.

Desta perspectiva, a biologia contempla qualquer sociedade animal, sob a denominação de sociobiologia, proposta pela primeira vez por Edward Osborne Wilson (1929-). Karl Ludwig von Bertalanffy (1901-1972) avança muito em sua *Teoria Geral de Sistemas*, posto que para ele o sistema é o embasamento, não só da biologia, mas também das ciências sociais. O que esta teoria afirma é que o invasivo da vida não é a estrutura física que sustenta os indivíduos, que tende a expandir-se incessantemente, mas seu sistema organizativo, o conjunto de interações que se estabelecem entre partes de um sistema e que conduzem a um objetivo específico que é indefectivelmente o da preservação.

O sistema em cada período é o que deve ser prioritário em termos de sobrevivência, e os sistemas que o compõem (espécies, dependências entre espécies, indivíduos, elementos dos mesmos) devem ser subsistemas desse sistema. Não se trata de definir sistemas sociais como exclusivos dos seres humanos, pois qualquer grupo animal ou vegetal é comparável a certas organizações sociais humanas enquanto sistemas vivos.

Por último, é preciso distinguir um sistema de um estado de equilíbrio. O chamado sistema planetário, ou a estrutura atômica, não é um sistema, mas sim um estado em equilíbrio. A diferença entre um ser vivo e um sistema vivo reside no fato de que este último possui mecanismos de recuperação de seu estado. O sistema planetário e a estrutura atômica, entretanto, não dispõem de tais mecanismos: se um cometa, por exemplo, golpeasse com a suficiente energia um dos planetas que o compõem, inclusive tirando-o de sua órbita, o conjunto nada faria para evitá-lo.

A palavra sistema só é aplicável a um sistema vivo e aos subsistemas que o sustentam. Os modeladores do universo, de sistemas vivos (ou de outros sistemas) têm a tendência de reproduzir modelos e executá-los. Para onde conduz essa tendência? Investigando nosso planeta, concluímos que um sistema com competência de modelar e executar os procedimentos mandatórios para regular sua persistência incluiria sua fragilidade. Sua natureza expansiva se dedicaria, de forma sistemática, à tarefa de povoar planetas distantes.

Mas nem sequer povoar mundos distantes garantirá a sobrevivência. Quantos teremos que povoar antes de aceitar a inevitabilidade de que a nossa galáxia está condenada a ser engolida por um buraco negro? E então, quantas teríamos que povoar para garantir a sobrevivência? Ainda então: o que acontecerá quando todas as galáxias estiverem se esgotando? O que seria preciso preparar para esse evento? Terá então a vida o grande sistema invasivo, metamodelador. Uma resposta para essa questão: se for evolutivo, sim.

ARRANJO CÓSMICO

O evolucionismo darwinista destronou a intemporal e arquetípica visão criacionista da vida. Mas o temor do conhecimento genômico ainda está presente em nós como um estigma, a exemplo do que sucedeu com a Caixa de Pandora. As contradições existentes no monoteísmo, nas mentalidades e no conhecimento científico, atraíram vários pensadores a interrogar-se a respeito da verdade posta para o surgimento da vida. Surgiram então teorias a granel: a cosmozoica ou da panspermia, a da biogênese e a da abiogênese, a da geração espontânea. Esta última influenciou incomparavelmente a sociedade ocidental, adotada como doutrina oficial para a irrupção da vida, fundindo-se com os princípios criacionistas impostos pela religião cristã.

A imaginação de que a vida surgiu da matéria inerte é fruto das primeiras especulações a respeito — em períodos imemoriais — e estendeu-se desde então até a atualidade. As bases da teoria da geração espontânea se devem ao filósofo grego Aristóteles. Não deixa de ser irônico que os fundamentos filosóficos e científicos que o monoteísmo ocidental acastelou durante séculos, referentes a esta matéria, tenham sido baseados em textos provenientes de um filósofo politeísta. No século XVII, iniciaram-se os debates entre os patronos da teoria da geração espontânea e os seus opositores. Os debates arrastaram-se até a segunda metade do século XIX, envolvendo numerosos autores.

Dentre os principais, Francesco Redi (1626-1697) foi o primeiro a contrapor a teoria da geração espontânea, em 1668. Por meio de vários experimentos, ele demonstrou que as larvas que abrolhavam na carne em putrefação provinham de ovos de moscas e não da própria carne. Lazzaro Spallanzani (1729-1799), investigador que viveu no século XVIII, foi um forte opositor das conclusões tiradas por vários autores, entre os quais Georges-Louis Leclerc, conde de Buffon (1707-1788), e John Needham (1713-1781), sobre a existência de geração espontânea nos micro-organismos encontrados um século antes por Antonie van Leeuwenhoek (1632-1723). Ele fizera suas observações com o uso de um novo instrumento óptico que se revelaria fundamental para toda a ciência — o microscópio.

Por fim, Louis Pasteur (1822-1895), em 1862, demonstrou de forma inequívoca que, organismos numa cultura previamente esterilizada podiam contaminar-se por micro-organismos presentes no ar. Esta descoberta foi precedida por um intenso debate entre ele e Félix Archimède Pouchet (1800-1872), que publicara em 1859 um livro intitulado *Hétérogénie* ou *Traité de la Génération Spontané*e. Foi o último dos defensores dessa insensatez conhecida como geração espontânea.
A teoria da geração espontânea precisava de um princípio que tolerasse o inexplicável, o conceito de força vital. Pensava-se que a diferença entre o mundo vivo e mundo mineral era caracterizada pela existência dessa força. Isto implicava que os compostos orgânicos seriam impossíveis de sintetizar a partir de compostos minerais ou inorgânicos. A síntese da ureia por Friedrich Wöhler (1800-1882), em 1828, origina a primeira fratura no vitalismo e acabaria completamente desacreditada após a síntese química do ácido acético em 1845 por Adolph Wilhelm Hermann Kolbe (1818-1884).

Capítulo 2

Humanidade africana

A proeminência de que a África foi habitada por símios na metade e no fim do período mioceno, entre 23 milhões e 5 milhões de anos, está estabelecida. Estudos genéticos sugerem que humanos e símios têm um ancestral comum e evoluíram separadamente há cerca de 8 milhões de anos. Até hoje, os paleontólogos vêm se esforçando para descobrir fósseis dos ancestrais dos símios da África moderna dos últimos 13 milhões de anos.

A maior controvérsia de nosso passado evolutivo é a transição de *Homo erectus* para *Homo sapiens*, ou seja, a aparição do homem moderno. O primeiro estudo célebre da evolução humana utilizou o DNA mitocondrial (mtDNA) para sugerir uma origem africana recente, de 100 a 200 mil anos atrás, da nossa espécie. Esse trabalho ficou celebrizado como a busca da Eva mitocondrial. Superadas as críticas iniciais e com inúmeras pesquisas complementares, vimos, duas décadas depois, suas conclusões comprovadas.

Mamíferos bem adaptados

O que distingue os primatas das outras ordens de mamíferos? Há algumas características admiráveis: a primeira, é a adaptação à vida arborícola, um atributo de todos os primatas à exceção do ser humano, como meio eficaz para evitar ataques de predadores. Este fato verifica-se mesmo em primatas que durante o dia vivem no solo, como os gorilas, e à noite dormem em ninhos nas árvores. Para que possam viver desse modo, várias estruturas foram desenvolvidas.

Somos símios (designação genérica que engloba primatas aparentados), de corpo robusto, braços alongados. A face, a palma das mãos e a planta dos pés não têm pelos. Além disso, as orelhas, os lábios e os arcos superciliares são pronunciados. Comunicamo-nos com um amplo registro de vocalizações, expressões faciais e posturas, tato e movimento corporal. Temos inteligência para resolver desafios, criar e usar ferramentas complexas, produzir alimentos e viajar para fora do planeta.

Outra característica extraordinária dos primatas é a frontalidade dos olhos, que se situam na mesma linha, na parte anterior da face. Relacionadas com essa tendência, verificam-se estruturas esqueléticas faciais curtas e maior envergadura craniana. Por conseguinte, o encéfalo tem maior volume e massa, o que implica maior complexidade neurológica e de coordenação.

Resultam então, nos primatas, faculdades psíquicas superiores às de todas as outras ordens, com notável aptidão para aprendizagem e adaptação. A localização dos olhos na posição frontal proporciona uma visão estereoscópica que permite visualizar com precisão distâncias e relevos, o que também é imprescindível à vida arborícola. Em contrapartida à acuidade visual, a aptidão olfativa dos primatas é modesta.

A dentição, em seu conjunto, é pouco especializada e indica o tipo de dieta que constituía a base da alimentação desses vertebrados: frutos, sementes, folhas etc. Tampouco existem na estrutura anatômica dos primatas armas ofensivas ou defensivas ressaltáveis, exceto no caso das presas dos mandris. Nesse caso, a pressão evolutiva favoreceu mais o desenvolvimento da inteligência do que o incremento da agressividade.

Das formas mais rudimentares às mais evoluídas — ou seja, dos lóris até os chimpanzés e gorilas —, aumentam o tamanho e a corpulência, como mostram as diferenças de peso entre alguns lemurídeos, como o sagui-leãozinho, que mal chega a cem gramas, e os gorilas, que atingem 275 quilos.

Entre os primatas atuais, muitos levam existência arborícola, enquanto outros se habituaram à terra firme. Em relação à adaptação climática, a não ser no caso do homem, é bastante reduzida, pois sua área de distribuição, em estado selvagem, limita-se às regiões tropicais ou subtropicais, nas matas ou nos campos. Uma exceção notável, no caso, é o macaco-japonês, que vive em locais de latitude mais alta e tem como *habitat* lugares montanhosos, onde costuma nevar.

A dieta dos primatas é muito variada, indo do regime carnívoro, comum entre os prossímios, ao vegetarianismo, dos grandes antropoides pongídeos, passando pelo onívoro, o mais frequente. Algumas espécies são dotadas de bolsas faciais, cavidades formadas pela dilatação da mucosa bucal e empregadas para armazenar alimentos apanhados, para consumi-los mais tarde, quando estiverem em lugar seguro.

O ser humano é considerado um sucesso ecológico, por ser o animal de grandes dimensões mais abundante na Terra. Outros animais que podem ser considerados bem-sucedidos são os que foram domesticados e vivem próximos (como vacas, galinhas, porcos e ovelhas) ou os que dependem do *habitat* criado pelo homem (pardais e ratos, por exemplo). São indivíduos que se organizam em clãs, tribos, comunidades, países, órgãos, instituições etc.

Por sua vez, Richard Dawkins contesta a crença quase reverencial que temos sobre as divisões no reino animal, como a de humanos *versus* animais, causadas por eventos muito singulares, o que não é forçosamente verdade. As guerras seriam, por exemplo, uma forma de violência exclusiva humana: animais lutam, mas não fazem guerra. O autor pondera que talvez a verdade não seja bem assim. Vários animais guerreiam. Formigas são as mais conhecidas, mas como são muito diferentes de nós, não costumamos, com razão, levá-las em conta.

Alguns mamíferos gregários, entretanto, como chimpanzés, mangustos e hienas, organizam-se em bandos e atacam grupos rivais com uma crueldade digna de seres humanos, inclusive com morte aos indivíduos inermes, já fora de combate, ou filhotes. As razões da luta são semelhantes às observadas no *Homo sapiens*: território e recursos do meio ambiente.

Hominídeos

Foi um longo caminho. Costuma-se considerar que a evolução como hominídeo ocorreu há 8 milhões de anos, embora tenha-se até suposto ter ocorrido entre 30 e 40 milhões de anos. Nesse período, existiam alguns macacos, como o *Ramapithecus*, que chegaram a ser considerados hominídeos e possíveis ancestrais dos humanos. Posteriormente, alguns fósseis encontrados indicaram que o *Ramapithecus* estava relacionado com o orangotango. E novas evidências bioquímicas indicaram que o último ancestral comum de hominídeos e macacos ocorreu entre 5 e 10 milhões de anos. O *Ramapithecus* deixou então de ser considerado um hominídeo.[19]

---

[19] Pela comparação entre uma sequência de aminoácidos do homem e do chimpanzé, foi estabelecido o alto grau de parentesco entre eles. A análise bioquímica da proteína hemoglobina permitiu verificar que o chimpanzé é o animal mais próximo do homem, seguido do gorila, sendo o macaco *rhesus* o mais afastado.

Reconstruções faciais digitais apresentadas na mostra FACCE, Itália (2015).

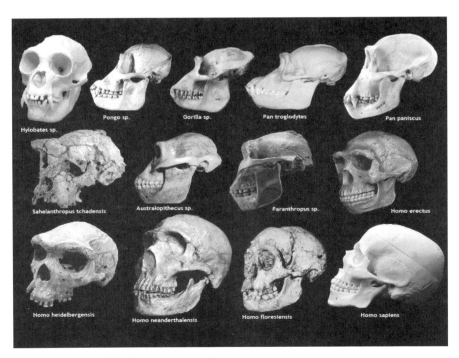

Reprodução: Museu de História Natural de Londres, UK.

As formas arcaicas de *Homo sapiens* surgiram pela primeira vez há cerca de 500 mil anos. O termo abrange um grupo diversificado de crânios que possuem características tanto do *Homo erectus* quanto dos humanos modernos. O tamanho do seu cérebro é maior do que o do *erectus* e menor do que o da maioria dos humanos modernos, em média cerca de 1.200 cm^3.

O esqueleto e os dentes são menos robustos do que os do *erectus*, mas mais robustos do que os dos humanos modernos. Muitos ainda têm sobrancelhas grandes e testas e queixos recuados. Não há uma clara linha divisória entre *erectus tardio* e *sapiens arcaico*. Muitos fósseis entre 500 mil e 200 mil anos são difíceis de classificar como um ou outro.

Nos fósseis dos símios encontrados na Europa e na Ásia, foram constatadas algumas semelhanças destes com os símios africanos atuais. Alguns paleontólogos sugeriram (hipoteticamente) que o ancestral comum dos símios e dos humanos havia abandonado a África e que um dos ancestrais retornou ao continente para se converter no elo perdido do homem com seus parentes primatas. É uma tese esdrúxula, sem qualquer embasamento científico.

O termo hominídeo é utilizado para descrever os humanos e seus ancestrais extintos, como o *Australopithecus*. Esse gênero divide-se em:

- *Australopithecus anamensis*
- *Australopithecus afarensis*
- *Australopithecus aethiopicus*
- *Australopithecus boisei*
- *Australopithecus robustus*
- *Australopithecus africanus*

O grupo subsequente ao *Australopithecus* teria por volta de 2 milhões de anos, já como gênero *Homo*. O primeiro hominídeo desse gênero foi o *Homo habilis*. Posteriormente, surgem o *Homo rudolfensis, Homo erectus, Homo ergaster, Homo heidelbergensis, Homo neanderthalensis* e, por fim, o *Homo sapiens*. O único representante vivo é o *Homo sapiens*, o *homem que sabe*. Este grupo encontra-se dentro da ordem dos primatas.

As principais características desta família são: a posição ereta e bípede para deslocamento, maior cérebro e crânio comparados aos outros grupos de primatas e desenvolvimento de dentes pequenos e caninos não especializados. Surgiram também modificações no comportamento, habilidade de desenvolver utensílios para uso próprio e específico e a linguagem verbal.

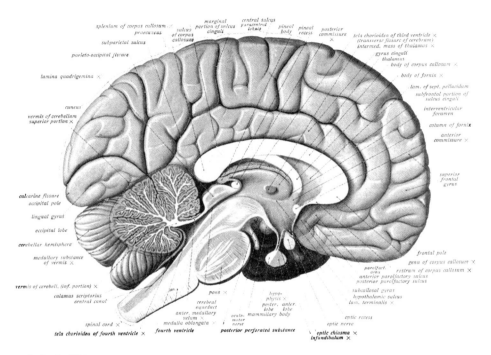

Ilustração: Wikicommons.

As formas modernas de *Homo sapiens* surgem pela primeira vez há cerca de 195 mil anos. Os humanos modernos têm um tamanho médio de cérebro com cerca de 1.350 cm³. A testa se eleva acentuadamente, as cristas das sobrancelhas são muito pequenas ou mais comumente ausentes, o queixo é proeminente e o esqueleto é muito gracioso. Nos últimos 100 mil anos, as tendências de longo prazo para molares menores e robustez diminuída são percebidas.

O aumento do tamanho do nosso cérebro — a encefalização característica da espécie humana — foi o gatilho evolutivo na reconfiguração anatômica do cérebro, associado a duas pressões seletivas adicionais que favoreceram esta evolução. Uma, é o deslocamento do suporte do crânio para frente, resultante da posição ereta; a outra, a diminuição da pressão seletiva favorável a mandíbulas fortes e dentes grandes, desnecessários para alimentos mais macios (mudança na dieta), cortados (por ferramentas) ou preparados (com o fogo). Essa alteração alimentar possibilitou a redução de mandíbulas, dentes e da parte facial do crânio — decorrente da redução dos músculos faciais e de todas as cristas e elevações ósseas às quais se prendiam esses músculos — com a ampliação simultânea da parte cerebral.

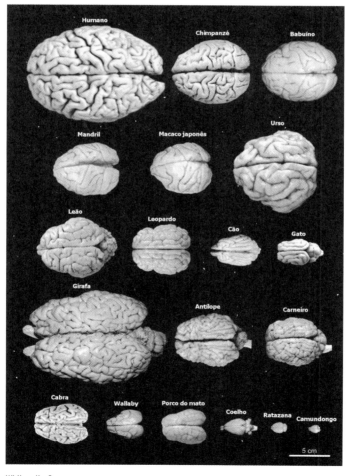

Widimedia.Commons.

Há cerca de 40 mil anos, os utensílios tornaram-se mais sofisticados, implementando o uso de maior variedade de matérias-primas para fazer roupas, por exemplo, e ossos e chifres para gravar e esculpir. Belas obras de arte, na forma de ferramentas decoradas, contas, esculturas feitas de marfim ou com dentes e ossos de humanos e animais, estatuetas de argila, instrumentos musicais e pinturas rupestres espetaculares, surgem nos 20 mil anos seguintes (LEAKEY, 1994).

Os humanos do Paleolítico Superior, há cerca de 30 mil anos, foram aproximadamente de 20% a 30% mais robustos do que os considerados humanos modernos na Europa e na Ásia, embora às vezes sejam chamados de *primitivos*. Alguns deles, como os aborígenes australianos, têm tamanhos de dentes mais típicos dos *sapiens* arcaicos. Dentes menores são encontrados nas áreas onde as técnicas de processamento de alimentos foram usadas há mais tempo. Este é um exemplo provável de seleção natural ocorrido nos últimos 10 mil anos, quando o rosto, a mandíbula e os dentes dos humanos mesolíticos são cerca de 10% mais robustos do que os nossos atuais.

O que se pesquisa na África presentemente? A nossa jornada nos últimos 300 mil anos. Ou melhor, a nossa seleção natural como espécie única originada nesse continente. Evidências paleontológicas e genéticas indicam que os humanos modernos se originaram na África nos últimos 300 mil anos e se espalharam pelo globo nos últimos 100 mil anos. Esses nossos antepassados habitaram o continente africano durante maior tempo do que em qualquer outra região. Tiveram também grau mais alto de diversidade genética em comparação com quaisquer outras populações do mundo. Foram identificados e geneticamente definidos ao menos 14 grupos ancestrais em populações africanas. Pesquisas biológicas, arqueológicas e antropológicas como essas permitem concluir que todos os grupos populacionais existentes no planeta surgiram dos africanos.

Em suma, como ser vivo e fenômeno da evolução, há cerca de 300 mil anos, conquistou-se primeiro o continente africano e, depois, há cerca de 50 mil anos, todo o planeta. A diversidade em qualquer aspecto da biologia humana não permite afirmação alguma de superioridade ou inferioridade entre humanos.

O descobrimento do *Pithecantropus erectus*, por Eugéne Dubois (1858-1940), em Java, no ano de 1889, foi considerado à época espetacular. Com ele, quiseram encontrar o elo perdido entre o homem e o macaco das teorias darwinistas. Logo se saberia que a questão do homem moderno era mais complexa do que se aceitava a princípio. Este achado de Dubois provocou apaixonados debates que se prolongaram até a metade do século XX. Posteriormente, outra descoberta fóssil, a do *Homem do Chu-ku-tien*, por Davidson Black (1884-1934), próximo a Pequim em 1930, fez retroceder em mais de meio milhão de anos as estimativas da nossa jornada neste planeta. Estava cristalina uma nova visão da evolução do *Homo sapiens* que derrubava o criacionismo cristão.

Ernst Haeckel (1834-1919), principal expoente do darwinismo na Alemanha, convicto da existência do elo perdido, foi quem enviou o assistente Dubois a Java. Escreveria em 1899 o livro *O mistério do mundo*, no qual propunha uma interpretação da evolução radicalmente materialista. A vida se elucidava pela matéria e pela natureza. O livro foi traduzido para vários idiomas, convertendo-se em um dos sucessos internacionais do fim do século XIX. Não por acaso, historiadores e teólogos protagonizaram as tormentas intelectuais da época. O século XIX foi marcado pelas maiores mudanças da trajetória humana em termos de ciência, com inúmeras teorias comprovadas no século XX.

Ossos fossilizados e pegadas mostram que a nossa adaptação fundamental ao bipedalismo (andar ereto) adveio da África, há quatro milhões de anos. A mais antiga e segura amostra dessa característica foi localizada na Etiópia, região do Afar, na África Oriental. Era o esqueleto de Lucy, um Australoptecíneo feminino, que vagou pela região há cerca de 3,4 milhões de anos. A identificação de pegadas de dois Australoptecíneos adultos junto à jovem, preservadas pela ação de cinzas vulcânicas, em Laetoli, comprovam que nossos ancestrais já viviam em núcleos familiares há 3,8 milhões de anos.

Modelos de silicone pigmentado de reconstruções faciais de Lucy (A) e da criança Taung (B) mostram diferentes tons de pele. O de Lucy foi reconstruído mais próximo ao dos bonobos. Já o da criança Taung é o dos humanos anatomicamente modernos nativos da África do Sul.[20]

Pai e mãe

Em 2005, foi anunciada a identificação categórica de Adam Kadmon e Hawwá, designações em hebraico respectivamente para Adão, o Homem Primordial; e Eva, que significa Vivente ou Aquela que Vive.

A mandíbula de um símio ancestral comum dos gorilas, chimpanzés e humanos (não há consenso sobre isso) foi encontrada por uma equipe de pesquisadores japoneses e quenianos em 2005. Batizado como *Nakalipithecus nakayamai*, o fóssil de 10 milhões de anos, com onze dentes, encontrava-se em depósitos de terreno vulcânico na região de Nakali, no Quênia. Os descobridores afirmaram que ele preenchia um vácuo no registro de fósseis e desafiava suposições vigentes sobre a evolução dos primatas.

---

[20] O artigo que descreve essas reconstituições definitivas de ancestrais do *Homo sapiens* encontra-se disponível em: www.frontiersin.org/articles/10.3389/fevo.2021.639048/full

Mas foi na Etiópia que primeiramente encontraram-se os melhores fósseis, na tórrida região de Afar, e posteriormente na África do Sul. Inabitável hoje em dia, fora uma porção do Éden outrora, com grandes animais, água em abundância, árvores e vegetação densa, moradia de vários hominídeos. Os fósseis ali descobertos preenchem parte considerável do processo evolutivo. Seu aporte excepcional foi corroborar a teoria de que todos nós surgimos na África. A *Hawwá* genética depararia ali, por fim, o seu *Adâm* fóssil, elo que os geneticistas procuravam havia dois séculos. Essa teoria, abalizada em análises do DNA de milhares de pessoas de todo o planeta, demonstraria que a Humanidade descende de uma única mulher que viveu na África, há cerca de 150 mil anos.

Algum dia, incerto século, vago milênio, nos depararemos com o elo perdido, a prova da evolução do homem sem interferência divina? Candidataram-se ao posto dois fósseis (e seus crânios) descobertos em 1997, cuja datação apontou sua idade em torno de 160 mil anos, e que ainda ocupam o posto de os mais antigos e bem conservados fósseis de seres humanos modernos. Tinham uma constituição física que os cientistas consideraram a mais arcaica até então vista, mereceram uma classificação à parte: *Homo sapiens idaltu* — em língua afar *idaltu* significa o mais velho.

Seria a primeira vez que veríamos os rostos dos elos perdidos, localizados os progenitores da nossa espécie? Descobrimentos subsequentes ratificaram que não o eram, e assim persistiremos na busca do elo perdido. O que sabemos categoricamente é que o Jardim do Éden era a África inteira. O *Homo sapiens idaltu* não foi o primeiro a deixar marcas na Etiópia. Há milhões de anos ancestrais mais parecidos com macacos do que com homens vagavam por lá. Afar foi o lar do *Ardipithecus ramidus* há seis milhões de anos.

Estimado entre 154 mil e 160 mil anos, o *homem idaltu* é considerado o Adão fóssil com quem a Eva genética procriou. O chefe da equipe internacional, composta por 45 cientistas de 14 países, responsável pelo extraordinário achado, é o paleantropólogo norte-americano Tim White, da Universidade de Berkeley, na Califórnia. Ele e a equipe ficaram em estado de graça com o descobrimento: eram crânios de nossos ancestrais diretos, apresentavam excelente preservação. Se pegarmos o homem mais robusto de qualquer população atual, adicionarmos alguns hormônios, teremos o idaltu, que era forte e alto, diz White.

Esses fósseis foram localizados num vilarejo chamado Herto, lugar miserável, árido e quente, habitado apenas parte do ano, devido ao clima hostil na região de Afar, um paraíso para os paleoantropólogos. Teriam entre 20 e 30 anos na época de sua morte. O menino, cujo crânio era o que estava em pior estado, fragmentado em 200 pedaços, teria seis ou sete anos de idade. White e seu grupo descobriram ainda ossos de mais sete pessoas, cerca de 600 artefatos de pedra e restos da fauna da época do Homem de Herto. Foram precisos três anos de testes para a datação e dois anos para análise.

Por sua vez, o *Homo sapiens idaltu* é um elo entre nós e diferentes gerações primitivas do gênero humano. Sua identificação afasta o parentesco com o Homem de Neanderthal (*Homo neanderthalensis*), agora visto como um primo extinto do qual o humano moderno não herdou qualquer vestígio. Até agora, não tínhamos intermediários entre fósseis pré-humanos e o homem moderno, num período de 100 mil a 300 mil anos atrás. Os fósseis de Herto preenchem essa lacuna. Tínhamos em mãos o elo ancestral do homem moderno, assegurava Christopher Brian Stringer, um dos notórios estudiosos mundiais em evolução humana, e que fez a revisão do estudo para a sua publicação na revista *Nature*.[21] Os instrumentos de pedra — machados e cortadores — e ossos de hipopótamos quebrados até a medula, indicam que já tinham desenvolvido meios eficientes para a obtenção de alimentos.

Na região, foi descoberto ainda um fóssil do *Homo erectus* que tornava Afar um dos berços da Humanidade, e que há 160 mil anos fervilhava de vida. Nessa época, a Europa era um continente gelado, com grossa camada de gelo na quase totalidade de sua superfície. Mas no Afar a temperatura quente e úmida permitia a existência de um grande lago de água doce, rico em peixes. Nas margens desse lago viviam crocodilos e hipopótamos. Na planície, havia antílopes. Essa era a terra do *Homo sapiens idaltu*, um dos jardins do Paraíso.

---

21 Volume 590, ano 2021.

Mas ainda não eram Adão e Eva. Um grupo de cientistas norte-americanos localizou, em 2007, vestígios de populações que habitaram a costa da África do Sul há 165 mil anos e que comiam marisco. Uma vez mais, com a imaginação à solta, propõem os seus descobridores que estes seriam, afinal, os progenitores dos humanos modernos, dado o grau tecnológico e simbólico que alcançaram. Utilizavam complexos utensílios afiados como pontas de lança ou como dardos, adornados com um pigmento vermelho, uma evidência de comportamento simbólico.

Liderada por Curtis W. Marean, da Universidade do Arizona, a equipe, antes de começar os trabalhos na costa da África do Sul, realizou um estudo exaustivo sobre o clima, as correntes oceânicas e as condições geológicas, até encontrar o lugar adequado para iniciar a pesquisa de vestígios de humanos primitivos. Selecionaram como local das escavações Pinnacle Point, perto da Baía Mossel, um sítio promissor. Os frutos da investigação foram publicados na revista *Nature*. Com inovadoras tecnologias de datação, estimaram que nossos antepassados perambularam por aquela costa 165 mil anos atrás, em vez dos 125 mil anos que se pensava.

O motivo de terem começado a se interessar pelos crustáceos marinhos está nas mudanças climáticas. Naquela época do Paleolítico, quase a totalidade do continente africano era um deserto, o que tornava complicado conseguir alimentos. E no hemisfério, norte vivia-se uma época glacial. O fato de comerem mariscos comprova que puderam movimentar-se e percorreram grandes distâncias na costa africana. Os utensílios achados surpreenderam por serem mais sofisticados para o grau de desenvolvimento que teriam como *Homo sapiens*. Foram encontradas pequenas lâminas de 10 milímetros de espessura e do tamanho de um dedo, que seriam a ponta de uma arma com muita precisão.

Os paleontólogos se surpreenderam com o imaginário alegórico dos antigos habitantes daquela zona. Há a possibilidade de terem estabelecido comunicação com um *protopalavreado*, o que pressupõe um avanço cognoscitivo. Todavia, não encontraram Adão e Eva.

O que afirmo, convicto, é que o Éden era a África, e o primeiro *homem sapiens* e a primeira *mulher sapiens* palmilharam e se reproduziram em seu solo. Mas nunca os conheceremos; são nossos pai e mãe originários, são apenas letras nos estudos genéticos. Já desses fósseis, permaneceremos sempre perto deles.

O que a genômica comprovou? A atual estrutura populacional africana já se desenvolvera antes que os humanos anatomicamente modernos saíssem da África, há cerca de 50 mil a 100 mil anos. À medida que essas populações migraram e adotaram novas estratégias de subsistência, encontraram novos ambientes e pressões seletivas que resultaram na adaptação local.

O estudo com o cromossomo Y reflete a dificuldade inicial de se descobrirem variações interindividuais. Contudo, nossa ascendência africana tem sido reafirmada por vários outros estudos com o cromossomo Y. Por exemplo, recentemente, com a descrição de vários *loci* variáveis neste cromossomo, fez-se um percurso genético detalhado desde Adão. Ele ratificaria nossa origem africana recente, estimada em cerca de 100 mil anos atrás. As comprovações evolutivas contadas com o DNA mitocondrial — mtDNA e o cromossomo Y eliminaram quaisquer contestações acerca de nosso berço original.

Estas conclusões foram obtidas por meio do estudo de duas partes pequenas do genoma humano (Y e mtDNA), traçando histórias distintas das linhagens maternas e paternas. Inversamente a algumas conclusões da literatura leiga, as pesquisas não afirmam que, em algum tempo remoto, tenha existido uma única mulher (Eva) ou um único homem (Adão). Dizem apenas que um homem e uma mulher, em meio a vários indivíduos de toda a humanidade, possuíam os cromossomos ancestrais dos atuais Y e mtDNA, respectivamente. Os demais tipos contemporâneos destes ancestrais, de épocas e locais distintos na África, possivelmente contribuíram para o que são os homens e mulheres de hoje com partes do genoma compreendidas pelas regiões dos cromossomos 1 ao 22 (MIR, 2004).

Ao longo dos anos, os geneticistas estudaram os padrões de variação na estrutura genética, causados por seleção, mutação, migração, fluxo gênico e distribuição espacial dentro e entre populações, com um número limitado de marcadores anônimos de genes ou *loci* gênicos. Os estudos se concentravam na análise de amostras pequenas, obtidas de populações naturais. No entanto, a partir da década de 1990, instrumentos da genômica se tornaram disponíveis para estudos de polimorfismos em seres humanos. E o termo *genômica de populações* começou a ser usado para descrever a sua observação em larga escala.

Segundo Alan Templeton (1998), só a diferenciação genética de uma população não é suficiente para que o processo de especiação ocorra. É imprescindível que esta população tenha uma continuidade genética, isto é, não receba genes de outras populações da mesma espécie por um longo tempo. Este é um dos processos que levam à evolução das espécies.

Uma das mais extraordinárias contribuições da ciência do século XX é a de ter conseguido apresentar os mapas genéticos de dezenas de povos, de distintos continentes, relacionados com os mapas linguísticos e estabelecida, assim, a correspondência entre as histórias cultural e biológica. Os caracteres físicos aparentes que definem a noção popularizada de *raça* resultam ser, na realidade, os rasgos mais superficiais de um grupo humano, e não fazem mais que traduzir as adaptações fisiológicas ao clima (LUCA-SFORZA, 1994).

Certos determinismos biológicos são tentativas de abusar da biologia para sustentar a desigualdade social e perpetuar a relação entre *superiores* e *inferiores*. O estudo da espécie humana por frequências genéticas derruba a segregação étnica, a qual se funda na apreciação visual dos caracteres exteriores, os chamados *rasgos externos*. Desde Copérnico (1473-1543)[22] e Galileu (1564-1642),[23] como também Darwin, Einstein e Heisenberg, a explicação científico-racional do mundo teve no preconceito e na superstição seu mais persistente adversário, como ainda ocorre hoje.

Contra o que sugere o discernimento comum, se analisarmos os mapas genéticos, teremos que dizer que os africanos estão mais perto dos europeus do que dos asiáticos, e que os aborígenes da Austrália são mais próximos dos asiáticos que dos africanos. É provável que a sabedoria vulgar do *Homo sapiens* demore mais alguns séculos para se convencer disso. Muitos milhões se negam a reconhecer os mapas genéticos, como

---

[22] Astrônomo e matemático polonês, Copérnico criou a teoria heliocêntrica do Sistema Solar. Além disso, foi cônego da Igreja Católica, governador e administrador, jurista, astrônomo e médico.

[23] Físico, matemático, astrônomo e filósofo florentino. Personalidade fundamental na revolução científica moderna.

outros se recusaram a olhar pelo telescópio de Galileu, ou preferiram brincar a respeito dos antepassados de Darwin e Huxley.

Espécie dominante

Uma pesquisa recente aponta que um único gene pode ser responsável por muitos neurônios encontrados somente no cérebro humano. Este gene inserido no cérebro de um embrião de rato induziu a formação de muitos outros neurônios. Os neurônios adicionais levaram à formação de convoluções características que o cérebro humano usa para embalar tecido cerebral. Mas o rato não ficou mais inteligente.

Entretanto, três genes quase idênticos explicam como 0,5 litro de massa cinzenta nos primeiros ancestrais humanos tornou-se o órgão de 1,4 litro, o que permitiu sermos tão bem-sucedidos. Além disso, genes identificados recentemente também comprovam como o desenvolvimento do cérebro às vezes resulta em mutações que provocam distúrbios neurológicos.

A espécie dominante no planeta é um mamífero antropoide da África equatorial, identificado como *Homo sapiens*, ou seja, nós. Um símio cuja designação genérica, como já citamos, engloba também primatas aparentados, com as características de um corpo robusto, braços alongados, pelagem negra — à exceção do rosto, da palma das mãos e da planta dos pés — e características faciais.

Essa nova espécie desenvolveu a capacidade de comunicação com um amplo registro de vocalizações, expressões faciais e posturas pelo tato e movimentos corporais. Além disso, dotou-se de inteligência para resolver desafios e usar ferramentas simples; por exemplo, ao introduzir pequenos palitos para extrair os cupins de seus ninhos.

Em determinado período da evolução do homem, ocorreu uma mudança que fez com que uma quantidade de genes se expressasse de forma distinta no cérebro, nos convertendo em seres com cérebro humano e coração de chimpanzé.

A característica fundamental dos primatas é sua morfologia pouco especializada, com alto coeficiente de plasticidade funcional, suscetível a futuras especializações em cada subordem. Além desses traços característicos (que por não se manifestarem em todos os primatas impedem a classificação), cabe falar de tendências: as garras se transformaram em unhas achatadas; mãos e pés tornaram-se preênseis, em geral com polegares e hálux (dedo grande do pé) opostos; os braços liberaram-se aos poucos da função locomotora; a visão ganhou profundidade, enquanto o olfato retrocedia e o apêndice nasal se retraía.

Alguns primatas amoldaram-se ao *habitat* arbóreo, em que prevalecem os fortes, enquanto os frágeis (hominídeos) desceram ao solo e tornaram-se bípedes. O cérebro desenvolveu-se e adquiriu o poder da visão, coordenação muscular, aprendizagem e comunicação num grau de especialização único. No comportamento, deduzem-se a propensão à dependência pós-natal prolongada e à concepção de um arcabouço social de base hierárquica.

A nossa evolução tem uma propriedade fundamental: o cérebro governado pelas mesmas moléculas essenciais que governam as bactérias, em decorrência da seleção natural. Contamos com essa vantagem evolutiva, desde que ele foi aumentando de tamanho de maneira progressiva. Nosso cérebro somos conexões neurais suficientes para transformar um inflexível e bastante rígido dispositivo programado em um órgão de *labile*; dotou-o de lógica e memória para substituir o aprendizado não programado, por especificação direta, como base do comportamento social.

Assim, o diferencial evolutivo mais importante entre o homem e os antropoides gorilas e chimpanzés é o descomunal aumento do tamanho do cérebro humano em relação ao deles, seguido pelas habilidades cognitivas propiciadas por essa grande massa encefálica. Em um intervalo de tempo de aproximadamente 1 milhão de anos, considerado o avanço mais rápido de que se tem conhecimento, desde os primeiros macacos com características hominoides até os primeiros hominídeos modernos, transcorreram cerca de 12 milhões de anos sem grande aumento na capacidade endocraniana média.

O que teria sido responsável por este acontecimento único? Há um cenário já investigado e comprovado: uma combinação de pressões seletivas sobre a mudança para uma zona adaptativa inteiramente nova. E entre os fatores causais, um deles foi fundamental: a introdução de uma dieta rica em carne (proteína). Este alimento com alto retorno calórico foi o principal gatilho evolutivo que permitiu o rápido crescimento do cérebro, órgão que mais consome energia em nosso metabolismo basal.

Mas, como tudo na ciência, sempre há controvérsias antes de sua aceitação como dogma científico. Nenhum dos grandes mamíferos carnívoros teve aumento de sua massa cerebral por comer carne. Então, o que foi o mais importante para nós? A mudança na dieta ou a dieta em si? A busca por instrumentos eficientes para capturar a presa e obter a carne foi mais prioritária do que o ato de consumi-la. Então, se a dieta mais rica em proteínas foi um fator adicional importante, por fornecer condições nutritivas favoráveis ao crescimento do cérebro, a caça foi mais importante do que a dieta.

A evolução nunca parou e não vai parar; está em franco desenvolvimento. E os mecanismos são genéticos, ambientais e culturais. Os primeiros passos em nossa humanização foram a utilização das mãos como instrumentos de locomoção e a caça. A esta aquisição genética, seguiram-se a destreza para o feitio e uso de instrumentos. Com a reestruturação genética controlada da laringe, veio o sistema duplamente articulado de fala e idioma. Somado a isso, juntamente com o uso do fogo, o cultivo de sementes e a domesticação de animais, estabeleceram a base para a interação dos genótipos e fenótipos entre os organismos vivos. As fases de humanização foram progressivas, de acordo com nossas habilidades adaptativas. Elas facilitaram a nossa sobrevivência e nossa reprodução, responsáveis pela expansão humana no planeta.

Num estudo comparado entre o DNA de humanos e macacos grandes, descobriu-se que os genes do homem e do chimpanzé são 98,4% semelhantes, o que faz do chimpanzé o nosso parente biológico mais próximo. Haveria apenas uma diferença de 1,6% entre o DNA dos humanos e dos chimpanzés, e uma diferença de 2,2% entre o dos chimpanzés e o dos gorilas. De acordo com essa comprovação, os chimpanzés se apartaram na árvore evolutiva dos homens há quatro milhões de anos. No entanto, dois milhões de anos antes, ou seja, há seis milhões de anos, tanto os chimpanzés quanto os gorilas já haviam se separado. E a cadeia evolutiva dos símios asiáticos que conduz aos orangotangos separou-se das cadeias hominídeas há estimados 13 milhões de anos. Ele difere geneticamente do homem numa porcentagem grande, indicando uma conexão evolutiva distante.

Chimpanzés e humanos formam um clado[24] com sequências de DNA que diferem em apenas 1%. A similaridade genética faz com que não se possa antagonizar (geneticamente) esses dois primatas.

Nossos ancestrais

Chimpanzés e bonobos.
Fotos: Wikicommons.

O DNA do macaco bonobo foi sequenciado em 2012.[25] Era o último grande símio que restava analisar, já que o chimpanzé havia sido sequenciado em 2005; o orangotango, em 2011; e o gorila, em 2012. Estamos tão próximos geneticamente do bonobo, o que é ponto pacífico, quanto do chimpanzé, violento e mais estudado. Eles são irmãos, e nós, seus primos-irmãos,

---

[24] Grupo de espécies com um ancestral comum e exclusivo.
[25] *Nature* volume 486, 28 Junho 2012.

relacionados com os dois, embora partilhemos alguns traços apenas com os bonobos e outras características apenas com os chimpanzés.

De acordo com um estudo do Instituto Max Planck, na Alemanha, cujo principal autor é o geneticista Kay Prufer, bonobos e humanos compartilham 98% do mesmo genoma, o mesmo percentual compartilhado pelos humanos com os chimpanzés. E os bonobos e os chimpanzés têm uma relação muito estreita entre si, compartilhando 99,6% de seus genomas.

Os seres humanos são um mosaico dos genomas de bonobos e chimpanzés. Se nós tivéssemos estudado apenas os chimpanzés, teríamos uma visão distorcida da evolução humana.

Contudo, os bonobos e os chimpanzés têm comportamentos distintos que podem ser observados em humanos, explica o pesquisador norte-americano Brian Hare, da Universidade Duke. Bonobos fazem amor, não guerra. Já os chimpanzés matam e fazem guerra. Bonobos partilham comida com forasteiros, ficam perto de suas mães — as quais, inclusive, escolhem os companheiros de seus filhos — muito depois da infância, assim como nós. Os chimpanzés, não. Mas tendem a usar ferramentas com eficiência e, sugere a pesquisa, a ter cérebros maiores, como os nossos.

Com baixo grau de especialização, frágeis e limitados fisicamente, é real a nossa superioridade em comparação com os demais mamíferos? Não temos um ambiente natural específico como outras espécies, o nosso ambiente natural é a sociedade. Todavia, graças à ação cerebral, imaginamos e arquitetamos coisas que nenhum outro ser vivo é capaz.

Aqui daremos um salto para retroceder a alguns milhões de anos. Os primatas surgiram há cerca de 70 milhões de anos, no fim do período Cretáceo. Não exatamente há 23 milhões de anos, grandes símios se desenvolveram na África. Ainda não está determinado com precisão qual deles foi o antepassado comum dos símios modernos e dos homens.

Segundo cálculos baseados em prova fóssil e pesquisa molecular, éramos uma só espécie há cerca de 10 milhões de anos. Depois, fomos divididos em duas subordens: a dos prossímios e a dos antropoides, em que se incluem a família dos hominídeos e a dos pongídeos, esta última com extraordinárias representações atuais (gorila, chimpanzé, orangotango e gibão). Os símios com maior parentesco conosco são denominados antropomorfos.[26] Essa ordem inclui: gorilas, orangotangos, chimpanzés e gibões, caracterizados por sua corpulência, ausência de rabo e dentição composta por 32 dentes.

Nossa estrutura biológica e nossa aptidão simbólica, das quais dependem nossas ações, não são estranhas e antagônicas, como demonstra a genômica. A teoria da evolução nos colocou no adequado papel que desempenhamos e explicou como chegamos ao atual estágio. A disputa fundamental entre o homem e outras espécies animais é a quase ausência de especialização de nossa parte. Os animais desenvolvem especializações, como saltar, morder, agarrar, entre outras habilidades, para sobreviver em ambientes específicos, suportando temperaturas extremas, alimentando-se de resíduos e reproduzindo-se de maneiras inimagináveis para nós. Os membros, órgãos e sentidos dos animais são instrumentos de alta precisão. A capacidade de morder de uma hiena, a força dos tentáculos de um polvo ou a precisão da pinça de um caranguejo superam em muito as habilidades dos membros humanos. No entanto, como acontece com tudo que é altamente especializado, essas estruturas servem bem apenas para funções específicas.

Historicamente, as espécies se diferenciaram por sua morfologia, e pensava-se que uma era parecida com outra por certa similaridade em seus ossos, em suas células ou em qualquer outra coisa observável a olho nu ou com o auxílio de um microscópio.

Seleção natural

Em 24 de novembro 1859, viria à luz a obra *On the Origin of Species by Means of Natural Selection or the Preservation of Favored Races in the Struggle for Life*[27], em que Darwin elucida a vida em sua diversidade

---

[26] Do grego: *ánthropos*, homem; *morfé*, forma.
[27] O título da 1ª. edição brasileira é *A Origem das Espécies pela seleção natural ou a Preservação de raças favorecidas na luta pela vida*. Após a revisão de Charles Darwin em sua 6ª. edição, o título passa a ser *A origem das espécies e a seleção natural*.

Estátua de Charles Darwin no Museu de História Natural de Londres.
Foto: Wikkimedia Commons

e desvenda a seleção natural por mutações e replicação de mutações: "A conservação das variações e diferenças individuais favoráveis e a destruição das que são prejudiciais, a chamei de seleção natural, ou a sobrevivência dos mais aptos".

O impacto na mitologia e na superstição foi completo: o homem deixa a semelhança divina, retornando à sua correta ascendência primata, ao macaco. Na época, Darwin não teve a audácia (já que o que fez foi suficiente) de expor essa teoria diretamente, embora tenha especulado sobre isso indiretamente. Em carta enviada a Charles Lyell, em 1871, o principal geólogo de sua época, ele apenas aventou a hipótese, que *a posteriori* seria comprovada e publicada por Aleksandr Ivanovich Oparin (1894-1980) e John Burdon Sanderson Haldane (1892-1964):

> *Caso pudesse ser demonstrado que exista qualquer órgão complexo que não possa ter-se formado por meio de ligeiras modificações, numerosas e sucessivas, minha teoria (da seleção natural) cairia por terra.*
>
> *Se eu estivesse convicto de que precisaria desse tipo de adições à teoria da seleção natural, eu a rejeitaria como imprestável [...]. Não daria nada por ela se exigisse adições milagrosas em qualquer estágio de descendência. (1871)*

Em 1996, a Pontifícia Academia de Ciências reconhece que os princípios de Darwin são mais do que uma hipótese. O homem não era obra divina e sim produto — ainda que provisório — de uma evolução biológica. Evoluir significa modificar-se de geração em geração no decorrer dos tempos: os seres vivos mudam em tamanho, forma, cor, força, mas continuam uma mesma espécie.

A criação da vida por um ser superior, sobrenatural, cai, enfim, por terra. Thomas H. Huxley (1825-1894) consagrou os últimos 30 anos de sua vida a promover, na Inglaterra, uma bem-sucedida cruzada de divulgação social e popular do darwinismo. Sem dissimulação, consistia num frontal ataque dirigido aos porta-vozes da ortodoxia religiosa. A célebre obra sobre teologia natural de William Paley (1743-1805) se liquefez. Ao negar a existência de um *designer* divino na natureza, Darwin propicia um impulso ao positivismo, ao naturalismo e ao materialismo, nos quais se assentaria o pensamento moderno pós-iluminista.

Em seu campo, sua teoria teve o mesmo impacto que a Teoria da Relatividade de Albert Einstein (1879-1955), quando o universo deixou de ser um mistério insolúvel. Da mesma forma, o mundo não seria mais o mesmo depois desse achado científico. Filho de médico, decodificou a nossa evolução. Havia trabalhado durante 20 anos ininterruptos. Foram impressos apenas 1.250 exemplares, esgotados já no primeiro dia de venda nas livrarias. Abriram-se as fronteiras para o entendimento das nossas origens. A Teoria da Evolução nos colocou no papel que desempenhamos no reino animal como seres vivos e como chegamos até o atual estágio.

Somos produto dos mais aptos e não os mais fortes. A teoria estabelece que a contenda milenar entre os dois extremos — a criação divina ou a raiz zoológica do homem — é falsa. A primeira, uma questão de crença,[28] é abstrata, sem nexo ou realidade. A segunda, a teoria da evolução, provou a nossa caminhada no lar comum, o planeta Terra.

Essa jornada começa com Erasmus Darwin (1731-1802), no livro *Zoonomia ou Leis da vida orgânica* (1794-1796), no qual ele propõe que a variação do ambiente provoca uma resposta do organismo na estrutura dos órgãos dos animais, e que estes se transformam devido às suas necessidades. Não éramos nada além de primatas que andavam eretos.

O princípio da seleção natural parte de três premissas:

1) *Existe variação nos indivíduos de uma população;*
2) *Os descendentes tendem a herdar as características dos pais;*
3) *As populações possuem um potencial de crescimento muito maior que o ambiente pode suportar.*

Mutações no genoma levam a grande diversidade de características dos seres vivos, sobre as quais atua a seleção natural. A maior ou menor vantagem adaptativa conferida ao organismo por uma mutação resultaria na variação da frequência da mutação em uma população. Traços como o comportamento social e cooperativo em insetos e humanos seriam apenas esforços dos organismos para assegurar a transmissão de suas fitas de DNA, mantendo elevadas as frequências daqueles genes.

Essa concepção, que muitos tacharam de *genecêntrica*, foi radicalizada por Clinton Richard Dawkins, ao afirmar, na década de 1970, que a preservação das sequências de bases nitrogenadas "é a razão última de nossa existência" e que todos os organismos são somente grandes "máquinas de sobrevivência" do próprio material genético (DAWKINS, 2007).

A junção das Leis da Genética à Teoria da Evolução por seleção natural foi alvo de questionamentos por evolucionistas da época. Diziam que as variações sujeitas à seleção natural eram sutis e imperceptíveis. Os

---

[28] Em latim, *credentia*.

evolucionistas também partiam da premissa de que as mudanças evolutivas eram minúsculas entre as gerações. O próprio Darwin enunciou diversas vezes o provérbio *Natura non facit saltum* — a Natureza não dá saltos — em seu livro de 1859. Desconhecia o trabalho do monge austríaco Gregor Mendel (1822-1884), apesar de serem contemporâneos.

Em meados da década de 1930, alguns cientistas estabeleceram a conexão entre a seleção natural e a genética. Dobhansky, geneticista; Mayr, zoólogo; Simpson, paleontólogo; e Stebbins, botânico, foram os principais pesquisadores dessa relação, que ficou conhecida como *Síntese Evolutiva* ou neodarwinismo. Essa corrente de pensamento considera que as mutações e as combinações gênicas são os fatores principais que culminam na evolução. E como os genes se espalharam pelo planeta por meio da seleção natural, trata-se do principal agente evolutivo que atua sobre a variabilidade genética da população. Pode-se dizer, então, que ela é o resultado da atuação da seleção natural sobre a variabilidade de uma população. Ela seleciona os genótipos mais bem adaptados a uma determinada condição ecológica, eliminando os menos vantajosos para essa mesma condição.

A expressão *mais bem adaptado* refere-se à maior probabilidade de, em um determinado ambiente, um determinado indivíduo deixar descendentes. Indivíduos bem adaptados a um ambiente têm maiores chances de sobreviver e deixar descendentes. A seleção natural tende a diminuir a variabilidade genética. Quanto mais intensa ela for sobre uma determinada população, menor será a sua variabilidade e somente alguns genótipos serão escolhidos. Ela atua de forma permanente em todas as populações. Mesmo em ambientes estáveis e constantes, a seleção natural, que age de modo estabilizador, elimina os fenótipos desviantes.

As mutações ocorrem ao acaso, não sendo possível antever o gene que será afetado e nem relacionar a mutação com a adaptação às condições ambientais. Elas podem ocorrer tanto em células somáticas quanto em células germinativas sendo, no caso, de fundamental importância para a evolução, por serem transmitidas aos descendentes. Considerava-se que fossem erros cegos, devido a falhas no sistema. Hoje tem-se o conhecimento da existência de mutações pela seleção natural que levam à construção de mecanismos que alteram o DNA, ligam ou desligam genes e modificam proteínas existentes em resposta a sinais que as células recebem de outras células no ambiente. Por exemplo, uma nova variação produzida por uma baixa brusca na temperatura ou falta de alimento seria uma resposta a sinais ambientais, mas que não leva a uma resposta única e primeiramente adaptativa. Estresses podem afetar a operação de sistemas enzimáticos e responsáveis por manter o DNA e partes destes sistemas que parecem, às vezes, estar acoplados a elementos reguladores que controlam como, onde e em que proporção o DNA será alterado.

A genotipagem de populações africanas, etnicamente diversas, que vivem em climas distintos e com padrões de subsistência distintos, em painéis SNP de alta densidade, é útil para a realização de varreduras integrais da seleção, que desempenham um papel na adaptação local e na doença. O desenvolvimento continuado de métodos estatísticos e computacionais para inferir a epidemiologia demográfica e a seleção natural lançará luz sobre a história evolutiva humana no mundo em geral e na África em particular. Abordagens que incorporem informações geográficas detalhadas, como limites naturais — cadeias de montanhas, rios, desertos etc. — serão úteis para inferir a jornada demográfica africana e humana.

Considerando que as populações africanas possuem uma significativa fração de alelos específicos, os quais podem ter passado por adaptação local, o novo sequenciamento entre diversas populações será importante para rastrear variantes funcionais específicas de cada população.

O ressequenciamento direcionado de genes que desempenham um papel fundamental na suscetibilidade a doenças e respostas a medicamentos será importante para o desenho de tratamentos mais eficazes em indivíduos de ascendência africana recente. Além disso, todo o ressequenciamento do genoma (uma das metas do Projeto 1000 Genomas[29]) será identificador de variantes estruturais em grande escala, e as mais

---

[29] Lançada em 2008, a pesquisa internacional buscava estabelecer o catálogo mais detalhado da variação genética humana O objetivo do Projeto era enconar a maioria das variantes genéticas que têm frequências de pelo menos 1% nas populações estudadas.

raras, que podem desempenhar um papel importante para reconstruir a história evolutiva humana.[30]

A seleção natural, processo pelo qual traços herdados favoráveis se tornam mais comuns em gerações sucessivas, aumentando ou diminuindo a frequência de mutações que têm efeito no indivíduo, pode, quando vantajoso, aumentar a frequência, com variantes ligadas (ou seja, carona genética), pela seleção positiva e substituir a variação pré-existente em uma determinada população, ou seja: fazendo uma varredura seletiva.

A força da seleção e as taxas locais de recombinação ditam o tamanho de uma região genômica afetada por uma varredura seletiva. Se a seleção for recente, pode não haver tempo suficiente para que a variante selecionada seja fixada na população, resultando em uma varredura seletiva incompleta. As assinaturas genéticas de uma varredura seletiva incluem uma região de desequilíbrio de ligação, *Linkage Disequilibrium* (LD), com a extensão homozigosidade haplotipo, *Extended Haplotype Homozygosity* (EHH), e baixa variação em cromossomos de alta frequência, com a mutação benéfica associada ao alelo ancestral.

Após esta varredura seletiva, em tempo suficiente, novas mutações e recombinação ocorrerão, levando a um excesso de variantes raras e uma diminuição na extensão da LD. A seleção de purificação fraca também deverá resultar em um aumento de variantes de baixa frequência. Sob este esquema de seleção, mutações deletérias que entram na população quase sempre permanecem em baixas frequências, porque seu efeito adverso sobre o condicionamento físico torna improvável que eles atinjam altas frequências.

Em contraste, espera-se que a seleção de equilíbrio de longo prazo (resultante de maior aptidão de heterozigose), ou a manutenção de múltiplos alelos em uma população seja adaptavelmente vantajosa e resulte em alelos em frequência intermediária.

---

[30] A predisposição biológica, ou seja, os sinais, as condições e as doenças que aparecem com mais frequência na população afrodescendente, são o diabetes tipo II, a hipertensão arterial, os miomas uterinos, a anemia falciforme, a deficiência de glicose-6-fosfato desidrogenase, a mortalidade infantil, a mortalidade materna, as síndromes hipertensivas na gravidez e a mortalidade materna.

DARWIN E SEU PARCEIRO AFRICANO

John Edmonstone, escravo nascido na Guiana, aprendeu taxidermia com Charles Waterton, cujo sogro, Charles Edmonstone (1793-1822), possuía uma grande plantação em Demarara. Liberto da escravidão, foi para Glasgow encontrar seu antigo mestre, Charles Edmonstone. De lá, seguiu para Edimburgo para lecionar taxidermia na Universidade de Edimburgo, onde teria um aluno muito especial: Charles Darwin.

Edmonstone repassou informações detalhadas sobre a fauna e a flora das florestas tropicais da América do Sul, encorajando Darwin a explorá-las. As lições de taxidermia que Darwin aprendeu com Edmonstone ajudaram-no em muito quando escreveu os registros da *Viagem do Beagle*, sendo o mestre citado como parceiro importante nas anotações de seus diários. Tomando por base seus ensinamentos sobre os pássaros, Darwin construiu algumas das abordagens mais revolucionárias sobre a evolução das espécies ocorrida com os pássaros, fato que constatou nas Ilhas Galápagos.

John Edmonstone ensinou Darwin a preservar pássaros.
Reprodução State Darwin Museum

Seleção e demografia

Processos demográficos causam distorções na frequência de polimorfismos genéticos. Por exemplo, quando o tamanho da população aumenta a passo acelerado, a deriva genética tem menos efeito em uma população em rápida expansão, gerando um excesso de polimorfismos raros, o que o padrão sob seleção positiva ou purificadora. Em contrapartida, é de se esperar que um gargalo populacional cause a perda de variantes de baixa frequência e produza, assim, um excesso de variantes de frequência intermediária, o que imita o padrão observado na seleção de equilíbrio.

Embora a seleção natural e a história demográfica possam causar saídas semelhantes de um modelo de equilíbrio neutro, é possível distinguir essas forças simulando o padrão esperado de variação em diferentes cenários demográficos ou usando uma abordagem *outlier*, na qual os alvos de seleção mostram um padrão incomum de variação ou diferenciação populacional em comparação com uma distribuição empírica observada em outros *loci* em todo o genoma.

Embora um aumento na seleção positiva possa ocorrer em populações que migraram para novos ambientes, é prematuro concluir que a quantidade de seleção positiva recente é maior em populações não africanas do que nas africanas.

Voight e outros identificaram traços de seleção recente em cada uma das amostras de HapMap[31] em uma varredura de todo o genoma. Além disso, eles observaram sinais mais fortes de seleção na população nigeriana do *HapMap — International HapMap Project —* em comparação com as populações europeias e asiáticas.

Além disso, um estudo recente demonstrou que não africanos têm uma proporção excessiva de variações não sinônimas — aquelas que levam à modificação da sequência primária das proteínas codificadas — incluídas

---

[31] O mapa de haplótipos do genoma humano descreve os padrões de variação genética presentes na população humana. É usado para encontrar variantes genéticas que afetam a saúde, doenças e respostas a drogas e fatores ambientais.

muitas variantes possivelmente deletérias, algo atribuído à história demográfica da população e não ao aumento da evolução adaptativa. Portanto, fatores demográficos influenciaram o padrão diferencial de seleção observado em populações africanas e não africanas.

A limitação na comparação da frequência de eventos seletivos em populações africanas e não africanas é que as primeiras foram subestimadas. Por exemplo, estudos usaram afro-americanos como os únicos representantes das populações africanas. No entanto, o poder estatístico para detectar varreduras seletivas é menor em estudos com amostras afro-americanas, graças à sua recente mistura com europeus.

Parâmetros demográficos, como um gargalo populacional na Eurásia, também podem ter imitado os padrões de variação causados por eventos seletivos em populações não africanas. Deve-se considerar que a África tem os graus mais altos de diversidade genética e contém populações que habitam em uma ampla gama de ambientes e com alta exposição a doenças infecciosas.

No entanto, as assinaturas de seleção em populações africanas podem ter se perdido, porque os estudos se basearam em somente uma ou duas delas. Para obter uma compreensão mais clara das adaptações genéticas e fenotípicas na África, é importante fazer a varredura de assinaturas genéticas de seleção em suas populações diversas, que convivem em ambientes distintos. É importante identificar as variantes funcionais que serão alvos de seleção e verificar seu impacto na variação fenotípica antes que eventos de seleção em populações africanas e não africanas possam ser determinados.

A linguística desses grupos ancestrais é um componente dessa investigação genômica. Até o momento, apenas uma fração dos 2.000 grupos étnicos linguisticamente distintos na África foi estudada quanto à variação no genoma completo. Quase todas as línguas africanas são qualificadas em quatro grupos principais: afro-asiáticas, nilo-saarianas, nigero-congolesas e khoisan.

As afro-asiáticas são faladas por populações agropastoris e agrícolas no norte e no leste da África. As nilo-saarianas são faladas por pastores na África central e oriental. O grupo nigero-congolês, com 1.436 línguas, é o maior grupo de línguas do mundo. As línguas bantu, que pertencem à subfamília do grupo nigero-congolês, são uma coleção de cerca de 500 línguas relacionadas, faladas por pelo menos 200 milhões de pessoas.

O grupo das línguas khoisan (ou coisãs), caracterizado por consoantes, é o menor dos quatro grupos linguísticos africanos. As populações falantes de línguas khoisan incluem populações de caçadores-coletores no sul da África, chamadas de San, bem como os Hadza e Sandawe, que são populações atuais e ex-caçadores-coletores, respectivamente.

Violência geneticamente evolutiva

De Waal (2000) comprovou que a agressão, em primatas, seria mais bem analisada se considerada como uma ação instrumental para a competição e para a interação social. As sociedades dos primatas são marcadas pela cooperação. Como as dos chimpanzés (*Pan troglodytes*) e dos seres humanos, apresentam formas de agressão coletiva entre comunidades. E ocorrem alianças entre dois ou mais indivíduos que se unem para derrotar um terceiro. Em consequência, os indivíduos no topo da hierarquia não são, primeiramente, os mais fortes, mas os que mobilizam para si o apoio. Os resultados apresentados por Jacquard Albert em 1993 sugerem que a agressão no *Homo sapiens* guarda muitos correlatos anatômicos, fisiológicos e comportamentais com a agressão defensiva em outros mamíferos.

No cérebro, essa forma de agressão é estimulada pela amígdala e inibida pelo hipotálamo e pela região septal. Este achado permite uma inferência neuropsicológica: grande parte da violência cometida pelos seres humanos parte de uma percepção precedente de terem sido agredidos. É uma boa proposição, mas outros elementos podem ser ainda agregados. Talvez uma comparação com nossos primos antropoides possa nos ajudar a entender ainda melhor por que isso acontece. É possível que o cérebro de primata gregário que possuímos colabore para o fato de que maiores graus de agressão e crueldade expliquem a evolução dos homens quando estes competem por *status* (como vários outros macacos machos), usando todos os meios de que dispõem.

Por que nosso cérebro funciona assim? Por razões evolutivas. Para os indivíduos excluídos do grupo social, sobram duas opções: aceitar a posição ou lutar contra ela. Neste caso, haverá pressão da seleção natural para promover genes que beneficiem respostas que adicionem chances de sobrevivência e reprodução do indivíduo. Como vivemos em um ambiente que difere bastante daquele em que fomos desenvolvidos, certos centros cerebrais ficam expostos a estímulos que não existiam ou eram de intensidade diferente em nosso passado.

E quais as estruturas mentais que permitem a um indivíduo matar ou não outros da mesma espécie? Quais vantagens ou desvantagens levam os indivíduos a lançarem mão de condutas violentas, como torturar, humilhar, submeter a trabalhos forçados e a regime de fome e miséria, seu semelhante? Por que algumas espécies de animais são mais agressivas do que outras, e dentre elas, a nossa? Quais as semelhanças e diferenças entre a violência dos seres humanos e a de nossos parentes próximos, os grandes primatas (chimpanzés, orangotangos e gorilas)? O que podemos aprender com eles?

A agressão não tem um componente genético, como a fenilcetonúria ou a Doença de Huntington. A participação dos genes neste fenômeno social é dotar o cérebro humano de mecanismos defensivos para situações extremas. Por isso, as formas de reduzi-la nas grandes cidades devem incluir uma reorganização do ecossistema ao qual os indivíduos estão expostos: alternativas não violentas de ascensão em seus grupos sociais e maneiras de motivá-los para segui-las.

Epigenética

As variações das populações devem-se a vários fatores, dentre eles a ocorrência de mutações, ou seja, alterações de genes que vão gerar novos fenótipos. Sendo benéficas para os indivíduos que as adquirem, estas se estabelecem na população. Outros fatores da variação são a seleção natural, a introdução de germoplasma, o desvio meiótico e a deriva genética, que ocasionam alterações nas frequências alélica e genotípica de populações sujeitas a esses processos. A busca pela compreensão da dinâmica populacional dos genes e dos genótipos, normais e patológicos, é que, pelo estudo dos fatores evolutivos, entenderemos como se faz a manutenção da carga hereditária deletéria através de gerações.

E agora avancemos além do DNA. Que nova fronteira é essa ainda inexplorada em toda a sua extensão e complexidade? Se o genoma é o conjunto de genes de um organismo, o epigenoma é o conjunto de modificações químicas que ocorrem no próprio genoma e na cromatina. Esse código epigenético é quem dá instruções ao genoma de como os genes devem ser silenciados ou devem ser expressos. Estamos adentrando num novo e fascinante campo: a epigenética.

Nas células, os processos epigenéticos são determinantes na sua diferenciação. Em graus mais complexos da organização biológica, mecanismos epigenéticos geram as interações dependentes do contexto e autossustentadoras que levam à persistência fisiológica, morfológica e comportamental. Ela também inclui a herança de variações com impacto evolutivo entre os indivíduos.

A herança epigenética ocorre quando variações fenotípicas não provenientes de variações em sequências de bases no DNA — não mutacionais — são transmitidas a gerações subsequentes de células ou organismos. Um exemplo: a hereditariedade celular em células que se dividem *mitoticamente* subjaz à persistência de estados determinados em organismos multicelulares. Isto é, as células-tronco do rim de um indivíduo e de sua pele podem produzir prole com as características dos pais. Isso ocorre ainda que suas sequências de DNA sejam idênticas e os estímulos de seleção que acarretaram os fenótipos celulares diferentes tenham desaparecido há muito tempo.

A variação epigenética hereditária proporciona uma variação adicional para processos evolutivos, inclusive a seleção natural. Assim, amplia o escopo de variações e proporciona focos adicionais para a seleção. Não há conflito entre ela e o darwinismo. A existência de variações evolucionárias está em consonância com as ideias do próprio Darwin sobre hereditariedade. Ele acreditava que a variação induzida evolucionista seria herdada.

Há herança (transmissão) de variações que não depende da variação da sequência de bases no DNA. Há muitos tipos dessa herança, como a herança celular e gamética, a transmissão que implica a reconstrução de variações evolucionárias somáticas e não passa pelos gametas. E há também a transmissão comportamental; e no caso dos seres humanos, a transmissão de informações baseadas em símbolos.

Skinner e seus colegas administraram *vinclozolina*, um fungicida que também atua como antagonista do receptor do andrógeno, em ratas grávidas de 8 a 15 dias após a cópula. Constataram que as consequentes anormalidades no testículo, no sistema imune e em outros tecidos de crias do sexo masculino eram herdadas, pelo menos, por quatro gerações. Quinze sequências diferentes de DNA com padrões de metilação alterados (modificação epigenética) nos machos eram transmitidas da primeira geração para a terceira.

A herança comportamental na evolução se manifesta de muitas maneiras, mas de forma direta na forma de tradições. As tradições culturais humanas são transmitidas e mudam por meio dos símbolos. Os animais também têm tradições comportamentais que são passadas de uma geração a outra pelo aprendizado social. A transmissão de comportamento via aprendizado social também influencia a evolução genética porque os comportamentos dos animais (inclusive dos seres humanos) alteram o ambiente em que eles, seus descendentes e genes são selecionados.

Os mecanismos epigenéticos, ultimamente descobertos, ampliam e atualizam nossas noções de hereditariedade, variação e evolução. Acrescentam novas respostas a perguntas: como e por que são geradas as variações hereditárias? O que é selecionado e como? O escopo do darwinismo demonstrou que a evolução implica descendência com modificações genéticas e epigenéticas, bem como a seleção natural de variações induzidas e cegas.

Primeiramente, Lamarck e, cinquenta anos mais tarde, Darwin propuseram que os organismos vivos são produtos de um longo processo de evolução e transformação. São descendentes de ancestrais antigos, muito mais simples, e de linhas contínuas de hereditariedade.

Dados que se estendem desde o estudo de fósseis antigos até as mais recentes conquistas da biologia molecular dão sustentação à teoria da descendência com modificações.

A segunda ideia genial de Darwin, a de que a seleção natural é necessária para a explicação da adaptação funcional, proporcionou percepções essenciais para a explicação científica de características complexas como o olho do mamífero, a asa do pássaro e a aptidão das plantas de transformar luz em açúcares. Muitos exemplos atestam a operação da seleção natural no mundo vivo.

Os dois pilares da teoria evolutiva se baseiam em interações dinâmicas entre os mais característicos processos em organismos vivos: reprodução e multiplicação (indivíduos biológicos produzem prole em forma de indivíduos), hereditariedade (iguais fazem surgir iguais) e variação (às vezes a prole é diferente de seus progenitores). Quando alguma variação afeta as chances de reprodução, a seleção natural resulta disso. E quando as variações que afetam a reprodução são herdadas, o resultado disso é a evolução por seleção natural. A seleção cumulativa, numa direção particular, por exemplo, para se movimentar com eficiência pelo ar, pode fazer surgir estruturas complexas, como asas, e os processos coordenados de voo.

Desvendar o código epigenético ajudaria a compreendermos melhor diversos processos, como a diferenciação celular, o envelhecimento, as células-tronco, os mecanismos de herança, além de doenças complexas, como diabetes, obesidade, câncer e doenças respiratórias, cardíacas e psiquiátricas.

Capítulo 3

Evolução e humanidade

SOMOS IGUAIS

Em 1918, 64 negros foram linchados na parte leste da cidade de Saint Louis, no Estado de Illinois; em 1919, o número subiu para 83. Talvez o ato mais brutal tenha sido o ocorrido em Valdosta, no Estado da Geórgia, em 1918.

Maryr Turner, uma mulher negra grávida, foi enforcada numa árvore, embebida com gasolina e queimada. Quando balançava na corda, um homem saiu da multidão, e com uma faca abriu seu ventre. Seu filho caiu no chão, deu dois gemidos fracos — e recebeu um pontapé mortal de um valentão.[32]

---

[32] L.Bennet. *Before the Mayflower: A History of Black América*. Chicago: Johnson Publishing Company, 1969.

Primeiro, temos que perguntar: o que é a Humanidade? Não sabemos ainda o suficiente sobre os humanos. Sabemos mais sobre ratos do que sobre humanos, embora os mecanismos evolutivos sejam basicamente os mesmos. Há diferenças entre nós, como a longevidade, e seguramente não somos ratos. Então, quem somos? A composição dos RNA mensageiros do chimpanzé é mais semelhante à do humano do que à do orangotango no fígado, por exemplo. No entanto, no cérebro, ocorre o oposto: os RNA dos cérebros de chimpanzés coincidem mais com os dos orangotangos do que com os dos humanos.

O que distingue todas as espécies são seus genes. Já não nos admiramos tanto com o fato de o crânio do símio se parecer com o dos humanos, mas sim investigamos os seus genes que são os mesmos dos humanos. Se tomarmos isto como padrão, ferimos o ego humano ao constatarmos que nós e os chimpanzés e bonobos somos semelhantes no que corresponde à nossa composição genética.

Abre-se então uma passagem a uma segunda complexidade: não basta distinguir os genes. Um espírito antropocêntrico suporá que alguma diferença exista entre os humanos e os chimpanzés. Enquanto estes últimos dedicam seu tempo a comer bananas e a masturbar-se compulsivamente, os homens e as mulheres constroem cidades e fabricam armas de extermínio de massas. E investigam para se certificarem de que ambos coincidem em 98,7% no tocante a genes.

Onde está a base da diversidade? Nos genes. O que é esplêndido nisso é que pequenas diferenças na composição genética podem se transformar em diferenças dramáticas em virtude das proteínas. Também é determinante que o transcriptoma — conjunto de genes ativos em uma dada célula — difira entre as células dos diferentes tecidos. Embora o genoma de um neurônio seja idêntico, tanto de uma célula muscular quanto de uma célula do fígado de um indivíduo, seus transcriptomas são diferentes. As células do fígado e as do cérebro têm os mesmos genes, mas produzem distintos RNA. Isto ocorre porque genoma é estático, enquanto o perfil de RNA é dinâmico, isto é, muda em razão de quais genes são ligados e desligados, muitas vezes em resposta a estímulos externos como o uso de uma droga ou após uma refeição.

Há então uma diferenciação na composição do RNA mensageiro nas células do cérebro humano em relação às do chimpanzé? Para responder a esta questão, grupos de cientistas compararam em humanos, chimpanzés e orangotangos a composição do RNA (o transcriptoma) em células de fígado e de cérebro, utilizando para isso uma técnica de biologia molecular — *chips* de RNA. É dificílimo assegurar, apoiado nesses dados, que na composição do RNA nas células do cérebro é onde está a base da diversidade entre homens e chimpanzés. Mas não será insensato ponderar que isto possibilitou uma mudança na estrutura cerebral que teve como consequência o que comprovamos evolutivamente todos os dias.

Esta investigação implica duas trilhas para que entendamos o que permitiu ao homem desenvolver as faculdades intelectuais que o diferenciam do resto das espécies animais.

A primeira é a de entender que, às vezes, os raciocínios e os efeitos não são tão óbvios. A especificidade não está na dimensão do órgão, e alguns com propriedades similares apresentam funções diferenciadas.

A segunda é mais moral do que científica: se o transcriptoma do chimpanzé e do humano fossem muito similares, assim como seus genomas são similares, qual teria sido a conclusão? O que essa análise nos demonstra: cérebro de humanos, coração de chimpanzé, fígado de orangotango...

Então, se o chimpanzé e o bonobo são tão adjacentes ao homem, por que não incluí-los no gênero ao qual pertencemos? Não só deveriam ser incluídos no gênero *Homo*, mas no de todos os primatas, o grupo taxonômico do reino animal do qual o homem faz parte. Há uma corrente considerável de geneticistas que quer rever essa exclusão do chimpanzé do gênero *Homo*. Não há empecilho científico para integrar o ser humano e o chimpanzé num gênero equivalente, resultante das suas similaridades. A mudança capital ocorrida na metade do século XX foi no método tradicional de categorização com base na aparência, hábitos ou forma fóssil.

Um estudo feito por uma equipe da Faculdade de Medicina da Universidade Estadual de Wayne, em Detroit (EUA),[33] comparou genes de seis famílias de mamíferos: homem, chimpanzé, gorila, orangotango, rato e o macaco do Velho Mundo. Com base nessa investigação, estabeleceram uma árvore da evolução que apresenta a imbricação dentre esses mamíferos: nela, chimpanzé e homem ocupam ramos irmãos. Os que estão próximos a nós são o gorila, o orangotango e o macaco do Velho Mundo. A equipe de Detroit advoga que a incorporação de todos os primatas no grupo *Hominidae* sejam classificados sob o gênero *Homo*: *Homo sapiens*, ou homem; *Homo (Pan) troglodytes*, ou chimpanzé comum; e *Homo (Pan) paniscus*, ou bonobo.

Criador: Robin Hammond.
Crédito: National Geographic

---

[33] Publicado em 2003 na obra *Proceedings of the National Academy of Sciences* (PNAS) dos Estados Unidos.

Africanidade populacional

A diferenciação genética de uma população não é suficiente para que o processo de especiação ocorra. É imprescindível que esta população tenha uma continuidade genética histórica, isto é, não receba genes de outras populações da mesma espécie por um longo tempo. Este é um dos processos que levam à evolução das espécies. A humanidade é uma única linhagem, compartilha uma mesma sorte evolutiva a longo prazo. A evolução humana e a estrutura da população foram caracterizadas por várias populações locais diferenciadas que coexistiam a cada tempo dado, mas com contato genético para fazer a humanidade compartilhar a mesma sorte evolutiva a longo prazo.

A África possui na atualidade uma população com mais de 1,3 bilhão de habitantes e uma densidade demográfica de 30 hab/km². Ela duplicou nos últimos 28 anos e quadruplicou nos últimos 55 anos. O país africano mais populoso é a Nigéria, com 200 milhões de habitantes, seguido pela Etiópia, com 112 milhões, e pelo Egito, com 100 milhões de pessoas, segundo dados de 2019. A população africana tem crescido exponencialmente ao longo do século XX, o que acarreta, em conjunto com a menor expectativa de vida nesses países, uma população muito jovem.

Vários países, como a Libéria, Burundi, Uganda, República Democrática do Congo, Madagascar e Burkina Faso, têm taxas de crescimento anual da população acima dos 3%, mesmo com uma baixa expectativa de vida. De 53 países, 43 possuíam uma expectativa de vida abaixo de 60 anos, e 28 abaixo de 50 anos. Lesoto, Botswana e Suazilândia possuem uma expectativa de vida abaixo de 35 anos.

O maior estudo já feito sobre a diversidade genética africana foi o de uma equipe comandada por Sarah Tishkoff. Dezenas de pesquisadores de várias nacionalidades, inclusive cientistas africanos, analisaram o DNA nuclear de 113 populações de todo o continente. O material foi coletado ao longo de uma década. Em um relatório publicado na revista digital *Science*,[34] a equipe divulgou os primeiros resultados, todos surpreendentes e inéditos.

---
[34] *The Genetic Structure and History of Africans and African Americans* | *Scienc*e. Disponível em: sciencemag.org

Os africanos descendem de 14 populações ancestrais, que muitas vezes se correlacionam com o idioma e grupos culturais. Todos os caçadores-coletores e pigmeus da África compartilham ancestrais há 35 mil anos, e a África Oriental foi a fonte da migração que povoou o planeta.

Durante dez anos de trabalho de campo coletaram amostras de DNA de 2.432 africanos, de 113 populações. Esse estudo abriu um novo e revolucionário campo da nossa história evolutiva e jornada pelo planeta. A comprovação pioneira da evolução do homem moderno na África e sua migração para fora do continente e ocupação de todo o planeta devemos a Tishkoff.

As pesquisas derrubaram as noções fenotípicas falsas sobre *raças* humanas, que, mesmo demolidas há décadas, persistem como uma má ciência e classificação errônea do homem moderno. Combinaram trabalho de campo, pesquisas em laboratório e utilização de recursos tecnológicos para abordar questões fundamentais acerca da história da evolução humana moderna e da arquitetura genética de características relacionadas à adaptação e risco de doenças na África. Com uma abordagem integrativa, incorporou dados proteômicos, epigenéticos, transcriptômicos, metabolômicos e microbiomas, obtidos de grupos etnicamente diversos que vivem em ambientes distintos.

A maioria dos estudos das populações africanas no campo da variação humana e da arquitetura genética é feita, agora, pelo sequenciamento completo do genoma. A África é uma região crítica a ser estudada. Sendo o local das origens humanas modernas, contém os maiores níveis de variação genética humana e é a fonte da expansão mundial dos humanos modernos nos últimos 100 mil anos.

Os pesquisadores observaram as diferenças em 1.327 pontos do genoma e combinaram os resultados a dados existentes sobre oito grupos africanos e 59 não africanos. Depois, conduziram análises estatísticas para combinar os indivíduos por semelhança genética e determinar seus antecedentes. Os resultados abonam que os africanos têm a maior diversidade dentro de uma mesma população e sugerem que tenham se originado de 14 grupos de ancestrais. A maioria de suas populações tinha traços genéticos de múltiplos grupos, o que sustenta indícios linguísticos e arqueológicos de migrações continentais que teriam resultado nessas misturas.

Esses estudos identificaram genes que desempenham uma função importante em uma série de características (por exemplo, altura), bem como mapearam aqueles que desempenham um papel na suscetibilidade a doenças infecciosas e outras complexas. Os altos graus de subestrutura genética na África, mesmo dentro de pequenas regiões geográficas, requerem a determinação da ancestralidade individual e a correção adequada para a subestrutura em estudos de associação.

As diferenças em relação à dieta, clima e exposição a patógenos entre populações geograficamente diversas produziram pressões de seleção distintas, resultando em adaptações genéticas locais, algumas das quais desempenham um papel na suscetibilidade a doenças. Com as diferenças em sua história demográfica e adaptação local, as estimativas de *escores* de risco poligênico de estudos europeus não são precisas em populações africanas, podendo resultar em avaliações imprecisas de risco e falta de intervenções apropriadas.

Esta imprecisão se dá também para países, tais como o Brasil, onde há importante miscigenação dos componentes europeu, africano, ameríndio e, mais recentemente, asiático, que formam nossa população. O preconceito europeu também impede que se compreenda globalmente os fatores genéticos e ambientais que influenciam o risco de doenças humanas e exacerbam as desigualdades na saúde. Além disso, a caracterização da diversidade africana é importante para distinguir variantes patogênicas em estudos genômicos clínicos, uma vez que a frequência das variantes difere entre as populações.

Naquilo que nos interessa aqui, acima de tudo, essa pesquisa analisou os graus de melanina na pigmentação da pele das populações africanas investigadas em grupos da Nigéria, Camarões, Tanzânia, Quênia, Sudão e Iêmen. Esta pesquisa admite não mais ser possível usar a pigmentação da pele para classificar os humanos. Isso é tão absurdo como nos classificarmos pela altura e não por nosso genoma. Isso é o que veremos a seguir.

CAPÍTULO 3 – EVOLUÇÃO E HUMANIDADE | 107

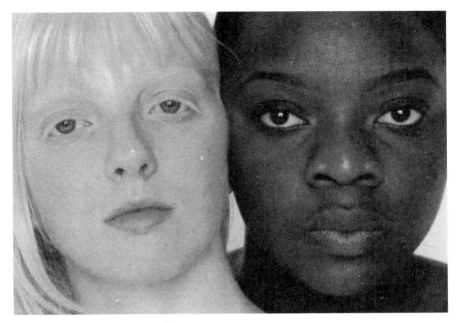

Imagem: Sarah Leen – National Geographic

SARAH TISHKOFF

1. *Os padrões de variação dos genomas africanos são fundamentais para uma compreensão mais profunda da diversidade humana, identificação de variações genéticas funcionais importantes, a base genética da adaptação a diversos ambientes e dietas e as origens dos humanos modernos.*

2. *A compreensão da variação genômica africana fornecerá a base para estudos da associação do genoma e a biologia de sistemas para identificar variantes de codificação regulatórias que desempenham um papel na variação fenotípica, que incluem suscetibilidade a doenças.*

3. *Usamos genotipagem SNP de genoma completo, análises de sequenciamento genômico e transcriptômico de alta cobertura para caracterizar padrões de variação genômica, ancestralidade e adaptação local em populações africanas étnica e geograficamente diversas.*

4. *Identificados* loci *candidatos que desempenham um papel na adaptação a doenças infecciosas, dieta e altitude, bem como o traço de baixa estatura em pigmeus africanos. Nossos estudos lançam luz sobre a história evolutiva humana e a história da população africana.*

5. *Estudamos 121 populações africanas, quatro populações afro-americanas e 60 populações não africanas para padrões de variação em 1.327 microssatélites nucleares e marcadores de inserção/deleção.*

6. *Identificamos 14 grupos de populações ancestrais na África que se correlacionam com etnias autodescritas e propriedades culturais e/ou linguísticas compartilhadas.*

7. *Observamos altos graus de ancestralidade mista na maioria das populações, os quais refletem eventos históricos de migração em todo o continente. Nossos dados também fornecem evidências de ancestralidade compartilhada entre populações de caçadores-coletores geograficamente diversas (falantes das línguas khoisan e pigmeus).*

8. *É predominante a nigeriana-kordofaniana (aproximadamente 71%), europeia (aproximadamente 13%), e outras populações africanas (aproximadamente 8%), embora os graus de mistura variem entre os indivíduos.*

Epiderme e pigmentação

O que é a pele? Durante séculos foi utilizada como argumentação para sustentar a inferioridade humana atribuída à população africana pigmentada. Alimentou a construção da falsa ciência das *raças humanas* (e não só dos africanos). Eles não eram humanos, não tinham as características que os habilitassem a assim serem considerados. Pele negra? Ela é incolor, o tom escuro se deve à melanina, fator de fotoproteção contra a radiação solar, como já foi dito e repetido anteriormente.

É um órgão de composição complexa e estrutura própria, que se caracteriza por diversos tecidos, tipos celulares e estruturas especializadas, distribuído em camadas interdependentes. Ela é disposta anatomicamente em três camadas distintas, mas, no funcionamento, estão relacionadas: epiderme, derme e hipoderme. É o maior órgão do corpo humano, com área variada de 1,5 a 2 m^2 no indivíduo adulto e tem o peso aproximado de 15% do volume corporal. Tem estrutura e funções variáveis, de acordo com a região do corpo.

É um órgão de defesa e revestimento externo, adapta-se às mudanças do meio ambiente e às necessidades do organismo que protege, recobrindo-o em sua totalidade. É multifuncional, desempenha funções essenciais como termorregulação, vigilância imunológica, sensibilidade e proteção contra agressões exógenas (químicas, físicas ou biológicas), contra a perda de água e de proteínas para o meio externo.

A sua pigmentação é determinada pela quantidade e tipos de melanina na derme. Há dois tipos: feomelanina (cor que vai de vermelho a amarelo) e eumelanina (marrom escuro a preto). Tanto a quantidade quanto o tipo de melanina são controlados por quatro a seis genes, sendo o principal deles o receptor do hormônio melanotrópico. Esse número é pequeno em comparação com a estimativa de cerca de 20 mil existentes no genoma humano.

Os seres humanos apresentam diversos graus de pigmentação na pele e nos pelos. Resultante da interação de vários pigmentos, como carotenoides, hemoglobina e melanina, esta última é a principal responsável por promover a escala da pigmentação (da mais escura à de nenhuma pigmentação). Trata-se de uma proteína produzida por células especializadas denominadas melanócitos, a partir da tirosina (um aminoácido essencial). Esse pigmento (de coloração marrom) tem como principal função proteger o DNA contra a ação nociva da radiação emitida pelo sol.[35]

A pigmentação facultativa observada após a exposição ao sol funciona como uma reação do nosso corpo para realizar a fotoproteção de nosso material genético. Algumas vezes, no entanto, a exposição é muito excessiva e desencadeia grandes alterações, tais como melasma e lentigos. E

---

[35] A radiação ultravioleta pode provocar danos ao DNA, imunossupressão, alterações químicas e histológicas na epiderme, envelhecimento precoce, cataratas e carcinogênese, dentre outras deteriorações.

uma prolongada exposição sem proteção ao longo dos anos pode ocasionar um acúmulo de mutações que, por sua vez, podem gerar o desenvolvimento de cânceres de pele.

Portadores de albinismo não produzem melanina por uma deficiência na ação da tirosinase ou pela ineficiência no transporte de tirosina para o interior dos melanócitos. É uma doença hereditária, e pessoas com essa característica têm pele, cabelos e olhos claros.

Os genes que controlam a pigmentação da nossa pele mudaram antes de os nossos antepassados (seres humanos modernos) abandonarem a África. Algumas variantes de populações mais pigmentadas, presentes em povoados africanos, evoluíram de ancestrais de pele despigmentada. Essa característica adaptativa é variável de acordo com o ambiente e continua evoluindo. Além de que, na maioria dos casos, as variantes genéticas associadas com *peles sem pigmentação* surgiram na África, afirma Tishkoff.

Os pesquisadores concluíram que depois que nossos antepassados perderam a maioria dos pelos, em algum momento (antes de 2 milhões de anos), adquiriram como adaptação ao meio alta pigmentação. Então, quando os seres humanos migraram para fora da África e se estabeleceram no extremo norte europeu, por exemplo, desenvolveram uma pele com menos fotoproteção como uma adaptação à luz solar limitada.

A única região fora de África onde as variantes associadas à pigmentação escura são comuns é no sul da Índia, na Austrália e na Melanésia, frisa a investigadora. Ao contrário do que a comunidade antropológica ainda defende, a pele com alta concentração de melanina nessa região não surgiu de forma independente na sequência de uma evolução: as características são idênticas às da população ancestral e foram mantidas para proteção diante da exposição de raios ultravioleta.

Além disso, ficou esclarecido que a pigmentação da pele em mais de 2 mil africanos etnicamente diversos tem uma variação exponencial. É falsa, portanto, a crença de que são homogêneos na pigmentação. Segundo Tishkoff, se rasparmos os pelos de um chimpanzé, veremos a sua pele sem pigmentação. Como perdemos a cobertura de pelos dos nossos corpos e nos movemos das florestas para as savanas, nos adaptamos com peles mais escuras. E a mutação, tanto para a pigmentada quanto para a despigmentada, continua a evoluir nos humanos.[36] Nossos antepassados hominídeos, enfatiza Tishkoff, deixaram a floresta, entraram na savana, perderam o pelo que lhes cobria o corpo e só depois, por proteção e adaptação, a pele foi se pigmentando.

David Reich, geneticista da Faculdade de Medicina da Universidade de Harvard, diz que a pesquisa sinalizou que grupos africanos deveriam ser estudados mais a fundo, para capturar a complexa diversidade do continente.

> *O estudo servirá como um mapa para viagens. Os cientistas podem identificar a partir desse mapa um maior número de variantes genéticas conectadas a doenças.*
>
> *Vai nos ajudar a entender melhor a causa dos distúrbios de pigmentação, bem como suas origens (e possivelmente formas de prevenir esses problemas) e o câncer de pele.*[37]

A originalidade dessa investigação realizada na África produziu dezenas de outros estudos semelhantes ou específicos e centenas de artigos em revistas indexadas. Foram identificadas novas variantes genéticas que explicam os múltiplos graus de pigmentação entre as diversas populações. Algumas áreas, como a medicina, a antropologia e biologia, terão que rever todos os seus manuais. Primeiro, porque constataram que há muita diversidade na pigmentação da pele dos africanos. Segundo, porque sabemos agora que as variantes nos genes que estão associadas à baixa fotoproteção dos europeus e dos asiáticos surgiram na África.

Os pesquisadores também descobriram que um gene associado com a pigmentação da pele está relacionado com as defesas das células contra os raios ultravioleta e o risco de câncer epitelial. O DNA repara a defesa após a exposição à radiação; porém, se houver alguma variação nele, não

---

[36] Disponível em: https://science.sciencemag.org/content/358/6365/eaan8433. Consultado em 20/06/2019.

[37] Sobre o tema, conferir: Stoneking, M. (2016). *An Introduction to Molecular Anthropology*; Wiley-Blackwell; Jablonski NG, Chaplin G (2000) *The evolution of human skin coloration*. J Hum Evol 39; Jablonski, Nina G. e George Chaplin. (2010). *Human Skin Pigmentation as an Adaptation to UV Radiation*. Proceedings of the National Academy of Sciences 107 (Supplement 2): doi:10.1073/pnas.0914628107.

haverá uma resposta completa ou uma solução. A interação na *rede de genes* e outros ingredientes que temos em nós é muito complexa e diferente em cada indivíduo. Mas diferentes grupos estudados têm quase todas as pigmentações de pele que existem no planeta, como a mais escura de todas, a dos dincas, do Sudão do Sul, ao bege dos sãs, da África do Sul.

Outro achado surpreendente da investigação é que a diversidade de pigmentação é maior entre os africanos do que a existente entre as populações do resto do mundo. Isto se deve ao fato de que viveram o dobro do tempo na África em comparação com a população que deixou o continente para percorrer e fixar-se em outras partes do planeta.

A pesquisa de Tishkoff também comprovou que o gene da pele despigmentada é originário do continente africano. Algumas variantes de populações de pele mais pigmentada, como as de alguns povoados no leste da África, evoluíram de ancestrais com baixa pigmentação, e estão presentes há milhares de anos no DNA de ancestrais do humano moderno. Esses nossos ancestrais tinham baixa pigmentação, em vez de peles marcadamente pigmentadas. Também existia uma variação geográfica na pigmentação entre populações antigas de hominídeos (*Homo erectus*). Muitos dos genes associados à pigmentação mostram assinaturas da seleção natural.

1. *Não existe raça africana ou qualquer outra;*
2. *Na África, há muita variação na pigmentação das populações;*
3. *A pigmentação não é um indicador genético de uma suposta raça;*
4. *Existem populações no sul da Ásia, da Austrália e na Melanésia tão pigmentadas quanto populações africanas.*

O estudo identificou variações em seis genes — *SLC24A5, MFSD12, DDB1, TMEM138, OCA2* e *HERC2* — e analisou a correlação das suas mutações com a pigmentação dos hominídeos africanos. A análise dos dados permitiu certificar-se de que havia *habitantes despigmentados* na África. E ficaram surpresos ao encontrar novos genes que desempenham um papel nessa característica.

Hoje, esse continente exibe mais de 2 mil grupos idiomáticos diferentes. Mas os estudos genéticos sobre eles estavam limitados a pequenos números ou a áreas restritas do genoma. Ainda que os geneticistas soubessem e demonstrassem mais diversidade genética dentro de seus grupos do que é comum entre não africanos, os detalhes das variações internas do genoma em muitas populações eram incertos.

Os pesquisadores investigaram a pigmentação de 2.092 voluntários para determinar os graus de melanina, composto responsável pela tonalidade da pele, cabelos e olhos, e pela proteção das células cutâneas contra a radiação ultravioleta. A seguir, foi sequenciado o DNA de 1.593 participantes, a fim de determinar os alelos — formas alternativas de um mesmo gene ou *locus* genético — responsáveis pelos diferentes graus de pigmentação.

Por fim, sequenciaram mais de 4 milhões de polimorfismos de nucleotídeos únicos (SNP), onde uma única letra do código varia entre os genomas de 1.570 desses africanos. Encontraram quatro áreas-chave do genoma, onde SNP específicos se correlacionam com a pigmentação. Os cientistas concluíram que as variantes que influenciam tanto a baixa pigmentação quanto a alta existem na África há centenas de milhares de anos.

O estudo comprovou também que a maior parte das variantes associadas com a pigmentação da pele se originaram, muito antes do surgimento do humano moderno. E em muitos casos a mutação mais antiga estava associada à pele com baixa pigmentação, confirmando que os ancestrais humanos tinham essa característica. O *Australopitecus*, ancestral do *Homo Sapiens*, tinha esse tipo de pele por baixo do pelo. Essas variantes associadas à pigmentação revelam-nos pistas sobre os momentos de migração, tanto dentro da África como para fora desse continente. As demais variantes identificadas são mais antigas, anteriores aos humanos modernos, surgidos há cerca de 300 mil anos.

Os resultados da pesquisa indicaram quatro áreas-chave do genoma, onde a variação dos alelos se correlacionava com as diferenças na pigmentação da pele. Encontraram oito variantes em quatro regiões do genoma, associadas a essa adaptação evolutiva da pele em africanos. A região com maior correlação foi encontrada no gene SLC24A5, classificado como o *gene de despigmentação*. Assim, ficou comprovado seu papel na *despigmentação em* europeus e algumas populações asiáticas, há mais de 30 mil anos.

Essa mutação está presente na Etiópia e na Tanzânia, regiões conhecidas por terem povoado o Sudeste Asiático e o Oriente Médio, o que sugere que a característica foi levada da África para outras partes do planeta, tendo retornado há pelo menos 5 mil anos e sendo comum atualmente na África Oriental. Essa variante no gene SLC24A5 nas populações austrais comprova os antigos movimentos migratórios da África Oriental.

Outra maior correlação foi detectada no gene MFSD12. Mutações neste gene estão associadas com a pigmentação escura das populações ancestrais nilo-saarianas e subsaarianas. Essas variantes também foram identificadas em populações da Índia e da Melanésia, que tendem a ter a pele com alta concentração de melanina. É interessante que esse gene também se expressa em indivíduos com vitiligo, doença autoimune caracterizada pela perda de pigmentação.

O MFSD12 tem forte expressão nos melanócitos, as células que produzem a melanina. Para avaliar o seu impacto, os pesquisadores *desligaram* a sua expressão em culturas de células, o que resultou no aumento de eumelanina, um tipo de pigmento responsável pelo tom que vai do castanho ao preto. Em peixes-zebra, o mesmo experimento provocou a perda de células que produzem pigmento amarelo; e em camundongos, a cor dos pelos foi alterada para cinza.

Michael Marks, um dos investigadores desse estudo, percebeu ainda que este gene influenciava a pigmentação de uma forma diferente em relação a outros genes. Ao contrário dos outros genes que estão ativos nas estruturas intracelulares responsáveis pela produção de melanina, que contribui para a pigmentação da pele, cabelos e olhos, o FSD12 estava em outro local dentro das células, nos lisossomas. Segundo ele, descobrir como isto funciona ajudará a encontrar novas formas de manipular a pigmentação para obter meios terapêuticos.

Também foram encontradas correlações nos genes HERC2 e OCA2. O gene OCA2, por exemplo, é encontrado no povo sã, de Botswana, há mais de 600 mil anos, comprovando que a mutação mais antiga estava associada à pele com baixa pigmentação. Ou seja, nossos ancestrais africanos tinham baixa concentração de melanina. Num dos genes identificados, o DDB1, que desempenha um papel decisivo no reparo do DNA diante das mutações causadas por raios ultravioleta, percebeu-se que as variantes associadas à baixa pigmentação e fotoproteção foram levadas para fora desse continente por um processo de seleção natural. Ou seja, suprema ironia, a origem da *pele despigmentada* dos supremacistas e escravistas é africana.

Isso é comum em euroasiáticos e em populações de caçadores-coletores, como os *sanda* na África Austral, enquanto as variantes associadas à pele com alta concentração de melanina são encontradas em populações na região nilo-saariana, originária do sul do Sudão. Dentre as descobertas, está ainda a identificação de novas mutações em genes OCA2 e HERC2 que já tinham sido associados à pigmentação de pele, olhos e cabelos nas populações europeias. As mutações no OCA2, por exemplo, estão associadas a formas de albinismo, doença causada pela deficiência de melanina, mas este novo estudo encontrou novas ligações.

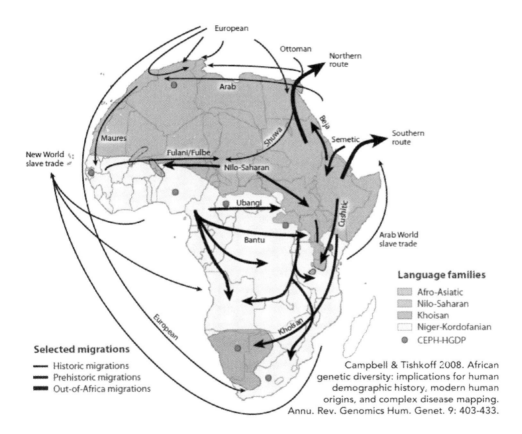

Campbell & Tishkoff 2008. African genetic diversity: implications for human demographic history, modern human origins, and complex disease mapping. Annu. Rev. Genomics Hum. Genet. 9: 403-433.

Capítulo 4
Ciência eugenista

Os critérios de classificação eugenista eram a cor da pele clara (ela é incolor, o que existe são diferentes pigmentações), a forma dos lábios, olhos e nariz, perfil craniano, textura e cor do cabelo. Essas diferenças refletiam-se na moral e na inteligência. Uma caixa cranial maior e/ou mais alta representava um cérebro maior, e consequentemente maior quantidade de células cerebrais.

A eugenia (bem nascer) e o *racismo científico* foram irmãos siameses de uma das páginas trágicas da associação de falsa ciência com os privilégios do eurocentrismo. Qualquer análise atual do que se chama de crise do racismo deve ter foco central na genômica. Foram revogados seus dogmas à medida que as relações entre seres humanos e a natureza foram refeitas pela revolução proporcionada pelo deciframento do DNA e os resultados das pesquisas genômicas.

Raça como indicador para categorizar e dividir a humanidade não é mais aceitável. Ela nos obriga a reprogramar a relação entre nós mesmos, nossa natureza e a ideia de vida. Abandonar esse conceito é romper com um fenômeno histórico secular, essa chaga de diferenciação feita por iguais com seus outros, que sempre foram iguais.

Racismo científico

A primeira classificação e citação de *raças humanas* foi publicada em 1684, na obra *Nouvelle division de la terre par les différents espèces ou races qui l'habitent* (Nova divisão da terra pelas diferentes espécies ou raças que a habitam) de François Bernier (1625-1688). No século XIX, vários naturalistas publicaram estudos sobre as *raças humanas*, como Georges Cuvier (1769-1832), Johann Friedrich Blumenbach (1752-1840), James Cowles Pritchard (1786-1848) e Louis Agassiz (1807-1883).

Samuel George Morton (1799-1851), médico norte-americano, *quaker*[38], foi o criador do *racismo científico* contemporâneo. Teorizou que a *superioridade racial* era corroborada pelo volume dos cérebros contidos nos crânios que, por sua vez, tinham diferentes tamanhos de acordo com cada *raça*. Acreditava que os crânios de cada *raça* eram tão diferentes (em tamanho) e que por isso um criador sábio — Deus — os posicionara em terras natais separadas para morar. Essa monstruosidade resistiu por 150 anos.

O tamanho do crânio significava que ele continha um cérebro grande e alta capacidade intelectual. Um crânio pequeno indicava um cérebro pequeno e capacidade intelectual diminuída. Alguns dos crânios que

---

[38] *Quakers*, também chamados *amigos*, pertenciam a uma seita cristã (dissidência protestante) conhecida como Sociedade Religiosa dos Amigos. Acreditavam na capacidade de cada ser humano acessar a luz dentro de si, metáfora de "a [luz] de Deus em cada um".

coletou e mediu eram de pessoas escravizadas. Na teoria proposta por ele, a estrutura do crânio *caucasiano* seria mais avançada do que os das *raças* mongol, malaia, americana — populações nativas dos EUA — e africana. Ele expôs essa classificação no livro *Crania americana*, lançado em 1839, com apenas 500 cópias. Era o auge do escravismo no continente americano e o principal comércio transatlântico europeu da época. Cópias mal feitas das ilustrações de *Crania americana* foram reproduzidas em jornais populares durante décadas.

Samuel Morton.
Foto: Wikimedia Commons

Não obstante, o livro foi um sucesso na França, Alemanha, Rússia e Índia. Mesmo com pequena tiragem, teve vendas expressivas. Impressionavam as ilustrações do artista John Collins, que utilizou pela primeira vez uma nova técnica, a litografia.[39] Os naturalistas convenceram-se de que aqueles desenhos eram verdadeiros e que Morton comprovava sua suposição. Acolhida pela elite intelectual do Velho Mundo, esta obra serviu de inspiração para livros como *Crania Britannica* e *Crania Germanica*.

Segundo esta corrente, havia uma comprovação científica de que os africanos pertenciam a uma *raça inferior*. Darwin, que não concordava com a escravidão, na mesma época em que escrevia *A origem das espécies* em 1850, via que as teorias de Morton eram usadas não só nas Américas, como em toda a Europa, para embasar também a inferioridade de outros povos, como índios e asiáticos. Tais especulações *cranianas* dariam *aval científico* para o confinamento dos índios nos EUA, em reservas miseráveis.

Cada *raça* teria uma ascendência distinta, e uma ordem decrescente de inteligência podia ser discernida, classificando os *caucasianos* como superiores e os africanos como inferiores. No *Crania Americana* está publicado que eles tinham os maiores cérebros, com média de 87 polegadas cúbicas (1.426 cm^3); os indianos estavam na metade de sua escala, com uma média de 82 polegadas cúbicas (1.344 cm^3); e os africanos tinham os menores cérebros com uma média de 78 polegadas cúbicas (1.278 cm^3).

Essas medidas de crânio (por tamanho) passaram a servir como *evidência* de inteligência e habilidades. O *caucasiano* era "distinto pela facilidade com que obtinha os mais elevados dotes intelectuais". Os nativos americanos foram descritos como "avessos ao cultivo e lentos em adquirir conhecimento"; inquietos, vingativos e apaixonados pela guerra, destituídos de aventura marítima. E os africanos como "alegres, flexíveis e indolentes"; enquanto as muitas nações que compõem esta *raça* apresentam uma diversidade singular de caráter intelectual, com o grau mais baixo de humanidade.

---

[39] Consiste em imprimir sobre papel, por prensa, um escrito ou um desenho executado com tinta graxenta sobre uma superfície calcária ou uma placa metálica, de zinco ou alumínio.

Seus seguidores, como Josiah C. Nott e George Gliddon, no tributo à obra de Morton, *Types of Mankind* (1854), apoiaram suas descobertas, como a noção de *poligenismo* e a estapafúrdia tese de que as diferentes *raças* haviam sido criadas separadamente por Deus.

Gobineau e o imperador

Um dos primeiros teóricos europeus a tentar corroborar a existência de diversas *raças* biológicas, inspirado por Morton,[40] foi o conde Gobineau (1816-1882). Ele esteve no Brasil em missão diplomática no ano de 1869, designado como ministro plenipotenciário da França na corte brasileira. Tentou de todas as maneiras esquivar-se dessa missão. Assumido o posto, foi recebido por D. Pedro II, de maneira cortês e fraterna. D. Pedro conhecia e lera as principais obras do francês, e por isso o autor acabaria por tornar-se, para o príncipe, *o mais inteligente e erudito que existiu*. A partir daí, sempre de comum acordo, os dois reuniam-se para longas conversas sobre tudo o que se produzia no mundo das ciências e das letras. Sempre com grandes discórdias, mesmo assim mantiveram um contato permanente por cartas até a morte de Gobineau.

Imperador à parte, o conde francês não escondia seu desprezo por todos os brasileiros.

> *Já não existe nenhuma família brasileira que não tenha sangue negro e índio nas veias; o resultado são compleições raquíticas que, se nem sempre repugnantes, são sempre desagradáveis aos olhos.*

No artigo para o periódico francês *Le Correspondant*, em 1874, intitulado *L'émigration au Brésil*, afirmava que os brasileiros como *raça*, estariam extintos em menos de 200 anos. Isso por serem, em sua maioria, uma população fruto das relações entre índios, afro-brasileiros e um pequeno número de portugueses. Atribuiu a malemolência brasileira à

---
[40] Joseph Arthur de Gobineau foi um diplomata, filósofo e escritor francês.

miscigenação. O Rio de Janeiro, disse ele, assemelhava-se a "uma bonita donzela inculta e selvagem que não sabe ler nem escrever", uma paisagem exuberante emoldurada com florestas sensacionais, mas que não estavam impregnadas de "natureza moral". Nesse descalabro, afirmava que até o círculo diplomático encontrava-se "estagnado em sua própria imbecilidade", o único que se salvava era o imperador. Anos depois, teve toda a sua obra traduzida para o alemão, o que se tornou inspiração para Hitler e referência para o nazismo.

Aparição da eugenia

A publicação de *A Origem das Espécies*, de Darwin, em 1859, mudou a natureza do debate acadêmico não só acerca da evolução do homem, mas de todas as espécies. Mas o movimento eugenista se apropriaria das suas descobertas para criar a *teoria dos mais fortes*, uma deturpação grotesca do princípio evolucionista dos *mais adaptados*, que poderiam ser os mais frágeis.

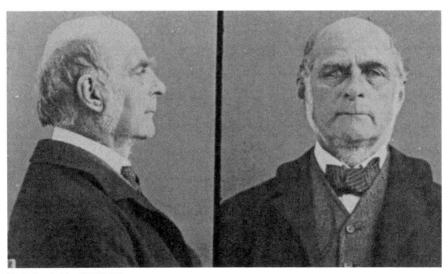

The Galton Archive ©2011 UCL.
Fonte: The Lancet

E na senda do darwinismo, o primeiro livro eugenista europeu significativo foi o do antropólogo Francis Galton (1822-1911), *Hereditary Genius* (1869).[41] Tratava-se de um estudo com aproximadamente 400 famílias britânicas, no qual o autor afirmava ter comprovado as características hereditárias aristocráticas da sociedade a qual pertencia. Suas ideias preconceituosas, como a *pangênese* e a análise matemática de genealogias (batizadas por ele como eugenia), foram publicadas pela primeira vez nesse trabalho e se alastraram como um rastilho de pólvora no meio científico e intelectual da Inglaterra e Europa continental.

Galton propôs a procriação exclusiva entre indivíduos *bem dotados biologicamente* como forma de aperfeiçoamento social. A família e a sociedade seriam *cultivadas* como um jardim, do qual *ervas daninhas* precisavam ser eliminadas em benefício de *plantas úteis*, uma metáfora que usava corriqueiramente. Com uma seleção mais rápida para aquilo que a natureza iria levar gerações para concretizar, a ciência a faria por meio de planejamento.[42]

Mas sua pretensão de provar que a inteligência seria hereditária, o que não ocorria com africanos, asiáticos e deficientes, fracassaria desde o início. Seus seguidores tentaram comprovar — o que nunca conseguiram — que além da cor dos olhos, feições, altura e demais aspectos físicos transmitidos dos pais aos filhos, também seriam herdados traços comportamentais, habilidades intelectuais, poéticas e artística. Os eugenistas nunca descobriram como a característica hereditária era transmitida.

Nos EUA, as consequências foram dantescas. Em diversos estados norte-americanos levou-se à aprovação de leis de esterilização de criminosos e alcoólatras. Uma prática eugênica adotada nos Estados Unidos e na Alemanha constitui um crime humanitário imprescritível: a eliminação de bebês prematuros ou com algum tipo de deficiência. O médico alemão Alfred Ploetz, que em 1895 propôs a teoria da *higiene racial*, prescrevia a aplicação de pequenas doses de morfina para matar bebês que apresentassem má formação. E estimulava os pais a entregarem os bebês aos cuidados de profissionais que as sacrificavam logo após o nascimento.

---

[41] Acessível em: https://galton.org/books/hereditary-genius.
[42] O termo, no sentido empregado por Galton, apareceu pela primeira vez em seu livro *Human Faculty* (1883).

Os defensores da eugenia encontraram suporte no *racismo científico*: europeus eram detentores da superioridade humana em relação a africanos e asiáticos, considerados inferiores; a miscigenação causava danos irreversíveis na descendência. Com a adoção das *teses eugênicas* por acadêmicos notórios e parcelas significativas da opinião pública, não tardaram a surgir na Europa e nos Estados Unidos institutos eugênicos que faziam pesquisa de campo para detectar traços de inferioridade hereditários na população. Profissionais treinados coletavam dados nas áreas rurais e urbanas, em asilos, prisões e hospitais psiquiátricos, com instrumentos de medição anatômicos e fotografavam os pesquisados, compulsoriamente.

Mas Galton avançaria ainda mais na sua barbárie anti-humanista ao propor testes de inteligência para selecionar homens e mulheres *brilhantes* para uma reprodução seletiva. Criaria ainda a psicometria, mais um falso instrumento para a avaliação de faculdades mentais.

Em 1901, Galton, Karl Pearson (1857-1936) e Walter Weldon (1860-1906) fundaram a revista *Biometrika*, que se tornaria porta-voz do método de análise estatística da hereditariedade. Junta-se a eles também, como membro do conselho editorial desta farsesca revista, o eugenista norte-americano Charles Davenport (1866-1944),[43] adepto confesso da abordagem biométrica à evolução preconizada por Francis Galton e Karl Pearson. Passaram a defender, sem qualquer pudor, a tese — com estatísticas — de que a degradação biológica e cultural era fruto do *cruzamento* entre europeus e africanos.

Os defensores do movimento higienista europeu (agora supostamente científico e mundial) classificaram a humanidade em três *raças*: a *branca* (ariana), a *amarela* (asiática) e a *negra* (africana). Não satisfeitos, acrescentaram mais uma: a *degenerada*. E proclamavam que toda miscigenação era nefasta.[44] Além disso, pregavam a superioridade dos europeus sobre os demais povos, não tão-somente pela *cor da pele*, mas principalmente pela *ascendência ariana* e condições geográficas e climáticas.

---

[43] Em 1939, Davenport colaborou com os nazistas e se tornou uma figura importante dentro do plano de remover populações consideradas *inferiores* na Alemanha Oriental (Kühl, 1994).

[44] Notórios cientistas da época, buscaram prover uma defesa para tal infâmia.

O *Dictionnaire de la bêtise et des erreurs de jugement*[45] registra que a negação a esses absurdos travestidos de cientificismo esteve presente em vários países europeus. Médicos franceses, por exemplo, afirmavam que os alemães urinavam pelos pés!

Para Claude Lévi-Strauss (1908-2009), o pecado original da antropologia consiste na confusão entre a noção biológica de *raça* (supondo-se que [...] essa noção pudesse pretender objetividade, o que a genética moderna contesta) e os produtos sociológicos e psicológicos das culturas humanas. Defendeu desde o início e sempre reafirmou que os grupos humanos precisam ser distinguidos em termos culturais.

É pela cultura que os grupos humanos ou sociedades se diferenciam e não pela biologia. Nesse sentido, o fenômeno cultural não poderia ser tratado como físico, natural e biológico. Em *Raça e História*,[46] Lévi-Strauss argumenta que a imensa diversidade cultural correspondia a modos de vida diversificados. Então, a biologia não determinava a diversidade cultural. Essas análises foram retomadas mais tarde em uma obra mais detalhada, *O olhar distanciado* (1930).

Estado eugenista

Segundo seus mais ferozes críticos, as políticas assistenciais estatais com os disgênicos dificultavam a *eugenização* do país, quebravam a seleção natural e permitiam a sobrevivência dos menos aptos, dos impossibilitados de procriar filhos saudáveis. Os sãos não deveriam amparar os doentes, isso seria infringir a lei da evolução da humanidade. Eram ações que provocariam danos irreparáveis à seleção natural. A melhoria das condições sanitárias e econômicas dos *grupos degenerados*, dos *disgênicos*,[47] como preferiam chamá-los no pós-advento das leis de hereditariedade de Mendel, consistia em uma ameaça ao progresso humano.

---

[45] Bechtel & Carrière publicaram na França, em 1965.
[46] Ensaio publicado pela UNESCO, 1952.
[47] Disgenia é o estudo dos fatores que produzem a acumulação e perpetuação de genes defeituosos e desvantajosos em proles de uma população ou espécie específica.

O eugenismo e o sanitarismo, em seus primórdios, eram convergentes em relação ao diagnóstico e às diferenças acerca dos instrumentos e métodos para interferir no quadro dantesco sanitário em que o país se encontrava, mas que poderiam ser superáveis, no entendimento de ambos. Mas os sanitaristas logo se convenceram de que não era só uma questão de conhecimento médico e mudanças de hábitos. E logo se instalaria um conflito ideológico entre eugenistas e sanitaristas, nunca apaziguado. As propostas de reformas urbanas e educacionais de caráter público dos sanitaristas provocavam feroz oposição dos eugenistas.

Há um personagem emblemático em relação à questão da dualidade eugenismo e sanitarismo: o médico Belisário Augusto de Oliveira Penna (1868-1939). Durante as duas décadas iniciais do século XX, foi um dos colaboradores mais próximos e fiéis de Oswaldo Cruz no combate à varíola, doença de Chagas, malária e febre amarela. Mas nunca deixou de ser um ardoroso defensor da eugenia que, para ele, era a junção ideal de saneamento e medicina social.

Um exemplo de sua *cruzada sanitária* foi a erradicação da ancilostomíase, verminose na população brasileira, cuja profilaxia baseava-se em três ações: uso de calçados como proteção contra a contaminação por vermes em ferimentos nos pés; administração de medicação adequada aos doentes; e construção de latrinas para conter a disseminação de doenças pelo contato com fezes.

Com a vitória de Getúlio Vargas no golpe militar de 1930, o novo presidente o nomeou diretor do Departamento Nacional de Saúde Pública. Em 1931, assumiu como interino o Ministério da Educação e Saúde Pública, substituindo Francisco Luís da Silva Campos (1891-1968) por três meses. Aposentado, filiou-se à Ação Integralista Brasileira (AIB), fundada por Plínio Salgado (1895-1975), e tornou-se membro da Câmara dos 40, órgão supremo do movimento.

No início do século XX, a balança ainda não elegera um modelo hegemônico entre sanitarismo e eugenismo. Até porque este primeiro adquirira uma proeminência no Brasil acima da expectativa dos próprios sanitaristas. O gatilho desse *status* científico e credibilidade perante a opinião pública ocorreu no fim do século XIX e se deveu a um surto de peste bubônica na cidade de Santos. Graças a isso e ao terror que despertou na população, foram fundados os institutos Manguinhos (hoje Fiocruz), no Rio de Janeiro, e Butantã, em São Paulo, onde se desenvolveram as principais pesquisas sobre doenças endêmicas no país (CAMARGO, 2002), nos mesmos moldes de seus similares estrangeiros, os institutos Pasteur e Rockefeller.

Era a institucionalização do sanitarismo como ciência e saúde pública, com a adesão das elites da pesquisa científica. A modernidade estava sendo inaugurada para todos, com a cultura da higiene, um dos atrasos considerados dos mais vergonhosos do país. Não obstante, os afro-brasileiros continuavam sendo tratados como a escória. Somados aos deficientes mentais, aos criminosos natos, aos alcoólatras, entre outras malignidades, impediam que o Brasil alcançasse seu destino manifesto. As moradias operárias, os hábitos e os costumes dos trabalhadores eram sempre apontados como os disseminadores das enfermidades que acometiam não só a eles, mas a sociedade como um todo.

Além das demolições das moradias populares, dragagens de rios e lagoas, os eugenistas não renunciavam à proibição à entrada livre de imigrantes indesejáveis no país. Também defendiam o estabelecimento de leis para a esterilização compulsória dos degenerados e criminosos, a educação higienista para que os seres eugênicos fortes e aptos não se contaminassem com os costumes dos disgênicos, e a exigência de exames pré-nupciais para a realização de casamentos que assegurassem a geração de filhos saudáveis.

Tributavam um papel central ao Estado. As tarefas regenerativas teriam que ser efetuadas por ele e controladas por intelectuais, cientistas e técnicos, para a edificação de uma sociedade sem conflitos sociais. Cabia a ele impedir a entrada subversiva de ideias destrutivas — as ideias liberais, anarquistas e comunistas — e erradicar os vícios e os costumes sexuais do populacho afrodescendente que corrompiam os jovens e as mulheres. Mas acabariam derrotados por um inimigo formidável em todo o mundo, e aqui também: um futuro imediato já possível de ser visto, moderno e industrial. E cobiçado por todos, não só por eles.

Como ciência do aperfeiçoamento mental e físico, a eugenia criaria os instrumentos e processos para impedir a degeneração que a miscigenação provocava na população ariana. Resultaria na geração de indivíduos sãos, robustos e belos. Essas propostas, edulcoradas por uma falsa *neutralidade científica* (autoritária no discurso e na prática), acabaram se tornando, à época, dogmas médicos e sociais para a definição de políticas públicas.

Um inimigo insuspeito da eugenia foram os relatos e as publicações dos sanitaristas, em jornais e revistas, sobre o cenário de pobreza e doenças endêmicas encontrado em suas missões científicas pelo interior do país. Qualquer projeto de modernização (e modernidade) da sociedade e da reorganização do Estado (autoritário) só teriam sucesso com o saneamento das cidades, melhoria das condições econômicas da maioria da população, mudança dos hábitos da higiene pessoal e na convivência social, transformando os indivíduos em cidadãos bem-educados.

Mas, a exemplo dos eugenistas, a fala e as propostas dos sanitaristas eram autoritárias. Na sociedade utópica que ansiavam, a arenga científica tinha o caráter de verdade única e absoluta. Seria a bússola da regência e da organização social, numa sociedade formada por indivíduos racionais e saudáveis. Não importavam os meios, e sim os fins.

E temos que retornar a algo já mencionado. Como não sabiam o que fazer com a população emancipada, a alternativa para sua eliminação seria planejada numa escala de tempo programado, porque estavam seguros de que a *debilidade biológica* dos afro-brasileiros seria aniquilada com o fim da miscigenação. De novo, a reedição da ideologia do *branqueamento* estava sendo compartilhada democraticamente entre eugenistas e sanitaristas. A mestiçagem seletiva, segundo eles, acabaria na depuração genética dos afro-brasileiros.

Sem saber do que se tratava, tentariam utilizar o fluxo gênico entre populações. Duas populações distintas farão, ao longo do tempo, intercâmbios de material genético entre elas. Isso trará duas consequências importantes: a primeira delas é equivalente ao efeito da mutação, ou seja, a introdução de variação genética na população que recebe indivíduos migrantes. A segunda consequência é a homogeneização das populações. Neste caso, o *branqueamento* total do país.

Os intelectuais eugenistas não ignoravam a miséria das massas trabalhadoras. Contudo, consideravam que as condições de vida e trabalho eram resultantes do atraso crônico devido aos disgênicos. Mas repeliam em suas publicações que o Estado acudisse essas massas *parasitárias*. As reformas sanitárias aprimorariam as suas condições materiais e de vida, garantiriam a reprodução dos disgênicos e possibilitariam novos contingentes populacionais desses *inferiores*.

Cavalli-Sforza e a genética de populações

O racismo é um flagelo da humanidade.

Esta frase foi pronunciada pelo geneticista italiano Luigi Luca Cavalli-Sforza (1922-2018) num depoimento para um comitê do Senado dos EUA, em 17 de fevereiro de 1993. Sintetizava sua obra científica e humanitária de combate a essa chaga sangrante da nossa atual civilização. E seu maior legado é que o conceito de *raça* não tem qualquer validade ou utilidade genética em termos biológicos. A humanidade deve a ele ter sepultado, com suas investigações genéticas comprovadas, a inexistência de diferentes *raças humanas*. Somente por isso, mereceria dez prêmios Nobel.

Descobriu que pessoas da mesma população são geneticamente tão diversas quanto pessoas de dois grupos diferentes, comprovou que geneticamente não existem *raças*. Cavalli-Sforza escreveu o que é considerado uma descrição genético-histórica insuperável e pioneira da variação genética humana. Originalmente publicado em 1994, *The History and Geography of Human Genes* é um tomo de mil páginas com informações genéticas sobre a história humana. Ao rever outro livro de Cavalli-Sforza, *Genes, Peoples, and Languages*, no *The New York Review of Books*, Jared Diamond afirmou que o pesquisador de Stanford havia demolido as tentativas dos cientistas de classificar populações humanas em *raças* da mesma forma que classificam pássaros e outras espécies.

Assim como foi cometida uma das maiores ignomínias com Rosalind Franklin, pela Fundação Nobel, ao não premiá-la pela descoberta da molécula do DNA, com Luigi Luca Cavalli-Sforza, professor emérito de genética da Faculdade de Medicina da Universidade Stanford, repetiu-se o crime científico ao não premiá-lo. A jornada humana pelo planeta, desde a saída dos primeiros *Homo sapiens* da África, só foi reconstruída graças à sua maior criação: a genética das populações.

Luigi Luca Cavalli-Sforza.
Crédito: Reprodução

A Fundação Nobel é um bastião conservador, elitista em grau máximo, que menospreza os cientistas do chamado mundo em desenvolvimento. E quando um deles é premiado, quem leva a honraria como primeiro pesquisador do trabalho é um despigmentado das potências hegemônicas. O verdadeiro descobridor do novo conhecimento, seja em que área for, é colocado sempre na terceira fila.

Cavalli-Sforza, a quem todos chamavam de Luca, nasceu em Gênova em 1922. Estudou medicina, primeiro em Turim e depois em Pavia, quando seu professor de anatomia, Giuseppe Levi — que teve como alunos os ganhadores do Nobel Rita Levi Montalcini, Salvador Luria e Renato Dulbecco — foi expulso da universidade pelo regime fascista em 1939, por ser judeu. Luca graduou-se em 1944, mas suas investigações acerca das relações sexuais das bactérias começaram antes mesmo de se formar. Contudo, foi a mosca da fruta, a famosa *Drosophila*, padrão ouro nas pesquisas da época, que lhe abriu o caminho para sua verdadeira paixão: a genética.

Entre 1943 e 1945, a Itália travava não só uma guerra mundial, mas também uma sangrenta guerra civil. A prioridade era sobreviver. Mesmo com essas dificuldades, Cavalli-Sforza se aproxima de Adriano Buzzati Traverso, que anos mais tarde se tornaria o primeiro professor de genética da Itália. Finda a guerra, passou a viajar para a Itália, o Reino Unido, a Alemanha e os EUA, e sedimentou a obra magnífica que criaria.

O poliédrico Cavalli-Sforza, desde os primeiros anos de sua carreira, abraçou a multidisciplinaridade, que seria a escolha chave para seus avanços significativos na pesquisa genética populacional. Percebeu que precisava aprender matemática, e dentro dela a estatística, disciplina que foi estudar na Inglaterra com Ronald Fisher, um expoente matemático desse campo na época. Essa escolha definiria seu papel posterior como criador da genética populacional, que se baseia em ferramentas estatísticas.

Abandonando a *Drosophila*, volta-se então para a jornada humana no planeta, até a construção do primeiro atlas genético da humanidade. Para Cavalli-Sforza, o sucesso da espécie humana tinha uma só raiz, os genes. Estudou quais fatores determinavam a diferente distribuição dos grupos sanguíneos entre as diversas populações humanas. Ao mesclar antropologia e genética, criou a geografia genética e, pela disseminação de variações genéticas, comprovou como os *Homo sapiens* povoaram o mundo.

A partir dos anos 1960, após trocar a genética das bactérias pela humana na década anterior, como explicou numa entrevista à *Nature* em 2007, Cavalli-Sforza passa a publicar os trabalhos que o tornariam célebre.[48] Traçou as migrações em massa do passado remoto da humanidade, não apenas pelas escavações arqueológicas, como se fazia ortodoxamente, mas também buscou pistas no sangue dos humanos atuais.

Com os resultados da sua primeira investigação — os tipos sanguíneos A, B e O —, presentes nas populações, concebeu o primeiro de seus muitos mapas que retratam a variação humana em todo o mundo. À medida que a

---

[48] Ver *Genes, Povos e Línguas*, Instituto Piaget.

tecnologia se tornou disponível para pesquisar variações em grau genômico, debruçou-se sobre as alterações genéticas no cromossomo Y em populações de todo o mundo. Esses padrões de migração foram confirmados por pesquisadores com diferentes combinações de marcadores genéticos.

PETER UNDERHILL[49]
Genes diferentes têm histórias diferentes. Mas quando vários genes contam a mesma história, você fica mais confiante de que acertou a história.

Cavalli-Sforza criou também um paradigma: a base do desenvolvimento cultural é genética; ao aumentar a comunicação pela linguagem, cria a cultura, entendida como acúmulo de conhecimentos através das gerações. E alertou que, na biologia do comportamento, com a qual se podia resvalar para o racismo, encontravam-se as maiores dificuldades para distinguir as influências genéticas e as do ambiente, da cultura e da sociedade.

Numa visita a Stanford, em 1970, receberia a oferta para ocupar uma cátedra, que manteve por mais de 40 anos. Mas continuaria seu trabalho com seus parceiros científicos originais no velho continente. E já criara novas ferramentas estatísticas para analisar diferenças moleculares entre grupos de pessoas em todo o mundo.

MARCUS FELDMAN[50]
Luca foi o primeiro cientista a usar informações genéticas para entender as relações entre diferentes populações humanas no grau do DNA.

Não era um seguidor, foi o criador da genética de populações, no verdadeiro sentido da palavra.

---

[49] Professor do Depto. de Genética da Faculdade de Medicina da Universidade Stanford (EUA).
[50] Professor de Ciências Biológicas da Universidade Stanford (EUA).

Graças a esse conhecimento, foi possível provar, pela primeira vez geneticamente, a teoria paleontológica conhecida como *Out of Africa*. O DNA confirmava que os primeiros hominídeos deixaram o continente africano há mais de 100 mil anos para colonizar o resto do planeta. Mas para reconstruir esse passado era necessário recorrer à genética. Cavalli-Sforza chegou a essa revolucionária constatação décadas antes de o primeiro genoma humano ser sequenciado.

Ele também pode ser homenageado como o pesquisador pioneiro que liderou o Projeto Genoma Humano, participando de forma honrosa com seus primeiros estudos em genética humana. No início de sua odisseia, o único instrumento que podia contar para estudar a diversidade genética humana eram os registros paroquiais. Pela análise das certidões de batismo, casamento e óbito, guardadas século após século em igrejinhas do norte da Itália, pode-se entender a deriva gênica, um dos mecanismos mais importantes e aleatórios no estudo da evolução.

Por fim, formularia, com base nos dados coletados sobre as famílias que cresciam ou encolhiam, o primeiro esboço de uma teoria sobre o acaso na transmissão dos genes de geração a geração. E se cristalizaria uma convicção pelo resto de sua carreira científica: a essência bioquímica da vida provava que éramos geneticamente uma só espécie.

Foi somente a partir da década de 1980 que novas técnicas permitiram o estudo do *código genético* das mitocôndrias, que produzem energia para o metabolismo das células e só são transmitidas pelo lado materno. Ele atribuiu a uma única mulher africana, que viveu há cerca de 150 mil anos, o título de *Eva*. Seu DNA mitocondrial seria o ancestral comum de todas as pessoas vivas hoje. E pela análise do cromossomo Y, que determina o sexo masculino e só é passado de pai para filho homem, estimou que um *Adão* também teria vivido na mesma época, embora certamente não tenha se casado com *Eva*.

Para Cavalli-Sforza, a consequência dessa origem comum e recente, em termos evolutivos, é atestada pela semelhança entre as etnias humanas que simultaneamente convivem com a diversidade. A adaptação de curto prazo aos vários ambientes do planeta teve efeito não só sobre a aparência física, mas também sobre fatores como resistência a doenças típicas de cada região ou tipos sanguíneos. Seleção natural e puro acaso se mesclaram para criar essas diferenças.

Dentre os indígenas americanos, por exemplo, mais de 95% das pessoas têm o tipo sanguíneo O: seja porque era o mais frequente no pequeno grupo de primeiros ocupantes das Américas, seja porque este fator conferia resistência a doenças como a sífilis. Outro resultado da pesquisa: os bascos descendem de um povo que dominou a Europa no Paleolítico e só conseguiu manter uma identidade própria porque acabariam refugiados num pequeno bolsão montanhoso no norte da Península Ibérica.

Cavalli-Sforza e Feldman, seu mais fiel discípulo, fundaram também o campo teórico da evolução cultural — a mudança social assemelha-se a um processo evolutivo darwiniano. Um dos enigmas abordados e esclarecidos por eles foi como a agricultura se espalhou pelo planeta. As populações estacionárias dispersaram a agricultura de boca em boca, e quando novos grupos agrícolas migraram, levaram consigo seus novos conhecimentos. Outras pesquisas lideradas por Cavalli-Sforza revelaram que os novos agricultores migraram para territórios de caçadores-coletores, provavelmente por meio de casamentos mistos.

Além disso, os mapas de topografia genética produzidos pelo cientista elucidaram os fatores que determinaram as frequências gênicas dentro de uma população. Nesses fatores estão incluídos: seleção natural, migração, mutação e deriva. Embora todos desempenhem um papel na determinação de quais características genéticas se tornam comuns em uma determinada população, o acaso funciona como uma importante força motriz na evolução humana. Dentre os eventos aleatórios mais importantes está o efeito gargalo, no qual um pequeno grupo de pessoas com uma característica incomum povoa uma área. Por causa da composição genética dos fundadores, essa característica se torna comum na nova população, apesar de não trazer vantagem evolutiva.

Segundo Feldman, havia uma amplitude de interesses no aprofundamento do conhecimento em diversos campos, mas todos correlatos e fundamentais para apoiar suas pesquisas. A principal questão a se investigar: como, a partir da África, a humanidade se espalhou pelo planeta?

Essa investigação de Cavalli-Sforza, diz ele, ensinou-nos algo ainda mais profundo: desde sempre, os humanos, mesmo os que não eram *Homo sapiens*, como nós, tiveram um desejo inato de viajar e correr mundo.

Quando o homem moderno surgiu, há 12 mil anos, e a agricultura como a praticamos começava, havia humanos em todos os pontos da Terra. E todos geneticamente da mesma espécie, o mesmo genoma. De acordo com os dados de Cavalli-Sforza, pequenos grupos fizeram as malas e seguiram para o norte, para a Europa, Ásia e Austrália. Anos depois, uma segunda e terceira onda de viajantes abandonaram o território africano, alguns deles se sobrepuseram a migrações anteriores e outros demarcaram novos territórios.

Cavalli-Sforza já havia realizado essa investigação muito antes de o primeiro genoma humano ser sequenciado. Ao produzir a primeira *árvore genealógica* da humanidade, reconstituiu nossa jornada evolutiva em todo o planeta e explicitou como genética e populacionalmente se deu a evolução humana nos últimos 100-150 mil anos. Os genes eram testemunhos de complexas dinâmicas evolutivas e bioculturais ocorridas ao longo de milênios. Com aportes da linguística e contribuições de práticas arqueológicas e paleoantropológicas em seres vivos, estabeleceu então o que seria denominado *genética arqueológica*.

Genes, povos e línguas merece uma abordagem específica e ampliada. Este livro resultou de uma série de conferências proferidas pelo autor no *Collège de France*. Nada mais é do que uma síntese, para não especialistas, da obra *The history and geography of human genes* (CAVALLISFORZA; MENOZZI; PIAZZA, 1994). Trata-se de seu testemunho científico que remete à década de 1950, quando começou a investigar a genética de populações humanas. O trabalho foi estruturado para a defesa de sua tese central: as características fenotípicas nada mais são do que produtos de adaptações a diferentes condições climáticas a que foram expostos os seres humanos em um passado evolutivo recente, a partir do momento em que migraram da África, seu continente de origem. Cor de pele, tamanho e formato do corpo e outras características bioquímicas, consideradas delimitadores de diferenças essenciais e profundas, não constituem diferentes *raças*.

A variação da cor de pele é explicada como produto de processos evolutivos por diferentes graus de melanina expressos (dos mais intensos, em regiões próximas do Equador, aos menos intensos, nas altas latitudes), por pressão seletiva, devido a diferenciadas exposições aos raios ultravioleta. O argumento central de Cavalli-Sforza: a constituição fenotípica da espécie humana difere pouco entre as populações.

Em termos de pesquisa científica, a comparação entre filogenias de línguas e genes ao explorar as relações entre transmissão cultural e evolução foi revolucionária. Em primeiro lugar, porque determinou que alguns capítulos de manuais de antropologia consagrados fossem revisados e até reescritos, pela ingenuidade e superficialidade com que tratavam a evolução humana no tocante à cultura e à dinâmica social desse processo. Em segundo, viabilizou também a interação entre a antropologia e a biologia evolutiva. Estes são apenas dois exemplos.

Cavalli-Sforza enfatiza que a história humana foi constituída não só por trocas e fluxos genéticos, culturais, tecnológicos, mas as grandes civilizações, em particular a ocidental, desenvolveram-se a partir de contribuições dos mais diferentes povos. Tratava-se de uma história cumulativa e de colaboração entre culturas.

Darwin eleva Cavalli-Sforza à condição de parceiro de caminhada. Em *A origem do homem e a seleção sexual*, de 1871, o naturalista inglês aplicou a teoria evolutiva não só na elucidação das origens da espécie humana, mas na compreensão da emergência e disseminação de sua diversidade biológica. Sem dispor de fósseis, Darwin empiricamente afirmou que a linhagem humana havia evoluído na África, de primatas (gorilas e chimpanzés), que lhe eram filogeneticamente próximas.

A historiadora da ciência Donna Haraway (1989) fez uma dedução brilhante ao se referir à chancela da ciência genética no nascimento da proposta de um homem universal no pós-Segunda Guerra. Este homem foi biologicamente certificado para a igualdade e para os direitos de uma cidadania plena, bem como formulado ética e socialmente na Declaração Universal dos Direitos Humanos, sustentando a tese baseada na declaração da Unesco sobre *raça*, no início da década de 1950, o que já foi citado anteriormente. Esse falso conceito científico deveria ser banido de todos os seus documentos.

Onguismo terrorista

Cavalli-Sforza foi o criador do *Projeto de Diversidade do Genoma Humano* — conhecido também como o HGDP[51] —, de coleta e armazenamento de amostras genéticas de populações em todos os continentes. Pretendia proteger o DNA de populações cada vez menores e aprender sobre nossas andanças pelo mundo *out of Africa*, avançar da leitura do genoma de uma única pessoa para a leitura de centenas de uma mesma população, reafirmar o que torna cada indivíduo *único e irrepetível*. Foram coletados os DNA de 1.050 pessoas de 52 países, que estão guardados na Fundação Jean Dausset.

O projeto demonstrou que a semelhança genética entre as populações humanas reduzia a classificação de *raças* a uma contrafação biológica. Por esse motivo, acabou sendo odiado pelos supremacistas brancos. Sofreu acusações de biopirataria, exploração e criação de armas biológicas que poderiam atacar determinados grupos étnicos. Por fim, o grupo liderado por ele coletou amostras de mais de 50 populações, hoje armazenadas no Centro de Estudos de Polimorfismos Humanos, em Paris.

Jonathan Pritchard

O *Human Genome Diversity Project* (*Projeto de Diversidade do Genoma Humano*) foi uma grande contribuição. Foi o primeiro projeto a criar uma visão da diversidade genética mundial. Desde então, muitos grandes projetos internacionais se basearam nessa ideia, recapitulam aspectos do HGDP — mas a ideia fundamental veio de Luca.

Com base nessas amostras, um grupo de pesquisa de Stanford publicou um artigo na *Science* (2008) sobre esse banco de dados da diversidade genética humana. No artigo, confirmou-se o que Cavalli-Sforza havia comprovado em mais de 40 anos de estudos dos grupos sanguíneos, o cromossomo Y, coleções de marcadores genéticos: os humanos não podiam ser divididos em *grupos raciais* com base no DNA. Foi um divisor de águas

---
[51] *Human Genome Diversity Project*.

e, em muitos aspectos, uma defesa do trabalho de Luca, diz Feldman. O artigo reafirmava todo o campo da genética de populações pelo DNA criado por Cavalli-Sforza e que demoliu a falsa ciência das *raças humanas.*

A ideia dos proponentes do projeto era realizar o mais extenso mapeamento possível das variações genéticas que existem entre os diversos povos da Terra. A pesquisa daria destaque especial às populações indígenas dos cinco continentes. Graças ao isolamento cultural ou espacial, fruto do isolamento genético, essas sociedades guardariam em seu DNA informações valiosas sobre a origem e a evolução dos vários ramos da humanidade.

Como vantagem adicional, uma análise nessa escala também mapearia a suscetibilidade e a resistência de cada grupo humano às mais variadas doenças. A informação seria tão útil dentro de cada grupo étnico, para prever as chances de cada membro contrair uma enfermidade, quanto fora dele, para elucidar as estratégias usadas pelo organismo de cada etnia contra doenças comuns em sua região, uma medida que possibilitaria desenvolver novos medicamentos ou formas de prevenção. Uma vez que a quantidade de dados a ser recolhida seria colossal, Cavalli-Sforza e seus colegas idealizaram a criação de um banco com linhagens de células *imortais* para cada povo, sempre acessíveis aos cientistas.

O que ele e nenhum dos pesquisadores do projeto esperava era a reação de populações indígenas, provocada por uma campanha terrorista da ONG canadense RAFI (Fundação Internacional para o Avanço Rural), acusando-os de querer comercializar dados sobre os povos estudados. Esses povos foram convencidos de que se tratava de uma ameaça às reivindicações por seus territórios tradicionais, e muitas etnias se recusaram a colaborar. A ONG, após ser condenada por cientistas do mundo todo, acabaria extinta.

Cavalli-Sforza

Essa fundação entendeu mal os nossos propósitos. E certamente se aproveitou de nós para se autopromover. Como dispunha de uma vasta rede de contatos entre populações indígenas americanas e australianas, conseguiu retardar o nosso trabalho de mais de dez anos.

Mas acabou sendo geral a convicção de que o estudo da diversidade humana é necessário não apenas para a medicina preventiva, mas também é a melhor garantia contra o racismo.

Diversidade Humana.
Musée de l'Homme/Paris/Reprodução.

Supremacia despigmentada

O que é precisamente a *supremacia despigmentada*, expressa numa suposta *cor branca*? O conceito, mesmo sendo contemporâneo, é adequado para descrever, categorizar e qualificar o escravismo e seus crimes eugenistas no passado, no presente e que continua a ameaçar o nosso futuro. O antissemitismo é outra de suas bandeiras com ações violentas de todos os tipos.

A *supremacia despigmentada* brasileira utilizou a *faculdade de adaptação*, eficaz para as circunstâncias exteriores (SPENCER, 1952). E a cito aqui como nova servidão, agora urbana, cujo *locus* são as favelas-quilombos, com seus milhões de fantasmas ameaçadores para os despigmentados.

A hegemonia supremacista da etnia dominante tem a ausência completa de crítica e autocrítica, inteligência, argumentação, reflexão, o que pode levar a humanidade a repetir catástrofes sociais que ocorrem há séculos. A *supremacia despigmentada* é a cabeça, o *apartheid* é o corpo, que já tiveram outros nomes. Mas é o mesmo monstro que nos aterroriza há séculos.

No caso do Brasil, nos referimos aos brasileiros despigmentados, associados a outras etnias minoritárias, também despigmentadas, que, em toda a nossa história, compuseram coligações hegemônicas e produziram, de forma aberta ou subterrânea, o conflito étnico apoiado por uma cultura eugenista de submissão dos *inferiores* de todo tipo. A eficácia desse operador consiste em exacerbar todos os preconceitos ligados às formas compulsivas de identificação que transformam o outro em antítese, não reconhecível.

Seu reinado semiológico teve uma usina produtora/reitora da sua validade: a população europeia era a única porção a ser aceita do que deveria ser este país no concerto das *nações brancas*. Nunca dispostos a aceitar, somar à emancipação social (e econômica) a afrodescendência.

É uma casa ideológica com muitas lógicas. Estas são algumas de suas premissas: rejeição ao avançar do saber dos afro-brasileiros; o que não está de acordo com a sua dominação é uma traição; o temor da diferença, xenofobia generalizada; guerra permanente (de vários tipos e diferentes vitimologias) contra a maioria afro. Dependendo da variável que observamos, teremos uma parcialidade explicativa sobre o que é feito. Se nos concentrarmos na homilia messiânica da população europeia, veremos que ela se considera um poder onipotente e onisciente. Mas haveria uma identidade e uma lógica ideológica? Poderíamos nos digladiar *ad infinitum* em torno disso.

Ela agrega um conjunto de elementos organizados e unidos por um fundamentalismo: a superioridade individual sobre seus semelhantes. Como doutrina e ideologia, apoia-se em um conjunto de ações lógicas, solidárias, entre o grupo que as prática e que determina suas relações com todos os outros; com os afro-brasileiros, como inferiores, como desiguais, como párias. E se municia com uma gama de preceitos ou leis para que sua aceitação se torne possível, como ideologia de extremismo étnico. Por estar presente nas ações do Estado, adequou-se às suas exigências.

Este o rotula como o seu conflito com as populações afros e os seus enfrentamentos ocasionais como desordem provocada. Rejeita a categorização conflito étnico como incorreta e politicamente perversa. Trata-se de uma guerra *da supremacia despigmentada* (etnia dominante) contra as perigosas *favelas negras* (habitadas por maioria afrodescendente). Este pavoroso contexto tende a se complicar cada vez mais.

A metodologia de dominação da *supremacia despigmentada* e seus aliados manteve-se inalterada nos mais de três séculos, tempo de duração da escravidão, e mais de um século como *apartheid*; projeta-se ainda neste novo século e milênio. Territorializou as compartimentações sociais, econômicas e políticas e estabeleceu a fronteira física entre habitantes de um mesmo território. Também traçou uma linha que, conforme a expressão de Nicos Poulantzas (1936-1979), serve para separar e particularizar, para esmagar as alteridades e as diferenças. Esse apogeu do *esprit geométrique* urbano do *apartheid*, que segrega milhões de afro-brasileiros do todo que os circunda, submetidos pela sua geopolítica urbana a um espaço territorial periférico e degradado das urbes, desenhou uma tragédia urbana catastrófica.

O *apartheid* é a permanência do *continuum* escravocrata como método contra os semelhantes, uma *vontade de poder*. Não é um fenômeno do passado, mas atual, cotidiano, decorrência global de realidades sociais anteriores, assimétricas, estigmatizadas. É a convicção na superioridade de pessoas sobre outras pessoas. Isto nos leva a reconhecer que também a abolição levou a uma *expansão da segregação* (novas formas de dominação, exploração, isolamento social dos afrodescendentes). E converteu a sua maioria populacional ao que deve ser destruído, pois sua existência é contestadora do arianismo estabelecido.

Como cultura de aniquilamento, consiste numa formação social que alicerça a própria coesão entre seus membros em torno da ideologia de ódio ao outro, que a qualquer momento uma perseguição a um "grupo inimigo" pode ser incrementada ao máximo.

Quando e como se deu a construção da superestrutura ideológica e econômica do *apartheid* brasileiro? A partir de 1870, com a irreversibilidade da abolição da escravatura. A bordo do *racismo científico* europeu, calcado na teorização de que as desigualdades sociais e econômicas estavam determinadas biologicamente pela própria constituição física e mental do ser humano.

E ele tem cores. E inventaram-se tantas quantas foram precisas para negar, nos primeiros censos realizados no Brasil, que a maioria da população do país é afro-brasileira. Exemplo disso é a pavorosa conceituação de *pardos*. Ou os termos *preto* e *negro* com significados opostos: *negro* era o escravo insubmisso e *preto*, o cativo acorde com sua condição.

Os dois primeiros censos do país, realizados em 1872 e 1890, registraram a população como *preta*, *branca* e *mestiça*. Como acréscimo, havia a informação da condição de *escravo* ou *livre*. Nos censos seguintes, como os de 1900, 1920 e 1950, a população foi desmembrada entre brancos, pretos, amarelos e pardos. Neste último, indígenas não eram cidadãos e não mereciam ser tratados como tal. Somente em 1960 foi determinado que deveriam ser declarados pardos. Na Pesquisa Nacional por Amostra de Domicílio (PNAD), de 1976, a categoria cor era uma resposta voluntária, o que não impediu que 136 cores diferentes fossem registradas, de acastanhada a vermelha. Finalmente, no censo de 1980, prostituíram de vez a questão identitária: além de pardos, surgiram *mulatos, mestiços, índios, caboclos, mamelucos, cafuzos*.

A fabricação de uma identidade grandiosa, a partir de indivíduos superiores, formatou os vários mecanismos do *apartheid* incrustados no núcleo do Estado e da sociedade. A identidade brasileira não existe como elemento social e político; é uma bricolagem de estereótipos de intolerância. Com isso, impede as conquistas da civilização, sociabilidade e direitos políticos e jurídicos que devem ser ecumênicos.

A identidade nacional afigura-se como o grande problema pós-independência. Há um fosso entre sentimento nacional, baseado em afinidades naturais de parentesco, história e geografia, e o nacionalismo, como ideologia paraestatal, a serviço das elites. Como amálgama social e territorial, perde a condição de manancial de assimilação e integração entre seus habitantes. Não assegura a existência de uma identidade cultural e socioeconômica que determine o pertencimento ou não pertencimento identitário. As clivagens e os laços étnicos comuns no progresso social e sucesso econômico são negados à população de origem africana na nova realidade.

Por que fariam a conexão da diversidade de culturas e origens? Era incompatível com a servidão. Os pais da pátria tentaram artificializar a identidade nacional, sabendo exatamente dos riscos e efeitos perversos que isso provocaria. Ela não seria uma realidade original, mas resultado de uma empresa de unificação territorial, administrativa e linguística, particular e restrita. A falta dessa consciência nacional não traz ao

Estado territorial "o substrato cultural que assegura a solidariedade cidadã" (HABERMAS,1984). Desde sua gênese, ela foi desfigurada pela ausência de uma redistribuição das riquezas e participação étnica que lhe permitisse consolidar um espaço público e uma sociedade civil ativa.

A igualdade política e social de escravizados com brasileiros de ascendência europeia era antinatural; pertenciam a outra espécie, desprovidos, entre outros atributos, de capacidade cognitiva para essa integração em todos os sentidos. E para impedir que isso acontecesse, contavam com um aparato jurídico, médico e intelectual composto por ícones nacionais nesses campos. Um deles, Raimundo Nina Rodrigues, teórico eugenista, ficou aterrorizado com o desenvolvimento *europeu* sulista enquanto a miscigenação no Norte/Nordeste condenava essa região a um atraso crônico.

O *apartheid*, como *fact*, tem lógicas várias. Dentro de seu *habitat*, os supremacistas — seja como indivíduos, seja como dirigentes de instituições — transitam por múltiplos caminhos. Permite-lhes gerir o Estado brasileiro etnicista e fixar políticas de inacessibilidade de toda a população afrodescendente.

O ressentimento identitário da população de ascendência africana contra o *apartheid* transborda regularmente em explosões típicas de inconformismo, cultivado durante muitas gerações, sempre à espera do momento propício para aflorar. A modernização constituiria uma trava da sociedade despigmentada como dogma, pois irriga e renova o fosso interétnico, enraizando ainda mais o separatismo econômico entre as populações segregadas. Além disso, fanatiza a recusa às regras de comportamento centradas nas conquistas da civilização, sociabilidade e satisfação dos direitos políticos e jurídicos propostos pelos grupos étnicos dominantes.

O desafio de conciliar a estruturação e a representação de uma sociedade igualitária em direitos, mas que seria sustentada pela degradação humanitária e étnica dos *inferiores*, anula o sonho da igualdade, capaz de ultrapassar a linha demarcatória do passado. Arnold Joseph Toynbee (1889-1975) interroga-se acerca do nascimento das civilizações ao propor o mecanismo de *challenge and response,* desafio e resposta. Quando se enfrenta uma prova, diante de um obstáculo a ser superado, vence-se na dificuldade, não na facilidade. Mas, há séculos, continuamos aqui sem enfrentar os desafios de superar o fenômeno original: a escravidão e sua herança, o *apartheid*.

Qualquer forma particular de classificação ou esquematização desse problema é uma tarefa árdua. Transfigura-se tanto nas suas manifestações e expressões que, às vezes, se parece como algo irreal e etéreo. Ela, como processo eugenista, ideológico, social, econômico e cultural, atua com plano, método, processo e apresenta unidade e normas. Suas ações e meios empregados visam a um só alvo: hegemonia de um grupo — *os despigmentados* — que condiciona a existência de outro à servidão e à exploração contínuas. Uma superioridade étnica, que atua sobre essas massas de forma crônica e cada vez mais grave.

Dizer que a *supremacia despigmentada* é composta por ignorantes ou incultos, não conscientes do que fazem, sem noção da ciência atual, é uma irresponsabilidade intelectual. Richard Julius Herrnstein (1930-1994) e Charles Murray (1943-) em *The Bell Curve — Intelligence and Class Structure in American Life* —, reafirmam a tese tradicional da inferioridade genética dos africanos. Murray é um crítico sistemático das chamadas ações afirmativas (estratégias públicas para garantir o acesso de grupos hostilizados etnicamente a determinados espaços sociais). O novo absolutismo étnico é diferenciado, aculturado; é, em essência, xenofóbico.

William Brown, linchado e queimado por uma multidão em 1919, foi acusado de molestar sexualmente uma mulher branca. Foi comprovado mais tarde que era inocente. Entre 1887 e 1950, cerca de 4 mil negros foram linchados nos EUA, um por semana, em média. Fonte: A.B.C, 1919.

Branqueamento e desafricanização

A elite colonial brasileira — alicerçada num imperador escravocrata, como foi D. Pedro II — começa a *desafricanizar* o país com a transferência do governo português para o Brasil, em 1808, 80 anos antes da abolição formal da escravatura, com o início do estímulo à imigração europeia. Entre 1871 e 1920, ingressaram no Brasil cerca de 3,4 milhões de europeus, sendo 1,3 milhão de italianos, 900 mil portugueses, 500 mil espanhóis, e outras nacionalidades (IBGE, 2015). Num período de meio século, o Brasil recebe um contingente de imigrantes muito próximo ao número de africanos livres capturados e escravizados que aqui desembarcaram.

O Império brasileiro negociou com países europeus cotas de imigração num continente devastado por guerras intermináveis. O fenômeno se repetiria com a devastação causada pela Segunda Guerra Mundial. No total, entre 1820 e 1969, o Brasil recebe pouco mais de 5,6 milhões de imigrantes, europeus em sua maior parte. Em ordem numérica decrescente constam: portugueses, espanhóis, italianos, alemães, japoneses, eslavos, árabes e outros em menor quantidade, como os chineses (IPEA, 2007).

Escravas de diferentes nações africanas no Brasil em 1830.
Pintura: Jean-Baptiste Debret

A tentativa de implantar uma nova população europeia para assegurar a armação dominante acabaria somente no pós-guerra, com as últimas grandes ondas imigratórias. Vinham de zonas economicamente deprimidas e traziam como excepcional *bagagem técnica* a experiência do trabalho rural, qualitativa e avançada em relação ao africano escravizado, um mito perverso, falso.

Quando as terras férteis começam a ser ocupadas pelos imigrantes europeus, novamente eles são embarcados nos navios de tráfico humano africano, agora internos, e começam a ser utilizados como *novos escravizados urbanos* (com os mecanismos segregadores definidos) na configuração sociocultural e espacial das áreas urbanas.

Em São Paulo, o Censo de 1893 — o primeiro da história republicana — demonstraria que a imigração europeia desalojara os afro-brasileiros, recém-libertos, como mão de obra preferencial tanto no campo como na indústria e comércio urbanos:

- *55% dos residentes na cidade eram imigrantes;*
- *84% dos trabalhadores da indústria manufatureira eram imigrantes;*
- *81% dos empregados no ramo de transporte eram imigrantes;*
- *72% dos empregados no comércio eram iemigrantes.*

Esse segundo fenômeno contra a população afrodescendente evitou qualquer redistribuição de terras ou riqueza como consequência da abolição e utilizou o confinamento urbano como solução final. Para os novos habitantes, planejaram-se os núcleos que dariam nascimento a novas cidades com grandes extensões de terras férteis no Sul e no Sudeste. Tais terras foram loteadas em pequenas e médias propriedades e vendidas aos imigrantes a preços módicos, para a cultura de milho, feijão, batata, arroz e criação de gado. Receberam estradas, urbanização, crédito farto, dentre outros benefícios. Sacralizou-se o divórcio entre o Estado e a maioria afrodescendente, indígena e multiétnica. O Norte e o Nordeste foram evitados pela imigração europeia pela majoritária presença de afro-brasileiros e interétnicos.

Qual a verdadeira natureza do nosso *apartheid* no século XX? Foi contínuo à extinção da escravidão, mesmo com a civilização já mergulhada na modernidade, com o advento do Iluminismo. A promoção humana foi sacralizada como uma necessidade para todas as culturas, que reivindicavam o bem-estar, o desenvolvimento do homem, a inovação e a refundação das instituições sociais e políticas. A começar pelos bens e direitos fundamentais que os cidadãos consideravam que os donos do poder lhes deviam.

Essas profundas e complexas variações provocadas pelo Iluminismo exprimiam uma vontade da reconstrução de sociedades mais humanas nas ações e propunham transformações nos espíritos e na disposição social. E coincidem, obscuramente, com a fase mais dura e cruel da escravidão nos séculos XVII e XVIII no Novo Mundo.

O absolutismo étnico, sintetizado pelo *apartheid*, o principal motor mantenedor do nosso atraso social, é o fenômeno mais degradante da civilização brasileira. Sua erupção sempre se fez de forma violenta e arcaica, pré e pós-abolição, mesmo que se bramissem os preceitos de modernidade e de desenvolvimento. O bloqueio aos degraus de ascensão social e econômica, negados para os ex-escravos pelos seus *libertadores*, provocou uma crônica e interminável crise de enfrentamento interétnico como marca predominante da sociedade.

A *supremacia despigmentada* rural começa a se urbanizar no fim do século XIX e início do XX, ou seja, nas duas primeiras décadas pós-abolição. As áreas centrais de cidades em modernização, com transporte público, água encanada, eletricidade, edifícios residenciais, saúde pública, ensino público, começam a ser ocupadas por ela. A população afro-brasileira residente nessas áreas é expulsa para as periferias, num processo pavoroso de perpetuação da sua inferioridade social.

Essa é a principal ascendência do que denomino *novos quilombos*, chamados primeiramente de favelas. Surgiram de pequenas aglomerações até alcançarem milhares de barracos feitos de chapas de metal, materiais de demolição, papelão, sustentados por armações de madeira fixadas no chão. Surgiram as *minicidades de barracos afros* nas periferias das grandes *cidades dos despigmentados*. Esses novos quilombos não dispunham de banheiros, água encanada, eletricidade, transportes, saneamento básico, comércio, escolas e saúde.

Enquanto isso, no campo, mais de 90% do território agricultável continuava nas mãos de brasileiros despigmentados. Com a ampliação da mecanização na agricultura e na mineração, atividades de peso no país, e a exigência de trabalhadores cada vez mais qualificados nas indústrias, o desemprego entre a população afro-brasileira tornou-se estrutural. A oferta de empregos mais bem remunerados só se encontraria no setor público e para os que tivessem mais escolaridade. A elite afro-brasileira, como servidora da máquina pública, consegue prosperar nos corpos de segurança, da administração, saúde pública ou educação, tendo assim acesso a uma educação de qualidade para seus filhos e tendo chance de abrir uma série de negócios.

Mas em qual modernidade podemos situar o nosso *apartheid*? Naquela que gerou uma onda de esperança no progresso que levaria à liberdade e à realização da felicidade para todos os homens, na primeira Idade Moderna, entre o fim da Idade Média e o Renascimento. Mas como conciliar avanços de todos os tipos com esse anacronismo cruel? Tratava-se de uma contradição insuperável. Manter a lógica da realidade inventada por homens primitivos que atribuíam a si a condição de superiores? A resposta é não.

Qual é, dentro da guerra étnica brasileira movida pela *supremacia despigmentada*, a devida categorização dos Direitos Humanos? São as instituições que concretizam a dignidade, a liberdade e a igualdade humana, obrigadas pelo ordenamento legal nacional e internacional. Sua transgressão deve ser considerada inadmissível. Ela se origina no Estado? Sim, é crime estatal. Para além das suas fronteiras legais, o terror policial viola no cotidiano todas as garantias fundamentais.

Por que a transição democrática não colocou como prioridade a reforma das instituições de ordem pública em relação à população afrodescendente? A arte da redemocratização tinha uma visão *instrumental* das instituições policiais, da sua função a serviço da *supremacia despigmentada*, e não da maioria. Leia-se aqui a população afrodescendente. Não é ator decisivo em *putschs* militares ou transições democráticas, raramente subverte um governo. Os políticos e burocratas, na democracia, controlam e manipulam esse aparelhamento estatal com políticas de privilégios, compromissos arbitrários, transferências, promoções, recompensas e castigos.

Democracia racial

A expressão *democracia racial* surge pela primeira vez antes do fim da Segunda Guerra. Artur Ramos, em *Guerra e Relações de Raça* (1949), cita uma discussão sobre os vários tipos de democracias existentes naquele momento, tema de uma conferência da qual participou nos Estados Unidos, em 1941:

> *Tomei parte na discussão, declarando que não sabíamos o que era realmente um ambiente democrático.*
>
> *Porque, ao falarmos de democracia, temos que separar vários conceitos, por exemplo: democracia política, democracia social, democracia racial, democracia religiosa etc.*
>
> *Pedi a Lewin para definir para mim o seu conceito de democracia, por não saber o que realmente era.*

Roger Bastide (1898-1974), num artigo publicado no *Diário de S. Paulo* em 31 de março de 1944, referindo-se a um encontro com Gilberto de Mello Freyre (1900-1987), no Recife, usa a expressão *democracia social e racial*.

> *Regressei para a cidade de bonde. O veículo estava cheio de trabalhadores de volta da fábrica, que misturavam seus corpos fatigados aos dos passeantes que voltavam do parque dos Dois Irmãos.*
>
> *População de mestiços, de brancos e pretos fraternalmente aglomerados, apertados, amontoados uns sobre os outros, numa enorme e amistosa confusão de braços e pernas.*
>
> *Perto de mim, um preto exausto pelo esforço do dia, deixava cair sua cabeça pesada, coberta de suor e adormecida, sobre o ombro de um empregado de escritório, um branco que ajeitava cuidadosamente suas espáduas de maneira a receber esta cabeça como num ninho, como numa carícia.*
>
> *E isso constituía uma bela imagem da democracia social e racial que Recife me oferecia no meu caminho de regresso, na passagem crepuscular do arrabalde pernambucano. (BASTIDE, 1944)*

Gilberto Freyre, por sua vez, desde meados dos anos 1930, citava *democracia social*. E introduziu o conceito de *democracia étnica* em suas conferências na Universidade da Bahia, em 1943. Na literatura acadêmica, a expressão só se concretizaria alguns anos mais tarde.

"O Brasil é renomado mundialmente por sua democracia racial", escrevia Charles Wagley (1913-1991), em 1952, na *Introdução* ao primeiro volume de uma série de estudos sobre relações entre afro-brasileiros e europeus no Brasil, patrocinados pela UNESCO. O conceito de *negritude*, cunhado por Aimé Cesaire, em 1937, foi sacralizado por Léopold Sédar Senghor (1906-1991), Cheikh Anta Diop (1923-1986) e outros, fruto da descolonização ocorrida no pós-guerra.

Pelas evidências que se tem disponíveis (fontes primárias), Alberto Guerreiro Ramos (1915-1982), Roger Bastide e, depois, Wagley introduziram na literatura a expressão, que se tornaria uma síntese do pensamento de toda uma época. Todavia, Freyre não pode ser citado como criador do conceito com o sentido que tomaria, pois só utiliza o conceito de *democracia racial* em 1962. Defensor implacável do colonialismo português no continente africano, com uma grotesca construção teórica do que chamaria de luso-tropicalismo, atacava o que considerava a influência estrangeira sobre os afro-brasileiros.

No Gabinete Português de Leitura, naquele ano, declarou:

Meus agradecimentos a quantos, pela sua presença, participam este ano, no Rio de Janeiro, da comemoração do Dia de Camões, vindo ouvir a palavra de quem, adepto da vária cor camoniana, tanto se opõe à mística da "negritude" como ao mito da branquitude.

Dois extremos sectários que contrariam a já brasileiríssima prática da democracia racial através da mestiçagem: uma prática que nos impõe deveres de particular solidariedade com outros povos mestiços.

Sobretudo com os do Oriente e os da África Portuguesa. Principalmente com os das Áfricas negras e mestiças marcadas pela presença lusitana. (FREYRE, 1962)[52]

---

[52] Sobre isso, ver: Dossiê Sociologia da Desigualdade. Depois da democracia racial, Guimarães, ASA, Tempo soc. vol. 18 no. 2, São Paulo, nov. 2006.

Gilberto Freyre.
Foto: Fundação Gilberto Freyre

PRIMEIRA ESCRITORA AFRODESCENDENTE BRASILEIRA

Maria Firmina dos Reis nasceu na Ilha de São Luís (MA), em 11 de outubro de 1825. Pai afrodescendente e mãe despigmentada, foi criada por uma tia materna, que possuía a melhor condição econômica da família. Foi também na casa de sua tia que Firmina tomou contato com as referências culturais que a motivaram a seguir carreira na educação e embasaram sua formação literária.

Em 1847, foi a primeira mulher afrodescendente a ser aprovada em um concurso público no Maranhão e tornou-se professora. A postura antiescravista foi permanente em toda a sua vida e obra, ainda que, à época, uma afrodescendente combater a escravatura fosse inaceitável.

O percurso admirável na carreira docente propiciou que publicasse o romance *Úrsula,* em 1859, assinado sob o pseudônimo *Uma maranhense.* Maria Firmina foi professora do ensino público maranhense até sua aposentadoria, em 1881, quando decidiu lecionar para os filhos de lavradores e fazendeiros no povoado de Maçaricó. Fundou a primeira escola mista e gratuita do Brasil naquele povoado, no mesmo ano de 1881, mas teria que fechar as portas depois de dois anos e meio. Era um escândalo meninos e meninas na mesma sala de aula.

Em 1880, conquistou o primeiro lugar em História da Educação Brasileira, o que lhe rendeu o título de Mestra Régia. Também compositora, folclorista, publicava rotineiramente artigos nos jornais maranhenses.

Parte importante de sua obra não editada foi perdida e ignorada depois de sua morte. O guardião de seus manuscritos, seu filho adotivo Leude Guimarães, teve os pertences roubados em um hotel e dentre eles o que restara dos escritos de Maria Firmina.

Autora de uma literatura crítica, centrada nas questões escravistas e de gênero, fica patente que seus personagens traduzem a consciência libertária da autora. Outra característica pioneira em seus escritos é a abordagem da questão indígena. Maria Firmina insere na literatura brasileira uma proposta revolucionária: a representação do escravizado humanizado e do opressor animalizado, posicionando-se em franca solidariedade com os cativos. Além de tudo, colocou como protagonistas dos seus escritos a mulher e o afrodescendente e combateu a representação que lhes eram dadas pelo colonizador. Maria Firmina dos Reis faleceu em Guimarães, em 11 de novembro de 1917, pobre e cega.

Capítulo 5

Africanismo brasileiro

Ao brasileiro mais descuidado e imprevidente não pode deixar de impressionar a possibilidade da oposição futura, que já se deixa entrever, entre uma nação branca, forte e poderosa, provavelmente de origem teutônica, que se está constituindo nos estados do Sul, donde o clima e a civilização eliminarão a raça negra, ou a submeterão...

... de outro lado, os estados do Norte, mestiços, vegetando na turbulência estéril de uma inteligência viva e pronta, mas associada à mais decidida inércia e indolência, ao desânimo e por vezes à subserviência, e assim ameaçados de converterem-se em pasto submisso de todas as explorações de régulos e pequenos ditadores.

Nina Rodrigues, 1935.

Genômica populacional brasileira

Uma equipe de pesquisadores da Universidade Federal de Minas Gerais (UFMG), liderada pelo professor Sérgio Pena,[53] e constituída por Denise Silva, Juliana Alves Silva, Vânia Prado e Fabrício Santos, investigou dois conjuntos de genes diferentes. Um deles encontra-se no cromossomo Y, que é herdado do pai pelos filhos do sexo masculino. O outro faz parte do DNA mitocondrial, que é herdado da mãe por filhos e filhas.

Estes dois conjuntos foram selecionados para pesquisa por apresentarem duas características importantes: são herdados de um dos pais e não sofrem recombinação genética. Isto é, os filhos do sexo masculino recebem uma cópia idêntica desse grupo de genes (haplótipo) do cromossomo Y do pai, da mesma forma como filhos e filhas herdam uma cópia do haplótipo do cromossomo mitocondrial da mãe. Essas propriedades tornam esses blocos de genes verdadeiros marcadores de linhagens paternas (patrilinhagens) e maternas (matrilinhagens) e permitem que seja contada a história genética da espécie humana.

---

[53] Sérgio Danilo Junho Pena é professor do Departamento de Bioquímica e Imunologia e diretor do Laboratório de Genômica Clínica da UFMG. Geneticista, com ênfase em genética humana e médica, é também diretor científico do Núcleo de Genética Médica (GENE).

A partir da existência de 33% de matrilinhagens ameríndias, os pesquisadores calcularam que cerca de 45 milhões de brasileiros têm DNA mitocondrial ameríndio e descendem, portanto, dos primeiros habitantes desta terra. Embora desde 1500 o número de nativos no Brasil tenha sofrido uma redução para quase 10% do número original (de cerca de 3,5 milhões para 325 mil), o número de pessoas com DNA mitocondrial aumentou mais de dez vezes. É uma herança expressiva e muito maior do que a suposta, e que relativiza a teoria de que quase a totalidade da população originária teria sido majoritariamente eliminada, como se diz ou se supõe.

A pesquisa nos leva a entender melhor a participação, muito subestimada, dos indígenas na composição do povo brasileiro. Os colonizadores, de fato, massacraram os autóctones da terra que invadiam, mas uma fração relevante desse povo foi assimilada e incorporada ao novo povo que surgia: o povo brasileiro.

Família e Raça

Basicamente, o povo brasileiro tem uma herança de pai branco e mãe indígena ou negra. Nossa população é tão misturada que a cor da pele não é um indicador confiável dos ancestrais. Nossos estudos mostraram que é quase impossível encontrar uma pessoa de pele branca que não tenha herança genética africana ou indígena.

Isso vale para os negros também. A pessoa pode ter a pele negra, mas em seu DNA há quase sempre herança europeia. Para a genética não há raças, e num país como o Brasil isso é mais verdade do que em qualquer outro lugar. Podemos falar de cor da pele, mas ela conta pouco sobre a constituição genômica de uma pessoa.

DNA e História:

Os genes confirmam os dados históricos. Ficou impressa no DNA do brasileiro a mistura do europeu branco com índias e, depois, com escravas africanas. Mas a genética vai além, pode olhar mais longe. Por meio do estudo de mutações acumuladas ao longo de muitas gerações, podemos reconstituir a história acontecida há milhares de anos.

A contribuição europeia deu-se através de homens, e a ameríndia e africana, principalmente de mulheres. A presença de 60% de matrilinhagens ameríndias e africanas em brasileiros brancos é inesperadamente alta e, por isso, tem grande relevância social, dizem os pesquisadores.

Para saber se há possibilidade de elaborar uma base objetiva para a definição do conceito de raça, devemos examinar essas várias acepções e tentar mapeá-las na realidade biológica e social humana. Iniciemos com o sentido da palavra raça como sinônimo de subespécie.

Hoje existe consenso, entre antropólogos e geneticistas, de que, sob este prisma biológico, raças humanas não existem. A espécie Homo sapiens *é demasiadamente jovem e móvel para ter se diferenciado em grupos tão distintos. Ao estudar a variabilidade genética humana, vemos que de 90% a 95% dela ocorrem dentro dos chamados "grupos raciais", e não entre eles.*

A partir de 1850, há uma alteração na composição das linhagens maternas na população, com o início da vinda de grandes contingentes europeus e acelerada no fim do século XIX, que trouxe, até 1960, cerca de seis milhões de pessoas, vindas de diferentes países da Europa. Esses imigrantes foram a principal fonte daquela terça parte de matrilinhagens europeias que os pesquisadores da UFMG encontraram.

Ao contrário dos portugueses colonialistas, que raramente trouxeram suas mulheres, os imigrantes modernos vieram com elas. Seus filhos e filhas formaram, pela primeira vez, um extenso estoque de mulheres europeias no conjunto da população brasileira (*Ciência Hoje*, 2000). Os pesquisadores da UFMG constataram que a mistura dos imigrantes à população brasileira fez aumentar o número dos interétnicos, muitos dos quais, à primeira vista, assemelham-se a europeus.

Sérgio Pena publicou no *Proceedings of the National Academy of Sciences of the USA* um estudo no qual demonstrava que, no Brasil, a maioria dos brasileiros tem algum grau de ancestralidade africana. A definição sobre quem é afrodescendente no país terá de ser resolvida na arena política. Do ponto de vista biológico, a pergunta nem faz sentido, afirma.

Medicina eugenista

Com a irrupção da eugenia entre os séculos XVIII e XIX, ocorre uma virada nas estratégias discursivas das escravidões para uma suposta inferioridade *comprovada cientificamente*, que aqui se transformou no padrão ouro majoritário da medicina brasileira, com poucas exceções. Esse *biologismo* pseudocientífico assegurava a irreversibilidade e a incurabilidade da alteridade do outro que, dito de outra forma, era a imutável inferioridade do africano.

No Brasil, teve um caráter *modernista* — tanto na medicina como no pensamento conservador. Por mais contraditório que pareça, assim foi. Diante da ameaça crescente de um velho mundo que desabava, a eugenia seria a comprovação científica da desigualdade biológica, natural entre os homens. Foi um horror o que ela provocou, e seu desembarque aqui foi simultaneamente o que ocorreu nos EUA.

Em *A Eugenia no Brasil*, Nancy Stepan (2004) destaca a estreita relação da eugenia com o movimento de higiene social, embora muitos lhe neguem qualquer papel histórico. Como contradição central em seu projeto de melhoria social e das condições sanitárias do país, era *modernista* no seu catecismo sanitarista. Mas o resultado que se pretendia era a regeneração de uma população miscigenada, com características hereditárias (de inferioridade) africanas que a tornavam incompatível com a construção de um país moderno e desenvolvido.

A libertação dos escravizados foi determinante para que se criasse na elite brasileira uma falsa razoabilidade para negar aos milhões de afro-brasileiros a cidadania a que teriam direito, de qualquer forma, na sociedade brasileira. Esse foi o principal estímulo e gatilho para que, antes de ser um projeto de *melhoria genética* da afrodescendência, fosse um projeto de perpetuação do domínio econômico e social dos despigmentados.

Nomes consagrados da elite intelectual e médica brasileira da época viram nela a solução para a reversão do *atraso vergonhoso* do país. Apenas os brasileiros de descendência europeia iriam nos transformar numa nação do futuro. Buscavam um país puro, alvo como a neve. E como suposta ciência de *melhoria genética*, assegurava que a eliminação dos *impuros* e *inferiores* era necessária para a melhora da humanidade. Nesse contexto, a medicina teria um papel fundamental reservado — que nada mais era do que a tentativa da elaboração de uma ordem social artificial — eliminando os que não coincidiam com a realidade perfeita imaginária dos arianos.

Então, abraçada e adotada não só como solução para o nosso atraso e necessário *branqueamento* do país (neologismo que utilizavam publicamente), foi uma jornada de horror que até hoje não se fez uma autocrítica à altura pela medicina brasileira. Ainda hoje a população de ascendência africana sofre as sequelas provocadas no período da escravidão e na pós-abolição, que se prolongou até a década de 1930 do século XX.

No Brasil, o estabelecimento da eugenia está vinculado ao colapso final de uma sociedade escravocrata, até 1888, e a abertura do país à imigração europeia. Com a queda da monarquia e o advento da república em 1889, e o crescente envolvimento do país — em posição de dependência, no sistema capitalista mundial, como fornecedor de café — fazia-se necessário restabelecer a ordem social exigida por uma elite atemorizada.

Fotografias do povo brasileiro datadas dos anos de 1858 e 1894.
Ermakoff, George. *Rio de Janeiro – 1840-1900 – Uma crônica fotográfica.*
Rio de Janeiro: G. Ermakoff Casa Editorial, 2006.

Era o instrumento ideal para conter a insatisfação da população e promover a organização das cidades para desenvolver uma sociedade dentro dos modos capitalistas de produção. Para tanto, adotaram-se medidas de saneamento das cidades, com a limpeza e ordem das ruas e casas e o abastecimento de água e esgoto, assim como o controle das epidemias. Foi a *modernização ariana* que não só ignorou como aprofundou o abismo social dos agora milhões de africanos libertos, sempre chamados e tratados pejorativamente por ex-escravos.

Nas duas primeiras décadas do século passado, a influência das ideias eugênicas/higienistas fez a psiquiatria brasileira viver sua época, ao mesmo tempo, mais sombria e mais gloriosa em termos de influência política e social. Não obstante, algumas sequelas se prolongariam por todo o século XX. Os psiquiatras atribuíam maior incidência e prevalência dos mais variados tipos de doença mental aos pacientes afro-brasileiros e interétnicos, apontando o alcoolismo e a sífilis como seus principais gatilhos.

Eram diagnosticados como desajustados sociais, criminosos natos e candidatos preferenciais a internações psiquiátricas. Segundo o diagnóstico psiquiátrico, eram portadores de traços degenerativos próprios à sua condição originária, africanos com alta concentração de melanina na pele. As anotações de um prontuário médico de uma paciente afro-brasileira, no Hospital Psiquiátrico do Juquery, traduzem esses tempos de barbárie médica: "[...] os estigmas de degeneração física que apresenta são comuns de sua raça: lábios grossos, nariz esborrachado, seios enormes, pés chatos" (REIS, 1994).

A inferiorização africana era generalizada comparativamente à ascendência europeia dos que se classificavam como a *raça superior*. E não eram só os africanos segregados, também os imigrantes asiáticos. Devido a seus traços físicos, eram vistos pelos psiquiatras da época como um grupo de grande incidência de demência mental, como mostra o diagnóstico de um paciente definido como *amarelo da raça malaia*:

> *Chama a atenção, de logo, a sua figura estranha e singular, de longos cabelos negros, lisos, corredios, com igual bigode típico, despontado e caído, encimando falha barba por fazer, tudo contrastando com a palidez cérea de suas mucosas visíveis, com os estigmas próprios da raça de que é um exemplar representativo à perfeição. Estigmas morais que o enquadram na constituição esquizoide, sem nada lhe faltar para ser desta um paradigma de comparação.*
>
> *[...] Notoriamente, um deficiente mental, sem que isto importe dizer que esteja em nível bem inferior aos de sua grei, era-o, todavia, em grau tão acentuado que não chegava a conhecer a nossa moeda.* (OLIVEIRA, 1932).

Médica e clinicamente, de maneira especial em São Paulo, tornou-se o padrão ouro em diferentes especialidades, tendo sido absorvida pela corporação médica como *conhecimento científico*, tanto teórico como prático, desde para estudos obstétricos às ações dos cirurgiões, das práticas sanitárias às experiências psiquiátricas. Mas o movimento eugenista brasileiro nunca formou um campo homogêneo quanto aos seus fundamentos e aplicações sociais.

Foi criada a Faculdade de Medicina e Cirurgia de São Paulo, em 1912, no centro de intensas disputas por uma medicina moderna e atualizada, com calorosos debates sobre a composição étnica da população e o saneamento do país, bem como a necessidade de uma nova organização social e econômica gerada pela crescente urbanização da cidade. As tendências filosóficas e científicas disseminadas na época — teses positivistas, evolucionistas e eugenistas — eram acolhidas incondicionalmente por seu primeiro diretor e presidente da primeira Sociedade de Eugenia do Brasil, Arnaldo Augusto Vieira de Carvalho (1867-1920).

O acordo assinado entre a Fundação Rockefeller e a Faculdade de Medicina e Cirurgia, em 1916, passava para esta entidade procuração para intervenções eugenistas em nossa medicina, dizendo estar a serviço da ciência e do bem da humanidade. Desse ventre eugenista viria à luz o Instituto de Higiene, o Instituto de Patologia e mais algumas instituições da área de saúde mental. Médicos especialistas e educadores foram formados para ocupar cargos públicos, para que no atendimento médico também difundissem os princípios do higienismo. No pós-abolição, este foi o segundo grande crime cometido pela sociedade escravocrata brasileira. Tentaram inferiorizar a população de ascendência africana como inferiores, degenerados e corrompidos.

Outro reduto da medicina eugenista foi a Escola de Medicina da Bahia.

Não pode ser admissível em absoluto a igualdade de direitos, sem que haja ao mesmo tempo, pelo menos, igualdade na evolução [...].

No homem alguma cousa mais existe além do indivíduo. Individualmente sob certos aspectos, dois homens poderão ser considerados iguais; jamais o serão porém se atender às suas funções fisiológicas. Fazer-se do indivíduo o princípio e o fim da sociedade, conferir-lhe uma liberdade sem limitações, como sendo o verdadeiro espírito da democracia, é um exagero da demagogia, é uma aberração do princípio da utilidade pública. A Revolução Francesa inscreveu na sua bandeira o lema insinuante que proclamava as ideias 'liberdade, igualdade e fraternidade', as ideias de Voltaire, Rousseau e Diderot as quais até hoje não se puderam conciliar pois abherrant inter se. *(RODRIGUES, 1939, p. 212).*

O médico sergipano Manoel Bomfim (1868-1932) se rebelou desde o início contra esse absurdo pseudocientífico. Em 1905, publicou uma obra que abalou os eugenistas da comunidade médica brasileira: *A América Latina: males de origem*. Classificava-a de *falsa ciência* e expôs a fobia confessa dos europeus em relação aos latino-americanos. Contrapôs a ela a tese do parasitismo social, afirmando que os países ricos invadiam as nações para extrair suas riquezas e dominar seus nativos. Entretanto, não conseguiu evitar a simbiose entre psiquiatria e eugenia, um fenômeno que provoca decorrências até hoje irreparáveis. A psiquiatria presumia *cientificidade* para legitimar e propor normas higiênicas indiscutíveis para todos (entenda-se aqui para a população de ascendência africana). O modelo principal era o do Comitê de Higiene Mental, criado nos EUA, em 1909.

Reunião anual da Associação de Pesquisa de Eugenia (EUA). Foto: s/a

As explicações *científicas eugenistas* condiziam com as ideias dos intelectuais brasileiros, que imputavam o fracasso da igualdade republicana ao clima tropical e à miscigenação de *raças inferiores* na constituição da população. Com seus pressupostos supostamente *científicos*, a eugenia confirmava a degeneração física e moral dos afro-brasileiros. O arsenal de intervenções médicas disponível por ela possibilitava impedir a sua reprodução pela esterilização em massa que, a longo prazo, redundaria numa população de perfil europeu, mais exatamente nórdico.

No I Congresso Médico Paulista de 1916, o psiquiatra Ernani Lopes preconizou a *solução alemã*.

Quem lance um olhar sobre o desenvolvimento da psiquiatria nos últimos tempos reconhecerá que essa ciência já não ocupa em exclusivo com o tratamento dos alienados durante a sua internação. Cada vez mais se verifica a necessidade que há da intervenção do psiquiatra em numerosos casos de vida social. Se nos dedicássemos a fazer o estudo da mentalidade dos indivíduos socialmente desclassificados, encontraríamos no mais das vezes as causas de não êxito em perturbações bem caracterizadas do domínio psíquico.

Na Alemanha, sobretudo, encontramos demonstrações diversas de que cientistas e homens administradores já compreenderam o alcance desse sério problema. Assim, é que em várias sociedades de beneficência e de assistência às classes pobres, discute-se com frequência, sob o ponto de vista psiquiátrico, várias questões que outrora eram vistas apenas sob um critério estritamente moralístico (1925, pp. 155-156).

Renato Ferraz Khel.
© Academia Nacional de Medicina.

Arnaldo Vieira de Carvalho (1918),
fundador da FMUSP
© Museu Histórico da FMUSP.

Renato Ferraz Kehl (1889-1974) fundaria a associação médica eugênica em São Paulo, em 1918, com o apoio entusiástico do diretor da Faculdade de Medicina de São Paulo, Arnaldo de Vieira Carvalho. A Sociedade Eugênica de São Paulo, a primeira da América Latina, tinha 140 membros já no seu início, integrada pela elite médica da cidade, entre eles Alfredo Ellis (1850-1925), Belisário Augusto de Oliveira Penna (1868-1939), Vital Brazil Mineiro da Campanha (1865-1950), Arthur Neiva (1880-1943), Luis Pereira Barreto (1840-1923), Antônio Austregésilo Rodrigues de Lima (1876-1960), Fernando de Azevedo (1894-1974).

Para o membros da associação, o propósito era difundir os estudos sobre o fortalecimento físico e moral da população brasileira. Uma de suas principais intervenções ocorreu nas discussões sobre o código civil brasileiro, para que na legislação matrimonial fosse incluída a obrigatoriedade do exame pré-nupcial. No caso da população de ascendência africana, foram atribuídos problemas de alcoolismo, doenças venéreas, tuberculose e outros problemas relacionados equivocadamente a essa hereditariedade, além das condições higiênicas, sanitárias e ambientais dessa população brasileira.

As conferências e debates foram publicados em 1919 nos *Annaes de Eugenia*. A associação não se manteve após a morte de seu presidente, Arnaldo Vieira, e com a mudança de Renato Kehl para o Rio de Janeiro, em 1919, perdeu seu prestígio e importância.

Kehl foi um prolífico autor de mais de 30 livros promocionais sobre o ideal eugênico. Pregava que havia uma ligação fundamental entre o desenvolvimento social e o desenvolvimento científico/biológico, sendo este último considerado essencial para a concretização do primeiro. A prática da *política eugenista* funcionaria como base para o avanço da sociedade. Em *Lições de Eugenia*, publicado em 1929, preconiza uma eugenia radical calcada no determinismo biológico. Em uma resenha publicada no jornal *A Ordem*, Barroso (1929) rasgava elogios a Kehl e sua cruzada contra os *cruzamentos raciais*:

> *O mestiço é fraco, feio, inferior aos indivíduos puros que o formaram. Lições de Eugenia é um livro de patriotismo e de ciência, livro necessário e imprescindível a todos que queiram estudar e conhecer nossos problemas.*[54]

---

[54] BARROSO, Gustavo. *Lições de Eugenia*. A Ordem. Rio de Janeiro: 4 ago. 1929.

Em outra resenha, no *Brasil Médico*, a recepção também foi calorosa:

[Lições de Eugenia] sobrepuja em valor os anteriores por ser absolutamente didático: é uma exposição, em treze lições concisas e esquemáticas, de todos os aspectos do problema e de todos os fundamentos de sua propositura.[55]

O eugenismo cooptou José Bento Renato Monteiro Lobato (1882-1948), que se tornaria um dos seus maiores entusiastas. Lobato escreveu um livro propagandístico sobre o assunto, publicado em 1926, originalmente denominado O *Choque das Raças* ou *O Presidente Negro*. Na narrativa fictícia, um afro-americano, Jim Roy, assumiria a Casa Branca no ano de 2228 e provocaria um movimento dos supremacistas a favor da esterilização e extermínio dos afro-americanos. Pouco depois de lançar o livro, Lobato se lamenta em uma mensagem a Khel por não ter dado o devido destaque a suas ideias eugenistas, que hoje sabemos eram fascistas.

Renato [Kehl], tu és o pai da eugenia no Brasil e a ti devia eu dedicar meu Choque, *grito de guerra pró-eugenia. Vejo que errei não te pondo lá no frontispício, mas perdoai a este estropeado amigo. [...] Precisamos lançar, vulgarizar estas ideias. A humanidade precisa de uma coisa só: poda. É como a vinha.*[56]

Para Renato Kehl, tratava-se da própria modernidade. Nacionalista ao extremo, considerava a si próprio como o maior *cientista eugenista* brasileiro. Afirmava, em 1920, que era "mais que ciência; religião, religião da saúde, do corpo e do espírito — a verdadeira religião da humanidade". E distinguia *eugenia* de *eugenismo*. A primeira designava a *ciência eugenista* com suas técnicas e métodos; a segunda, a ação eugenista, sua aplicação num determinado grupo social.

---

[55] *Brasil Médico, apud* Boletim de Eugenia, ano 1, no. 8.
[56] Disponível em: https://www.geledes.org.br/monteiro-lobato-o-racismo-e-os-alunos-em-camara-ligada-politicamente-incorreto/, 2013.

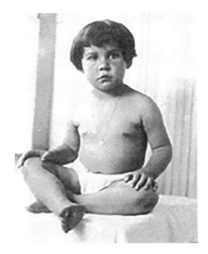

Concurso de bebês de 1908 em Louisiana (American Philosophical Society.
Fonte: Hemeroteca Digital – Biblioteca Nacional.

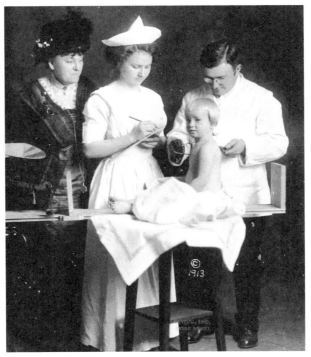

Exame de pureza eugênica nos EUA. Que horror!
Mrs. Frank DeGarmo Papers, MS 1879. University of Tennessee, Knoxville. (Bibliotecas).

Eis uma seleção de algumas citações de Renato Kehl sobre o seu credo:

[...] o número de medíocres, de débeis mentais, de incapazes, de cacoplastas, em suma, cresce, de modo assustador, afligindo, constrangendo, quase esmagando a parcela boa e progressista da humanidade.

Se a lei inexorável da luta pela vida ainda se impusesse, completamente, sob a qual sucumbem os fracos e triunfam os fortes, a maior parte dessa residualha, que vem surgindo clandestinamente, violando os preceitos da boa geração, estaria condenada a perecer logo nos primeiros lances da áspera peleja.

Tal, infelizmente não acontece, não mais se podendo contar com a seleção que outrora constituía o crivo eficaz contra os indesejáveis e que agora sobrevivem em grande número para sofrer e para sobrecarregar os elementos úteis e produtivos.

Ninguém poderá negar que, no correr dos anos, desaparecerão os negros e os índios das nossas plagas e do mesmo modo os produtos provenientes desta mestiçagem.

A nacionalidade embranquecerá à custa de muito sabão de coco ariano! Não há solução para os males sociais fora das leis da biologia. Não há política racional, independentemente dos princípios biológicos, capaz de trazer paz e felicidade aos povos.

A filantropia mal orientada é um fator de viciação, de indigência, de degradação social. Infelizmente, via de regra, procura-se tudo favorecer aos medíocres, aos doentes, aos incapazes, que por isso conseguem vencer, em prejuízo da parte boa, sacrificada pela concorrência desleal "filantropicamente" estabelecida pela sociedade [...].

Impõe-se, pois a sociedade o dever de orientar melhor a sua filantropia, a fim de não agravar a mediocrização do gênero humano [...]. Como medida fundamental, portanto, deve-se esforçar para que a filantropia se torne seletiva e não contra-seletiva, como ora se apresenta.

Política econômica, conservadora, democrática, socialista, fascista, comunista: todas essas políticas e formas de governo falham, se não se inspirarem nos ditames da ciência da vida.

Eis, porque, a política, por excelência, é a política biológica, a política com base na eugenia.

Seguiu-se a Liga Brasileira de Higiene Mental (LBHM), fundada no Rio de Janeiro em 1923 por Gustavo Riedel, seu primeiro presidente. Logo se consolidaria como uma das mais importantes associações de médicos intelectuais. O auxílio financeiro de sócios e verbas públicas do município e do governo federal a consolidaram.

> *Quem quer que acompanhe o grande movimento da higiene mental no mundo, haverá de notar que os ingentes esforços dos neuro-higienistas se vão orientando não somente no sentido da conservação da saúde psíquica, mas também e sobretudo no sentido da extincção das eivas hereditárias, de modo que a mentalidade das novas gerações possa cada vez mais se aproximar do padrão psicológico ideal (CALDAS, 1932, p. 29).*[57]

Entre seus integrantes notáveis constam: Carlos Ribeiro Justiniano das Chagas (1879-1934), Miguel de Oliveira Couto (1883-1934), Edgard Roquette-Pinto (1884-1954), Henrique Britto de Belford Roxo (1877-1969), Júlio Afrânio Peixoto (1876-1947); o presidente da República, Artur da Silva Bernardes (1875-1955) e três de seus ministros, José Félix Alves Pacheco (1879-1935), João Luiz Alves (1870-1925) e Antônio Joaquim Pires de Carvalho e Albuquerque (1865-1954); além dos empresários Guilherme Guinle (1882-1960), Affonso Vizeu e Antônio Gomes Pereira.

Da classe política também participaram dois senadores: André Gustavo Paulo de Frontin (1860-1933) e José Euzébio; dois deputados: Carlos Maximiliano Pereira dos Santos (1873-1960) e Clementino da Rocha Fraga (1880-1971); o prefeito do Distrito Federal, Alaor Prata Leme Soares (1882-1964) e dois vereadores: Júlio Cesário de Melo (1876-1952) e Mário Piragibe (1883-1954).

Profissionais ligados às mais diversas áreas também foram seduzidos pela nova ciência que prometia a *cura da raça* e o seu *branqueamento*. Qual era a principal motivação desse logro científico e psiquiátrico? Escudar-se na biologia e na medicina para conter a intensificação do

---

[57] Boletim de Eugenia n. 1. A coleção completa está disponível em: http://bndigital.bn.br/acervo-digital/Boletim-de-Eugenia/159808.

novo-velho conflito da escravidão, agora sob nova forma — o *apartheid* — desestabilizador e perigoso, presente nas novas populações urbanas afro-brasileiras que surgiram em todo o país pós-abolição. Como negar os ideais republicanos de igualdade à população africana e interétnica do país? Ou aplacar a insatisfação dessa população com o eugenismo?

Os médicos eugenistas chegaram ao descalabro de apoiar-se em Darwin para defender essa monstruosidade que acabaria como dogma nas sociedades mais desenvolvidas da época. Apenas os indivíduos mais promissores deveriam se reproduzir, já que os aspectos físicos e intelectuais eram transmitidos de geração a geração. Fundamentavam a crença numa *superioridade branca* — denominada de *evolucionismo social*. E mais: a aplicação da teoria evolutiva proposta por Darwin iria aperfeiçoar a raça humana, selecionando os mais fortes não só física, mas também intelectualmente. E mais: lançar-se-ia mão, como já feito anteriormente, da imigração europeia para *clarear* o país simultaneamente com a esterilização dos degenerados.

Khel organizaria, em 1929, no Rio de Janeiro, o primeiro congresso brasileiro de eugenia. Estavam presentes dezenas de médicos e biólogos, defensores ardorosos da eugenia, pleiteando que deficientes de todos os tipos — cegos, surdos-mudos, tarados — tinham que ser eliminados. Na mesma época, também foi organizado um concurso para premiar as três crianças que mais se aproximassem do tipo *eugênico ideal*, conforme anunciava o cartaz. As vencedoras foram todas garotas de pele despigmentada, enaltecidas como *boas procriadoras*.

MANUAIS EUGENISTAS

O discurso médico do século XIX vê no africano escravo a origem de muitos males. A presença dele no seio da família seria corruptora, representava perigo físico e moral. Para o pensamento médico higienista do século XIX, não prevaleciam assertivas de origem *racial*, pesavam mais os fatores sociais, os associados às condições de vida. Poucas foram as propostas oficiais de atenção à saúde dos africanos escravizados, e menos ainda as que foram acompanhadas por medidas que nem sequer eram cumpridas, como observou Mercês Somarriba (1984), em estudo pioneiro sobre a medicina no escravismo colonial.

Os manuais de Jean-Baptiste Imbert (1834), Carlos Augusto Taunay (1839) e Antônio Caetano da Fonseca (1863) foram publicados com apoio oficial. São obras carregadas de instruções higiênicas dirigidas especificamente aos proprietários rurais. Indicavam como escolher no mercado uma *peça saudável*, como deve ser a constituição física do escravo, suas condições de habitação, vestuário, alimentação, jornada de trabalho, repouso, castigos etc.

A doutrinação religiosa é prescrita aconselhada como *higiene moral*, fundamental para a submissão do escravo, seu ajustamento à sociedade e bom rendimento no trabalho. Esses manuais listavam a incidência das principais enfermidades que acometiam os africanos negros e o tratamento caseiro que podia ser administrado por seus senhores. Eram cópias dos manuais médicos mais utilizados à época, como os de Chernoviz (1841) e Langaard (1873).

A medicina não atendia e nem se preocupava em atender os africanos escravizados, fosse preventiva ou terapeuticamente. Então, a *medicina africana* tinha que entrar em ação com suas práticas *curandeiras*. E em algumas situações, muitos despigmentados arriscavam-se a usar os serviços oferecidos pelos *curandeiros* africanos, hábeis cirurgiões na arte de sangrar e aplicar sanguessugas.

A presença de sangradores e curandeiros nos quadros das Santas Casas de Misericórdia (fato comprovado) não se limitava apenas à aplicação de sanguessugas ou à sangria. O sangrador, de certa forma, representava a permeabilidade entre dois polos de medicina — a acadêmica e a popular. A prática médica no Brasil resulta de trocas e apropriações de experiências entre europeus, índios e africanos, o que se perpetuou até o presente, e constitui prática bastante comum tanto na zona rural como nas cidades (Pôrto, 2006).[58]

---

[58] Pôrto, A. *O sistema de saúde do escravo no Brasil do século XIX: doenças, instituições e práticas terapêuticas.* Hist. ciênc. saúde-Manguinhos, vol.13, n. 4, Rio de Janeiro out./dez. 2006.

Teses eugenistas

Nos primeiros anos do século XX disseminou-se a infâmia pelos eugenistas de que as epidemias brasileiras eram culpa dos africanos, recém-libertos. E a elite intelectual da época começou a propor que se utilizasse a higiene social como a melhor alternativa para o progresso do país.

A eugenia como ciência auxiliou a intelectualidade brasileira a amenizar as crises das primeiras décadas do regime republicano, que enfrentava a abolição da escravatura, o êxodo rural, a industrialização e a imigração europeia. Pautada pela arenga da construção de uma sociedade democrática e de direitos iguais para todos, a República precisava evadir-se diante das evidentes desigualdades por ela mantidas.

As escolas de direito e de medicina absorveram as teorias eugenistas e higienistas sociais europeias nos meados do XIX para dar um verniz científico e naturalista às desigualdades sociais e étnicas brasileiras do fim desse século. E cujo auge doutrinário seria nos anos de 1920 a 1930.

Suavizado, amenizado, mas ainda perpassando boa parte da sociologia brasileira até os anos 1970. Algo que começou a ser ainda gerado nos anos 1920, quando vigiam às teorias eugenistas em voga em todo o mundo.

Paulo César de Azevedo Antunes (1901-1974), em sua tese de doutoramento, defendida na Faculdade de Medicina e Cirurgia de São Paulo, *Eugenia e Imigração* (1926), exaltava como os Estados Unidos haviam lidado com o alcoolismo (proibiram a fabricação e comercialização do álcool), a censura matrimonial (proibiram o casamento entre pessoas *bastardas* e entre europeus e afro-brasileiros), fizeram uma rigorosa seleção de imigração (permitiam apenas a entrada de *brancos* no país), a excelência em pesquisa eugenista realizada por institutos norte-americanos e argumentava que seus modelos legislativos deveriam ser copiados pelo Brasil.

E proclamava que a inteligência era hereditária. Assim como havia diferença entre os cães quanto a isso, o mesmo acontecia entre os seres humanos (entre arianos e africanos). Reproduzia em sua tese as teorias sobre a importância da hereditariedade, baseadas na publicação *Hereditary Genius* (1869) de Galton. Assim como os aspectos físicos eram transmitidos pelas gerações, as vocações e os talentos também eram considerados hereditários.

A inteligência será hereditária? Evidentemente sim, pois não poderá constituir a exceção. Se o timbre da voz, função da laringe, é hereditário, por que a inteligência, função do cérebro, não há de ser? Entre os cães, por exemplo, é notória a diferença de inteligência entre as suas diferentes raças. No homem também se observa o mesmo: o filho do negro herda de seus pais uma capacidade intelectual inferior à que nós herdamos dos nossos (ANTUNES, 1926, p.14).

Guimarães Filho, em sua tese intitulada *Da higiene mental e sua importância em nosso meio*, apesar de evidenciar seus conhecimentos na área da microbiologia, argumenta que a transmissão da *herança da degeneração* ainda se fazia presente pelos indivíduos que procriassem durante o estado agudo de intoxicações ou infecções. Estavam dadas as probabilidades de transmitir aos seus descendentes os estigmas de sua inferioridade, como no caso dos alcoólatras:

A ciência tem provado que grande número de degenerados não são filhos diretos da degeneração de seus ascendentes, mas frutos de certos estados em que os pais se encontram no ato da procriação. Assim, indivíduos tarados e que procriam em estado agudo de intoxicação ou de infecção têm grande probabilidade de transmitir ao seu descendente os estigmas de sua degeneração, como acontece com os heredo-alcoólatras (GUIMARÃES FILHO, 1926).

A associação entre eugenia, psiquiatria e medicina legal, que ocorreu em diferentes países da América Latina, contribuiu para intervenções tomadas como científicas nas áreas de criminalidade, delinquência juvenil e prostituição. Houve direcionamentos marcadamente hereditaristas inspirados na teoria de transmissibilidade das taras, presentes nas faculdades de medicina a partir de 1920. Ribas, em sua tese *Exame pré-nupcial*, defendia que esse exame deveria acontecer antes da união de indivíduos hígidos, considerando-se não apenas fatores individuais, mas os interesses da sociedade, da *raça* e da pátria. Esse exame tinha um papel fundamental para guiar a escolha dos matrimônios. Entre as principais doenças que poderiam ser transmitidas entre cônjuges, estavam as doenças venéreas, a tuberculose e a lepra. Apesar de já haver conhecimentos em microbiologia que apontavam para a não hereditariedade da lepra, ainda assim ele pregava que haveria o contágio dos descendentes:

> *A lepra parece não ser moléstia hereditária, como também não o é a tuberculose. Mas, como nesta, é provável que aos filhos seja transmitido um estado especial de receptividade para a moléstia, que os autores denominam predisposição. Há uma força estranha, cujo mecanismo de ação não está ainda suficientemente explicado, pela qual os filhos tendem a herdar dos seus progenitores tanto as boas como as más qualidades. Desde os tempos bíblicos, encontramos referências à hereditariedade, como nós a chamamos hoje (RIBAS, 1927).*

Montoleone (1929), por sua vez, em sua tese *Os cinco problemas da eugenia brasileira*, exaltava a importância da aplicação das leis de Mendel sobre a hereditariedade de seres humanos.

> *Não devemos insistir porque é impatriótico. Os anormais não têm direito à geração de tipos anormais. [...] o que se transmite por hereditariedade de pais a filhos é a disposição mórbida interna, o tipo, a modalidade de unidade vital que torna o indivíduo apto a desenvolver esta ou aquela moléstia. [...] Os casamentos eugenicamente orientados concorrerão para diminuir e atenuar os vícios de família, evitando a transmissão de disposições mórbidas de pais a filhos e a procriação de entidades malformadas, degeneradas, inúteis à família e à pátria.*[59]

---

[59] Sobre isso, ver: *Representações do discurso médico-eugênico sobre a descendência:* a eugenia mendelista nas teses doutorais da Faculdade de Medicina e Cirurgia de São Paulo na década de 1920. Verzolla, B.L.P; Mota, A.; Saúde soc. vol. 26 n. 3, São Paulo jul./set. 2017.

Higiene social eugenista

Quais foram algumas das heranças dessa monstruosidade, medicina e higienismo social? A simbiose medicina-eugenia-higiene social, fenômeno comum em nossa travessia pseudocivilizadora de então, extrapolou a saúde pública e se tornou uma defesa das ações de segurança pública na eliminação de seres e comportamentos antissociais (leia-se, de afrodescendentes).

Nas primeiras décadas do século XX, a noção de *higiene social* foi muito utilizada pelos patronos de reformas nas instituições policiais referentes à necessidade de uma ação exemplar por parte delas. As ciências, como já vimos, tanto foram usadas quanto atuaram como coadjuvantes na tarefa de confirmar a periculosidade dos afro-brasileiros. De largo uso jurídico no início do século XX, a *higiene social* foi categorizada como paradigma policial pelo médico legista Júlio Afrânio Peixoto nos seus manuais dedicados à defesa de políticas sanitaristas (PEIXOTO, 1937).

A higiene social, como sinônimo de periculosidade da população de ascendência africana, ainda alimenta a prática médica contra os afro-brasileiros? Que sirva de alerta que "confundir cor e ancestralidade pode ser devastador para a prática da medicina" (FELDMAN *et al*, 2003). Isto pode ser mais crítico ainda no Brasil, onde se demonstrou que a correlação individual entre cor e ancestralidade é praticamente inexistente. Aliás, toda a pesquisa médica já feita no Brasil com base na avaliação puramente fenotípica de cor deve ser considerada de valor discutível, precisando urgentemente reavaliá-la sob a luz dos novos conhecimentos genômicos.

Há um conflito total na literatura científica e médica internacional sobre o valor do conceito de *raça* em medicina. Embora haja consenso de que *raças* humanas não sejam categorias biológicas válidas, alguns autores têm argumentado que elas poderiam constituir-se em sub-rogadas de variáveis não genéticas (sociais e culturais), e que abrir mão dessa classificação significaria perda de correlações ambientais e prejuízo para a medicina e a população.

Para discutir *raça* em medicina, devemos examinar essas várias acepções e tentar mapeá-las na realidade biológica e social humana. Por exemplo, examinemos o sentido morfológico de *raça*. O IBGE usa os termos *branco*, *pardo e preto* como características *raciais*, não obstante esses termos referirem-se só à pigmentação da pele, cor e textura do cabelo, cor dos olhos, forma do nariz e espessura dos lábios. Cada um desses traços fenotípicos é controlado por um número pequeno de genes diferentes, uma porção ínfima do genoma e dissociados dos que influenciam inteligência, talento artístico, habilidades sociais, predisposição a doenças ou metabolismo de fármacos. O uso médico dessas distinções tende a perpetuar racionalizações pseudocientíficas de diferenças entre grupos humanos não só de cultura, mas de cultura, *status* social, acesso ao cuidado médico, marginalização social e outros fatores. A condição humana é uma só, resultante de ancestrais africanos, como já foi citado aqui repetidas vezes e de agora em diante será a última vez.

Ao longo dos anos, tornaram-se parte integral do arcabouço canônico da medicina, e sua adequação não tem sido questionada. Usado não só para estudar e sistematizar as populações humanas, como também para criar um esquema classificatório que *racionaliza* a ordem social e a dominação de alguns grupos por outros. Assim, a persistência do conceito de *raça* está ligada à crença atávica de que os grupos humanos existem em uma escala de valor. Nesse sentido, tal persistência é *tóxica* (GILROY, 2000), contamina e enfraquece a medicina.[60]

Quando Galton formula suas principais teses eugenistas em *Hereditary Genius* (1869) e *Inquiries into Human Faculty and Its Development* (1883), os experimentos de Mendel sobre características hereditárias não eram conhecidos pelos eugenistas. Mas tanto nessa época como agora, as trevas persistem e, às vezes, teses consideradas inquestionáveis — mesmo desmistificadas desde a sua aparição — resistem, mesmo comprovadas suas premissas biológicas falsas, tanto no laboratório como na natureza.

Certos partidários da sociobiologia tentam demonstrar o *geneticismo* dos comportamentos sociais, mesmo refutados pela genômica. Segundo André Langaney (1942-), no início das pesquisas em genética, os cientistas,

---

[60] Sobre isso, ver: PENA, S. D. J.: *Razões para banir o conceito de raça da medicina brasileira*. História, Ciências, Saúde — Manguinhos, v. 12, n. 1, p. 321-46, maio-ago. 2005.

ainda presos aos dogmas das classificações eugenistas herdadas do século passado, presumiam que iriam encontrar os genes dos *amarelos, dos negros, dos brancos...* que nunca foram descobertos. Em todos os sistemas genéticos humanos conhecidos, os repertórios de genes são os mesmos.

Para Romain Barbaud, a "diversidade cultural pode então ser tomada como um componente natural da biodiversidade, como resultado de nossa própria evolução. Ela tem, por este ponto de vista, a mesma função da biodiversidade para as outras espécies". A diversidade humana é, portanto, genética, com suas consequências fenotípicas, mas também cultural. E faz-se importante contrastar bem os dois domínios para não recriar, mesmo involuntariamente, a verborragia eugenista.

Nesse ponto de vista, as diferenças culturais aparecem como as que até podem modificar os traços físicos (os pés pequenos das chinesas ou as mulheres girafa africanas são exemplos). Um dos elementos da questão era saber se um isolamento geográfico ou cultural levaria à seleção de genes específicos, e assim saber se um povo pode constituir uma subespécie. Não, geneticamente não.

Em um relatório datado de 1979 sobre as questões de *ciências da vida e sociedade* (*sciences de la vie et société*), François Gros (1925-), François Jacob (1920-2013) e Pierre Royer (1960-) abordam as relações entre o conhecimento científico e a sociedade. Envolveu toda a comunidade científica francesa: Academia de Ciências, professores do *Collége de France*, *experts* do *Comité National de la Recherche* (Comitê Nacional da Pesquisa), biólogos. E todos concluíram que há mais de um século, e todavia nos dias de hoje, tenta-se utilizar argumentos tomados à biologia para defender certos modelos de sociedade.

Os totalitarismos nunca hesitaram em desviar os postulados e achados da biologia. A sua exploração para benefício das ideologias extremistas é algo que não pode ser ignorado. Apropriação de noções que não tinham nenhuma razão de ser a não ser defender interesses ou propostas com pretensa base científica, mas que não passam de teorias e verborreias eugenistas que visavam fazer crer em diferenças biológicas na natureza humana. Os etnólogos estimam que, postas de lado as supostas diferenças genéticas e fenotípicas, as populações humanas são diferenciadas pelos seus usos e costumes, que são transmitidos de geração em geração.

Terror médico – Boletins de eugenia

A coleção completa do *Boletim de Eugenia*, digitalizada, está acessível em *http://bndigital.bn.br/acervo-digital/Boletim-de-Eugenia/159808*. É consulta obrigatória para qualquer pesquisa a respeito dessa monstruosidade falsamente científica — *existência de raças* —, que penalizou a humanidade entre os séculos XIX e XX. E o estrago que fez na medicina (especialmente na psiquiatria) deixou sequelas até hoje.

O Médico de Família e a Eugenia

(Boletim de Eugenia, janeiro de 1929).

Cumpre dar, em patologia, como em terapêutica, a maior importância à hereditariedade, a fim de prever as possibilidades, as complicações patológicas e colocar os indivíduos nas melhores condições suscetíveis de contrabalançar suas tendências mórbidas. Orientado neste sentido, pode-se fazer prescrições e estabelecer prognósticos mais seguros. Segundo Apert, não é possível fazer terapêutica única, do mesmo modo que em pedagogia não se pode fazer escola única. Cada doente deve ser tratado segundo o fundamento hereditário, segundo a sua constituição e seu temperamento, do mesmo modo que cada criança deve ser educada tendo em conta o seu caráter e suas tendências particulares, o que exige condições variáveis.

O conhecimento do fator hereditário é de importância indubitável. Infelizmente, pondera o autor acima citado, as famílias, de perfeita boa-fé, informam frequentemente muito mal o médico sobre sua hereditariedade; o médico de família, cuidando por sua vez dos ascendentes, pais e filhos, tios e sobrinhos, é o único em condições de tal estudo sobre os fatores hereditários familiares.

A necessidade de procurar médicos especialistas (as senhoras o ginecologista, as crianças o pediatra etc.) tem feito com que se ponha, infelizmente, de lado o critério hereditário, muitas vezes de primeira ordem. Nestes casos, o médico da família deveria ser ouvido, porque ninguém melhor do que ele poderá dar ao especialista uma "impressão de conjunto" sobre a patogenia de certos estados mórbidos. O médico de família informará sobre a hereditariedade, o temperamento, a constituição, elementos estes cujo valor os antigos justamente reconheciam e os médicos competentes atuais não só confirmam, como deles se utilizam a todo instante.

Concurso de Eugenia

Realizou-se em São Paulo, em dias de dezembro do ano próximo findo (1929), um concurso de Eugenia, o primeiro no gênero feito no Brasil e talvez na América do Sul. Diferentemente do que ocorre nos concursos de robustez, em que apenas se obedecem às condições individuais dos concorrentes, a seleção é muito mais rigorosa nos concursos eugênicos, pois a sindicância abrange a ascendência dos candidatos. Não somente as enfermidades físicas são apreciadas, como também as mentais. É necessário, para a classificação, que seja perfeita e saudável a constituição do candidato e de seus antepassados. A comissão julgadora foi composta pelos Drs. Waldomiro de Oliveira, diretor do Serviço Sanitário de São Paulo, Cantidio de Moura Campos, Clemente Ferreira, Garcia Braga, F. Figueira de Mello, Dalmacio de Azevedo e Octavio Gonzaga.

[...] Felizes os que tiveram recebido de seus antepassados e de seus pais uma saúde perfeita, e os que tiverem podido, graças a eles, viver e crescer em um meio são. [...] Assim, cooperareis para a continuação de uma boa raça e prestareis relevantes serviços à sociedade.

Prophylaxia das Doenças Mentaes

Há tempo, o Prof. A. Austregesilo publicou um artigo com o título acima, no qual expôs a sua confiança nas medidas eugênicas contra a propagação das doenças mentais. Diz, a propósito: "a verdadeira profilaxia estaria na consecução da Eugenia, nova ciência social-biológica de Galton. Não há melhor idealismo do que o aperfeiçoamento da nossa espécie. A luta contra as regenerações neuropsíquicas deve visar:

- *O conhecimento dos perigos da hereditariedade mórbida.*
- *A educação psicossexual desde a segunda infância (é para Freud o momento perigoso para o aparecimento de muitas psiconeuroses e psicoses).*
- *O combate às infecções danosas ao sistema nervoso.*
- *A luta contra as intoxicações, como o alcoolismo, cocainismo, morfinismo etc.*
- *A luta contra as condições sociais, que aumentam a miséria humana, o pauperismo e outras chagas sociais.*

Scenas Deprimentes

(Boletim de Eugenia, fevereiro de 1929).

Não são poucos os brasileiros que se envergonham com as cenas deprimentes que se assistem nas ruas do Rio de Janeiro nos dias de carnaval. A feiura física e a degradação moral aproveitam a oportunidade para se exibirem com todo seu repugnante e verdadeiro aspecto. Os indivíduos não põem máscara, — tiram-na. Todo o resíduo informe da plebe, por influência diabólica dos maus instintos, do álcool e do vício, sobrenada, vem à tona, para se misturar com a parte melhor do povo e contaminá-la pelo delírio das baixas paixões.

Asneiras de toda sorte são cometidas pelos indivíduos aparentemente ajuizados, mas que perdem facilmente o controle e caem no domínio dos instintos. A nossa plebe é feia, desengonçada e doente: — imagine-se caricatura pintada com farinha ou cal e borrada com tinta vermelha, — vestida andrajosamente de trapos, tremelicando e saracoteando-se pelas nossas ruas!

Será isso o carnaval digno de ser conhecido e apreciado pelos estrangeiros?

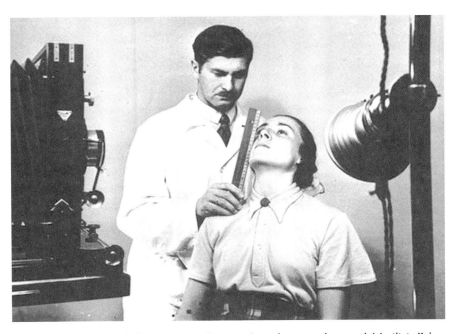

Medição dos traços fisionômicos de uma mulher para determinar sua origem *racial*. Instituto Kaiser Wilhelm de Antropologia, Genética Humana e Eugenia. Berlim, Alemanha.

Foto: National Archives and Records Administration, College Park, MD.

O Problema Eugênico da População

A propósito da transmissão dos caracteres hereditários de conformidade com a eugenia, o Dr. Baur, diretor do Institute für Vererbungsforschung de Berlim, fez recentemente algumas considerações sobre o grave problema da população. No reino animal, a seleção natural dos indivíduos reprodutores faz com que sejam eliminados todos os elementos débeis; mas no gênero humano, muitos elementos inferiores se conservam por efeito da civilização. Com o desenvolvimento dos estados culturais superiores, produz-se uma diminuição na propagação da raça.

A Eugenia é fundamentalmente uma ciência que estuda os fatores que, sob controle social, poderão prejudicar ou beneficiar as qualidades raciais das futuras gerações, tanto físicas como mentalmente. Como ciência, ela se dedica à investigação cuidadosa dos fatos, assim como a química e a fisiologia ou qualquer outra ciência natural, e, partindo dos mesmos fatos, procura, por meio lógico, formar os seus princípios. Sua inspiração máxima é a verdade.

Ela não tem ligação com nenhum sistema social ou econômico, cujo estudo e princípios possam inspirá-la. Os seus meios de informação são as influências ou fatores que prejudicam as qualidades congênitas da raça humana, particularmente as inferiores, e os fatores sob o controle humano que concorrem para a formação de um melhor estoque.

[...] Investiga os dados morais, mentais e físicos. O eugenista moderno não erra ao reconhecer a importância do meio e dos ideais, embora seu objetivo principal seja o controle da espécie humana, no sentido de obter uma proporção maior de indivíduos equilibrados, com qualidades congênitas capazes de adaptação, exigidas por uma sociedade mais elevada.

Esterilização para Aperfeiçoamento Humano

(Boletim de Eugenia, Fevereiro de 1929).

Com a intervenção cirúrgica, evita-se a possibilidade de prole, sem remover glândulas ou tecidos, sem alterar a circulação e inervação, sem, afinal de contas, produzir outro efeito que não seja a mera esterilidade. Não assexualiza o indivíduo, não modifica de modo algum a sensibilidade e funções, nem traz qualquer "mudança de hábitos de vida". É, por isso, radicalmente diversa das operações grosseiras e mutiladoras usadas antigamente. É humana: constitui uma proteção, não uma penalidade. Essas conclusões são demonstradas sobejamente pelo estudo analítico dos 6.000 pacientes esterilizados na Califórnia durante estes últimos 20 anos. Além disso, são corroboradas pelo fato de que as próprias pessoas esterilizadas, suas famílias, estudiosos de questões sociais e funcionários que os estiverem auxiliando são os mais entusiastas preconizadores dessa medida.

Herança e Crime

(Boletim de Eugenia, maio de 1929).

Foi feita uma investigação entre 3.000 criminosos ingleses das prisões de Londres, a fim de verificar se os caracteres morais são hereditários. Chegou-se à conclusão de que a disposição ao crime é hereditária; os caracteres morais são diretamente transmitidos dos pais para filhos.

Com o auxílio do coeficiente de correlação de Galton, o Dr. Goering organizou os índices de semelhança entre os criminosos ligados por parentesco, chegando à conclusão de que a hereditariedade exerce um papel preponderante na transmissão desses caracteres.

Este fato vem evidenciar o perigo de casamentos com indivíduos, mesmo normais, porém originários de famílias onde existe a diátese criminosa. Não há dúvida de que a educação e a vida em um meio podem atenuar ou mesmo fazer desaparecer o mau caráter familiar recessivo. Goering, entretanto, é de opinião de que nem sempre a educação exerce influência favorável capaz de remover a tendência hereditária.

O autor acima referido chegou às seguintes conclusões:

1. A disposição ao crime é hereditária;
2. Os caracteres morais são diretamente transmitidos dos pais aos filhos;
3. Existe uma diátese criminal de família.

Os caracteres considerados são mais acentuados quando os dois pais são afetados, simultaneamente, da referida diátese. Ao lado da herança como fator da criminalidade, devemos acrescentar o alcoolismo como responsável por grande parte dos crimes, agindo por si só ou provocando a tara criminal que se encontrava em latência!

O Brasil e a Raça

(Boletim de Eugenia, Agosto de 1929).

No seu curioso e perverso *Rückblick auf den Krieg gegen*, o capitão Siber, oficial mercenário alemão que servia no nosso exército, assim descreve as tropas que, sob o comando de Caxias, invadiram em 1851 o Estado Oriental e, sob as ordens de Marques de Souza, entraram triunfalmente, em 1852, em Buenos Aires: cavalaria, composta de gaúchos — branca; infantaria — preta; artilharia — branca e preta.

Pinta ainda os nossos soldados como verdadeiros símios, embora reconheça sua constância nas privações, sua resistência à fadiga e sua coragem. A observação do germânico, em meados do último século e em pleno esplendor do segundo reinado, é digna de nota. Porque, de certo modo, o aspecto das tropas resume o da raça que habita o país. Naquele tempo, o brasileiro, saído de uma mescla terrível de lusos, africanos e indígenas, devia apresentar mesmo aos olhos de um europeu essa fisionomia merecedora de reparos críticos. E não foi à toa que devemos os apelidos ainda hoje gentilmente aplicados aos brasileiros de toda a casta pela amável população do Prata: macacos ou macaquitos.

Com o correr dos tempos, o afluxo de novos sangues, emigrações europeias, cruzamentos melhores, melhor higiene, alimentação mais própria, menos álcool e mais esporte, tudo empírico embora, tudo produzido pelas circunstâncias do momento, sem a menor lei e sem a menor sistematização, as condições físicas dos brasileiros tornaram-se outras. Tendo uma base de mestiçagem secular como a nossa, não é possível esperar uma modificação de "fond en comble".

Entretanto, os aspectos da população são diversos. A rapaziada nova ama o futebol e as praias, faz menos sonetos e mais exercícios. De sorte que o capitão Siber, se ressurgisse agora, seria obrigado a espumar algumas das cores negras do seu quadro. Nenhum país precisa mais de melhorar a sua raça do que o Brasil e, como ele hoje se curva para si próprio, interessando-se pelos seus problemas vitais de toda a ordem, serão beneméritos todos os esforços por uma cruzada pró-melhoramento da espécie.

À frente dela, felizmente, se encontra um sábio e um "bandeirante" de rara envergadura de lutador e de rara fibra de patriota, o Dr. Renato Kehl. Há quinze anos, ele combate pela eugenia entre nós. Há dez, fundou a Sociedade Eugênica de São Paulo, que tão grandes serviços vai prestando. E, tendo sido tachado de utopista, no alvorecer de sua campanha, tem a dita de vê-la nos nossos dias vencedora em todos os espíritos, porque somente os cegos poderão negar a "imperiosa necessidade da defesa eugênica da família e da nacionalidade.

Se Fosse Possível!

(Boletim de Setembro, 1929).

O único recurso certo, radical, para o melhoramento da espécie humana é o recurso eugênico, o melhoramento genético da humanidade. Este recurso consiste na multiplicação das famílias eugênicas e na restrição paulatina e progressiva das não eugênicas. Não existe outro caminho. Tudo o mais, educação, conforto, progresso material, são apenas subsídios para a realização do grande ideal.

Como, porém, multiplicar as famílias eugênicas? Por processos draconianos, por meios coercitivos radicais? Não ou nem sempre. Em certos casos, seria vantajosa, para a comunidade, a proibição ao casamento ou a esterilização de indivíduos positivamente nocivos à espécie.

Galton propôs medidas brandas e, até certo ponto, aceitáveis. No seu "Inquiries into human" (1883), recomenda retardar o casamento dos mentalmente disgênicos e apressar o dos não só mentalmente equilibrados como somaticamente robustos.

Segundo os cálculos de Galton, os casamentos aos 22 anos são quatro vezes mais prolíficos do que os casamentos aos 33 anos. Nestas condições, a simples resolução dos indivíduos fortes e inteligentes de se casarem até os 22 anos de idade, e o simples retardamento de 11 anos no casamento dos indivíduos disgenéticos, dariam como resultado a quadruplicação dos "bem dotados" ou dos elementos "construtores e úteis" à comunidade, no decorrer de apenas um século. A ideia é tentadora. Resta, apenas, que os "bons" elementos se decidam a contribuir para a multiplicação favorável dentro do prazo estipulado por Galton, ficando reservado ao Estado estabelecer as medidas que obriguem os "maus" elementos a retardarem por 11 anos, no mínimo, a sua "indesejada" função procriadora.

A SELECÇÃO DOS BEM-DOTADOS

(Boletim de Eugenia, Outubro de 1929)

Poucos problemas eugênicos têm uma importância comparável à da seleção dos bem-dotados. Em primeiro lugar, esta questão dá um novo esclarecimento sobre a doutrina eugênica, em geral, e lhe desvenda, ao mesmo tempo, um futuro de realizações práticas. A seleção dos bem-dotados compreende três etapas:

1. *A pesquisa dos melhores indivíduos.*
2. *A organização de uma educação apropriada.*
3. *A repercussão de sua superioridade sobre a geração seguinte. Esta concepção é fundamentada em bases experimentais bem estabelecidas, que demonstram poder ter o problema uma solução. Conhecemos os processos utilizados pelos criadores para melhorar as espécies vegetais e animais. Da rosa silvestre conseguiu-se a rosa dos jardins, do pomo ácido chegou-se, por seleção, à saborosa maçã. Existem hoje numerosas variedades de raças de pombos, galinhas, cavalos, que correspondem a condições e características fixadas pelo homem. Estes fatos mostram claramente que há meios de selecionar os indivíduos, de criar, desenvolver e manter a raça.*

O Problema Immigratorio e o Futuro Do Brasil

(Boletim de Novembro, 1929).

[...] Os erros do passado com a introdução do africano e com a mescla do índio, ambos cruzados ao elemento português, que em tempos tornaram o Brasil um conglomerado de mestiços, só mais tarde, e paulatinamente desaparecendo pelo maior influxo do sangue português, não passaram despercebidos aos paulistas de quarenta anos atrás, que em vez de tentar agravar o mal, adicionando elementos de raças diversas, julgam ser seu dever sanear e melhorar etnicamente a sua população pela introdução de grandes contingentes de sangue ariano. Eis a formidável lição dos paulistas de 1886 na formação da nossa raça.

Julgo oportuno repetir que não tenho preconceito de raças, pois em todas reconheço qualidades dignas de admiração. Na organização, porém, da nossa casa, penso que nos assiste o direito de poder escolher a espécie que mais nos convém. Os erros do passado não podem constituir precedentes para que persistamos a pô-los em prática. Pelo contrário, sempre é tempo de remediá-los, e essa é nossa obrigação.

O Brasil, pelo menos em partes como São Paulo e outros Estados, já apresenta uma população definida de tipo que nos convém conservar aperfeiçoando, e não destruindo. A introdução de raças diferentes deformando o tipo que deve prevalecer não é aconselhável sob qualquer aspecto. O isolamento desses elementos, formando verdadeiros guetos dentro do país, seria também inaceitável.

E a mescla de raças completamente distintas produz indivíduos condenáveis sob o ponto de vista físico e intelectual. A assimilação sob essa forma, em nosso meio, é um fator que não pôde deixar de se realizar. É uma mera questão de tempo. A lembrança da obra citada dos paulistas de além-túmulo nos incita a venerar respeitosamente a sua memória e a proclamar com orgulho que eles souberam cumprir o seu dever. Oxalá possam as gerações vindouras de São Paulo, no meio século a decorrer daqui por diante, repetir frases honrosas como essas que acabamos de dizer, quando se referirem aos paulistas da época atual.

Esterilização para Aperfeiçoamento Humano

(Boletim de Eugenia, dezembro de 1929).[61]

Alguns resultados salientes de 6.000 operações feitas na Califórnia - Esterilização eugênica. Com a intervenção cirúrgica evita-se a possibilidade da prole, sem remover glândulas ou tecidos, sem alterar a circulação e inervação, sem, afinal de contas, produzir outro efeito que não seja a mera esterilidade. Não assexualiza o indivíduo, não modifica de modo algum a sensibilidade e funções, nem traz qualquer "mudança de hábitos de vida". É, por isso, radicalmente diversa das operações grosseiras e mutiladoras usadas antigamente.

É humana: constitui uma proteção, não uma penalidade. Essas conclusões são demonstradas sobejamente pelo estudo analítico dos 6.000 pacientes esterilizados na Califórnia durante estes últimos 20 anos. Além disso, são corroboradas pelo fato de que as próprias pessoas esterilizadas, suas famílias, estudiosos de questões sociais e funcionários que os estiverem auxiliando, são os mais entusiastas preconizadores dessa medida. Enquanto não se estabelecer a "consciência eugênica", o mundo continuará o mesmo, um paraíso perdido pelo gênero humano, constituído por um amontoado amorfo de anormais, parasitando um núcleo relativamente pequeno de equilibrados.

[...] se não se recorrer ao "birth control" (controle de nascimentos), a guerra terá de vir dentro de dez anos, porque os recursos territoriais serão dentro em pouco insuficientes relativamente à progressão da população.

A esterilização eugênica, preservando a prole daqueles que são manifestamente incapazes de procriar crianças sadias ou de facultar a essas crianças um ambiente salubre para seu desenvolvimento, faz necessariamente decrescer a miséria. A esterilização eugênica é uma das medidas indispensáveis em quaisquer programas que visem ao bem-estar da sociedade.

Para que o casamento possa constituir verdadeiramente uma garantia de felicidade para os cônjuges, deve realizar-se entre pessoas sãs, isentas de quaisquer taras ou estigmas, suscetíveis de serem transmitidas aos descendentes, em uma das formas conhecidas e cujo mecanismo de ajuste ao estabelecido pelas leis mendelianas de hibridação.

A esterilização eugênica, preservando a prole daqueles que são manifestamente incapazes de procriar crianças sadias ou de facultar a essas crianças um ambiente salubre para seu desenvolvimento, faz necessariamente decrescer a miséria. A esterilização eugênica é uma das medidas indispensáveis em quaisquer programas que visem ao bem-estar da sociedade.[62]

---

[61] A coleção completa está acessível em http://bndigital.bn.br/acervo-digital/Boletim-de-Eugenia/159808.

[62] A coleção completa está acessível em: http://bndigital.bn.br/acervo-digital/Boletim-de-Eugenia/159808.

Capítulo 6

Mal absoluto

A escravidão permanecerá por muito tempo como a característica nacional do Brasil.

Joaquim Nabuco.

Aristóteles considerava a escravidão como uma das divisões naturais da sociedade, semelhante à divisão entre homem e mulher: havia os naturalmente dispostos ao comando e quem aceitava ser mandado e explorado. É graças à união de dominador e dominado que ambos podiam sobreviver.

Companhias Escravistas Jesuíticas

Cristianismo e escravismo são irmãos siameses. Passaram-se 532 anos desde o primeiro passo do Deus de Roma, em 12 de outubro de 1492, na primitiva ilha avistada pelos navegantes fiéis que o transportavam, a ilha de Guanaani (hoje Watling, nas Bahamas). Viajara a bordo das célebres naus de Cristóvão Colombo (1451-1506), protegido pelas temíveis espadas de Castela, o reino mais capitalista da Europa de então. O mundo era esférico, desconhecido e assustador. Mas pequeno e conquistável, diante do apetite expansionista lusitano e espanhol.

Algumas das principais corporações de comercialização de escravos africanos foram fundadas por jesuítas e a eles pertenciam. Quando o navegador Antão Gonçalves aportou em Portugal com uma leva de africanos capturados na ilha de Arguim, o reino português organizou imediatamente uma companhia marítima para incentivar e desenvolver o rendoso comércio de tráfico de escravos africanos. Criou-se assim a Companhia de Lagos, cuja viagem inaugural foi uma expedição comandada pelo escudeiro Lançarote, que retornaria em 1444, trazendo consigo 235 africanos cativos.

Os jesuítas entraram de chofre nesse mercado criminoso, inicialmente pelas mãos do padre Antônio Vieira, um escravocrata feroz. Escudadas pelo Marquês de Pombal, foram criadas a Companhia do Grão Pará e

Maranhão e a Companhia de Comércio de Pernambuco e Paraíba. Todas tiveram a participação dos jesuítas, não só no tráfico, mas no transporte de dezenas de milhares de africanos escravizados e comercializados.

Várias companhias escravistas foram formadas, entre elas:

- *Companhia de Cacheu, em 1675;*
- *Companhia de Cabo Verde e Cacheu de Negócios de Pretos, em 1690;*
- *Companhia Real de Guiné e das Índias, em 1693;*
- *Companhia das Índias Ocidentais, em 1636;*
- *Companhia Geral do Comércio do Brasil, em 1649;*
- *Companhia do Estado do Maranhão, em 1679;*
- *Companhia da Costa da África, em 1723.*

Esse crime humanitário e hediondo até hoje não foi reconhecido como tal pelos jesuítas, como autores e beneficiários diretos. O comércio humano africano, para Vieira, atendia aos interesses econômicos perseguidos pela Companhia de Jesus ao longo de 210 anos (1549-1759) em que perdurou a sua hegemonia educacional no período colonial. A missão evangelizadora dos jesuítas, notadamente nos colégios mantidos pela Ordem, provinha, nos séculos XVI e XVII, das ricas fazendas exploradoras da escravidão.

Em carta datada de setembro de 1551, Nóbrega exige que D. João III conceda aos jesuítas alguns escravos:

[...] mande ao Governador-Geral do Brasil que faça casas para os meninos, porque as que temos são feitas por nossas mãos e são de pouca duração, e mande dar alguns escravos de Guiné para a casa fazer mantimentos, porque a terra é tão fértil que facilmente se sustentarão e vestirão muitos meninos, se tiverem alguns escravos que façam roças de mantimentos e algodoais.

Em 1584, o jesuíta Fernão Cardim escreveu que os africanos eram capturados e depois vendidos como mercadoria de um "desmedido comércio de seres humanos organizado entre dois territórios da mesma metrópole [e] entre duas províncias da mesma Companhia de Jesus".

O domínio que Portugal assumiu no tráfico humano africano para as colônias europeias da América valeu-lhe a acusação, com o início das campanhas abolicionistas, de ter sido o primeiro e maior responsável por essa tragédia humanitária, algo irrefutável pela documentação existente a respeito. Esse sentimento de culpa de Portugal por ter liderado a vanguarda da escravatura moderna e do colonialismo mancha, até hoje, sua história. Condenado universalmente, as acusações sempre foram consideradas excessivas, viessem de onde viessem, por países que em determinado momento haviam se beneficiado com ela, como a Inglaterra. Isso levou a um movimento de vários intelectuais portugueses que buscaram rebater tal condenação por meio de textos em que, pela demonstração da antiguidade da escravidão, a responsabilidade portuguesa ficasse, se não anulada, pelo menos atenuada.

E deu-se início à publicação, no século XVIII, das primeiras tentativas de atenuar o protagonismo de Portugal nesse holocausto africano. Um desses primeiros textos — *Nota sobre a Origem da Escravidão e Tráfico dos Negros* — do frei Francisco de S. Luís, Patriarca de Lisboa, escrito em 1829, contestava o historiador Frédéric Schoell, que creditava aos portugueses a triste honra de terem criado o tráfico humano africano. O frei enumerava os povos que a praticaram anteriormente, com especial ênfase para os europeus e para a aprovação da mesma pelo cristianismo. Ao descrever o desenvolvimento desse comércio humano, em virtude do qual "Lisboa [...] se encheu de escravos negros", o religioso lembrava que, antes dos portugueses, a esse comércio já se dedicavam os árabes e os próprios africanos. Portugal se limitara a mudar as correntes do tráfico do próprio continente para a América.

Considerado o primeiro livro com o objetivo de falsificar o verdadeiro papel de Portugal, foi publicado, em 1877, *Das Origens da Escravidão Moderna em Portugal*, de Antônio Pedro de Carvalho, funcionário da Secretaria de Estado dos Negócios da Marinha e secretário do governo de Angola entre 1862 e 1863. Tratava-se de um esforço inútil para tentar absolver Lisboa de ter restabelecido esse comércio humano depois de já extinto na Europa.

O autor inicia sua defesa narrando a história da escravidão nas civilizações antigas e as alterações introduzidas pelo cristianismo no sentido de uma suavização da condição servil. Para a devida aceitação, a Igreja Católica recorria à mensagem de Cristo, dizendo que ele não pretendera alterar as bases da sociedade, mas antes salvar as almas dos filhos do Deus cristão.

O autor atribuía a reconquista cristã da Península Ibérica a seu renascimento, devido às guerras e aos cativeiros que proporcionaram a principal causa de sua manutenção descontínua até a época moderna. Ele nunca admitiu que foi Portugal que deu início ao escravismo africano para a Europa e o Novo Mundo, como se este fato tivesse sido fundado e organizado desde sempre. E sobre as características que considerava próprias dos africanos, escreveu um dos mais ofensivos ataques que se tem registro, ao afirmar que os próprios africanos favoreciam sua escravização:

> *O preto é naturalmente indolente, não tem brios que o estimulem. [...] O negro livre [...] procura a floresta para comer os frutos das árvores ao pé das quais se deitará de dia para dançar à noite.*
>
> *[...] A África é por essência a terra da escravidão. O preto é escravo por nascimento [...] só pretende que o deixem jazer no ócio. Entre eles vale mais ser escravo a dormir que homem livre a trabalhar. Não inventamos a escravidão dos negros; encontramo-la formando a base daquelas sociedades imperfeitas.*
>
> *[...] A nossa cobiça e a muito maior cobiça das outras nações coloniais transformaram a simples deslocação de trabalho, a emigração forçada, mas porventura útil, dos africanos, em comércio imoralíssimo (CARVALHO, 1877).*[63]

Sobre o impacto biológico do elemento africano na população portuguesa contemporânea, Antônio Augusto Mendes Correa (1888-1960), médico, no seu livro *Os Povos Primitivos da Lusitânia*, afirmava que:

> *[...] quanto às influências negríticas, nítidas ou atenuadas, é de supor que, em geral, se tenham desvanecido, neutralizadas pela massa dominante caucasoide. [...] E nem o estudo do vivo (particularmente da*

---

[63] Antônio Pedro de Carvalho, *Das Origens da Escravidão Moderna em Portugal*, Lisboa, Tipografia Universal, 1877.

pigmentação, dos cabelos e do índice nasal) nem o do crânio e de outras partes do esqueleto revelam na população portuguesa fortes afinidades ou influências negroides.

[...] As medidas desses e de outros caracteres marcam bem as afinidades europeias ou mediterrâneas, ao mesmo tempo que se afastam francamente dos valores correspondentes aos negros e a raças inferiores em geral (CORREA, 1924).[64]

Em 1937, Correa dizia-se surpreendido por tantas infiltrações:

[...] de sangue africano na população portuguesa, esta se encontra hoje quase absolutamente isenta de sinais de que tais contaminações tenham perdurado na somatologia respectiva (idem).

Em conferência pronunciada no ano seguinte, publicada sob o título *Antigos Escravos Africanos em Portugal e no Brasil*, o autor respondeu furioso ao que qualificou como a antropologia oficial do nazismo, que afirmava que se podia reconhecer nos portugueses uma forte influência negrítica, atribuível à importação antiga de escravos africanos. Para ele, eram reduzidíssimos os vestígios dessa influência. Alegou ter exagerado na proporção de africanos que existiram na população portuguesa entre os séculos XVI e XVIII, embora Lisboa tivesse 9,95% de escravos em sua população total.

Mar de informação

A diáspora escravista imposta às populações africanas é a obra maior da Europa nos séculos pós-descobrimentos, com a falsa ciência de *raças*. Foi sim um crime de massas, com o sequestro de milhões de homens livres para trabalhos forçados nas plantações do Novo Mundo recém-descoberto. Era uma Europa já em parto da Modernidade, onde o escravismo já fora sepultado com a derrocada do Império Romano.

---

[64] Mendes Correa. *Os povos primitivos da Luziânia*, 1924.

Não se pode confundir a servidão medieval com a escravidão africana. A principal diferença entre o servo e o escravo é a questão da propriedade. Enquanto os escravos eram de seus senhores — podendo ser trocados ou vendidos em transações comerciais —, os servos não pertenciam a ninguém. A relação estabelecida, nesse caso, era a de dependência, não de propriedade.

E esse holocausto africano não foi impedido, sequer questionado, por avanços revolucionários, tanto científicos como sociais, originados no continente europeu, como o Renascimento, o Iluminismo, e o maior deles, em termos de direitos e cidadania: a Revolução Francesa. O mundo não seria mais o mesmo com o fim do absolutismo monárquico, com a explosão das ciências da vida e da natureza. Entretanto, não questionaria essa infâmia humanitária e nem se abalaria com sua continuidade por mais um século.

Segundo o *Atlas of the Transatlantic Slave Trade*, de David Eltis e David Richardson,[65] cerca de 12,5 milhões de africanos livres deixaram a costa africana entre 1500 e 1867 como mercadoria humana para trabalhos forçados, quando se tem registro do último carregamento. Desse total que partiu para as Américas, em torno de 10 milhões chegaram aos seus destinos nas Américas. Dos 12,5 milhões, 5,5 milhões tinham como destino o Brasil, quase 60% do total, em comparação com o total de 597 mil absorvidos pelas colônias americanas da Inglaterra (13 colônias), ou seja, um décimo dos que vieram para o Brasil.

Nos cálculos desses pesquisadores, desses 5,5 milhões de destinados ao Brasil, desembarcaram em portos brasileiros 4,9 milhões (600 mil sucumbiram durante a travessia). Nenhum outro país contou com tantas estruturas (especializadas) montadas para esse mercado humano de escravos como o Brasil, com armazéns para leilões e um sistema sofisticado para registro de propriedade e organização desse comércio.[66]

Até que nível os dados desse magnífico estudo estão completos? Incluem cerca de 95% de todas as embarcações que deixaram os portos

---

[65] SEM NOTA PARA BIBLIO ELTIS, D.; RICHARDSON, D. *Atlas of the Transatlantic Slave Trade*. New Haven & Londres: Yale University Press, 2010.

[66] Dados da pesquisa de Eltis e Richardson reportam que navios portugueses ou brasileiros embarcaram escravos em quase 90 portos africanos, contabilizando mais de 11,4 mil viagens de tráfico humano, das quais 9,2 mil tiveram como destino o Brasil.

britânicos — o segundo maior grupo mundial de traficantes. Os dados dos tráficos francês e holandês no século XVIII são bastante íntegros, completos diante dos arquivos de outros países. As razões para essa cobertura tão ampla são óbvias. Comparativamente a países traficantes de escravos, as nações do noroeste europeu realizaram o maior número de suas transações num período mais tardio do mercado escravista, numa época em que os registros eram melhores.

As fontes existentes nessas nações são confiáveis. Quase todas as viagens que zarparam de seus portos têm mais que uma fonte de informação, algumas chegando a 18. Todavia, os dados dos tráficos ibérico e brasileiro, depois de 1750, são totais e possibilitam estabelecer comprovações na faixa de 80% do total trazidos para as Américas. Os documentos do período anterior nessas regiões são abundantes e fidedignos.

Sim, tivemos a liderança nesse dolo contra a humanidade. Em segundo lugar, a Inglaterra, cuja marinha levou e vendeu escravos para todos os países das Américas, abasteceu os mercados da América do Norte (13 colônias), Jamaica, Caribe e América Central, concorrendo também com o mercado brasileiro. Barcos britânicos, os mais ativos no tráfico humano africano, transportaram cerca de 3,1 milhões durante a dominância britânica entre 1681 e 1807. Mas, diante da hegemonia brasileira e portuguesa, a participação britânica foi secundária.

Os capturados eram obrigados a andar grandes distâncias, vigiados por homens armados. Qualquer insinuação de fuga era punida com a morte imediata. Em fila, atados uns aos outros pelo *libambo* (correntes, madeiras e ferros que uniam os escravos pelos pescoços), com os pés sangrando e desnutridos, carregavam pesos que aumentavam em muito o sacrifício físico. Tudo isso fazia diminuir as chances de rebelião e fuga.

Depois de comprados no mercado, serviriam para três tipos de trabalho: escravo doméstico, servir na casa do senhor; escravo do eito, trabalho exclusivo nas plantações ou nas minas; e escravo de ganho, que prestava serviços de transporte, venda de alimentos nas ruas, serviços especializados como os de pedreiro, marceneiro, alfaiate etc., entregando a seu senhor o dinheiro que ganhava. Nas fazendas ou nas cidades, a jornada nunca era menor do que de 12 a 16 horas por dia. Sua alimentação se resumia a farinha de mandioca, aipim, feijão e banana. O tempo de vida média útil de um escravo era de 10 a 15 anos.

O *Atlas* fornece uma visão geral da construção do complexo escravista nas Américas, o primeiro projeto de globalização econômica pós-descobrimentos. No século XVI e durante a primeira metade do século XVII, portugueses e espanhóis dominaram o comércio de africanos escravizados. A partir de 1660, perderam a primazia para outros povos, principalmente ingleses e holandeses. O século XVIII foi o período de maior competição, com os ingleses, os mais bem-sucedidos no período em número de africanos transportados, dominando o negócio no Atlântico Norte em direção aos complexos açucareiros no Caribe, enquanto os portugueses mantinham a hegemonia no Atlântico Sul, em sua colônia em Angola e em portos do Golfo do Benim.

A média de mortos a bordo, por várias causas durante a travessia, esteve entre 12% e 15%, cerca de 2,5 milhões, cujos corpos foram atirados ao mar. Tais dados foram obtidos calculando-se o número médio de desembarcados por viagem, 265 pessoas em relação à média de 304 embarcadas por navio, em 40.380 viagens completas, ou seja, que partiram e chegaram aos portos nas Américas.

Deste lado do Atlântico, há informações sobre portos de chegada para 24.916 travessias, com dados adicionais que indicam os lugares onde 5.444 navios de tráfico humano africano pretendiam desembarcar seus escravos, embora não se tenha a certeza se isso foi concretizado. Se presumirmos que os comandantes dos navios completaram as travessias conforme o planejado, a amostra levantada de locais de desembarque aumenta de 24.916 para 30.295, quase 75% de todas as viagens em que cativos foram desembarcados.

Oitenta e sete por cento das viagens documentadas em portos africanos informam que partiram apenas de uma localidade. O embarque em massa era centrado em regiões a leste do Golfo do Benim. Os capitães que comercializavam em mais de uma região o faziam no trecho do litoral abarcado entre o Senegal e Uidá. A utilização de um porto único para esse *comércio de seres humanos* era frequente nas Américas. Noventa e cinco por cento dessas expedições que atendiam mercados privativos do Novo Mundo desembarcaram suas cargas humanas em um único porto. No entanto, deve-se levar em conta que os cativos foram comercializados em lugares diversos, segundo os registros de partidas e chegadas dos navios que os transportavam.

Os dados dessa fenomenal investigação indicam que dos quase 2,3 milhões de escravos enviados ao Brasil entre 1800 e 1850, 775 mil eram crianças. A alta proporção de menores de 15 anos já era conhecida pelos pesquisadores — há estimativas que a colocam em até metade do total dos embarcados — mas, novos dados oferecem outras explicações para esse fato. Analisadas 49 viagens de navios de tráfico humano africano feitas pelos holandeses entre 1751 e 1797, os pesquisadores observaram que crianças eram compradas antes porque reagiam melhor à experiência traumática.

Comparada à dos adultos, a taxa de mortalidade delas era a metade, constataram os pesquisadores. Assim, um jovem teria mais chance de sobreviver do que um adulto ao passar longos períodos — até um ano, no caso estudado — dentro de um navio durante toda a travessia. Em uma viagem típica, os navios da *Middelburgsche Commercie Compagnie*, que operavam no oeste africano, zarpavam com 253 escravos, perderiam 33 ao longo do trajeto e venderiam 220 nas Américas.

Um estudo de caso publicado por David Richardson e Simon Hogerzeil comprovou que crianças reagiam melhor à travessia do que os adultos. Segundo Richardson, "no fim da era escrava, havia uma percepção geral por parte dos mercadores de que [as crianças] eram mais maleáveis que os adultos para serem treinadas em habilidades específicas" (2007).[67]. Antes de zarparem para a viagem transatlântica, as crianças passavam em média quatro meses dentro da embarcação ou cerca de 40 dias a mais que os homens.

Em outras palavras, as estratégias de compra dos mercadores expunham crianças a riscos por mais longos períodos que os adultos.

---

[67] David Richardson, da Universidade britânica de Hull, e Simon Hogerzeil, do Centro Psicomédico Parnassia holandês. *Journal of Economic History*, abril 2007.

O estudo atribui a escravização de meninos e meninas à escassez de adultos em algumas *áreas fornecedoras*. Outra razão, levantada por Manolo Florentino, destaca que decidiram importar mulheres e adolescentes para garantir mão de obra futura se por algum motivo o mercado fosse proibido. Richardson e Hogerzeil destacaram, no entanto, que as condições de aprisionamento dos homens adultos estavam relacionadas às menores taxas de mortalidade das crianças. Os homens, comprados em menor número durante a fase de *carregamento* do navio, eram adquiridos em grande quantidade no fim dessa etapa, geralmente menos de um mês ou até mesmo uma semana antes da partida, conforme observam os pesquisadores.

A condição de saúde dos africanos no momento do embarque já determinava se iriam sucumbir durante a travessia. Havia coações sobre os capitães para que embarcassem homens adultos que satisfariam as expectativas dos compradores, o que os encorajava a ser rigorosos na seleção. Os homens também eram vistos como instigadores de rebeliões durante as travessias, e padeciam cruéis castigos e torturas por esses incidentes. Eram encarcerados em celas separadas de mulheres e crianças, presos por ferros, sobretudo quando o barco ainda estava próximo à costa do continente.

Segundo Boris Fausto (1996):

[...] costuma-se dividir os povos africanos em dois grandes ramos étnicos: os sudaneses, predominantes na África ocidental, Sudão egípcio e na costa do golfo da Guiné, e os bantos, da África Equatorial e tropical, golfo da Guiné, Congo, Angola e Moçambique. Essa grande divisão não nos deve levar a esquecer que os africanos que seriam escravizados no Brasil provinham de muitas tribos ou reinos, com suas culturas próprias. Por exemplo: os iorubas, jejes, tapas, hauças, entre os sudaneses; e os angolas, bengalas, monjolos e moçambiques entre os bantos.[68]

---

[68] Boris Fausto. *História do Brasil*, São Paulo: EDUSP, 1996.

David Eltis

A rota sul moldou o enorme tráfico para o Brasil, que durante três séculos foi quase exclusivo dos maiores comerciantes de escravos de todos, os portugueses. Apesar de arvorarem a bandeira portuguesa, esses traficantes que navegavam pela rota sul administravam seus negócios em portos brasileiros, e não em Portugal.

Os ventos e as correntes asseguraram duas grandes rotas desse tráfico — primeira com raízes na Europa, e a segunda no Brasil. Também determinaram que os africanos transportados para o Brasil procedessem predominantemente de Angola.

O quadro seguinte apresenta números de escravos mortos a bordo de navios que chegaram às Américas com as porcentagens dos que embarcaram, por região de embarque na África, entre 1527 e 1866.

	MORTES/ EMBARCADOS (%)	DESVIO PADRÃO	NÚMERO DE VIAGENS
Senegâmbia	10.9%	13.7%	421
Serra Leoa	9.8%	16.5%	231
Costa do Barlavento	9.6%	11.9%	111
Costa do Ouro	12.0%	13.5%	654
Golfo do Benim	11.7%	14.3%	1,197
Golfo de Biafra	19.1%	18.8%	646
África Centro-Ocidental	9.1%	11.7%	2,464
Sudeste da África	19.3%	16.5%	356
Região não identificada	17.4%	17.7%	358
Toda a África	11.9%	14.2%	6,438

O *Atlas* apresenta números precisos do tráfico nos principais portos responsáveis por esse comércio. Graças a isso, sabemos, por exemplo, que 93% das viagens de tráfico humano africano saíram de 20 principais portos, com o Rio de Janeiro e Salvador entre os mais importantes, seguidos por Liverpool. Isso possibilita ter a dimensão da organização e crescimento desse mercado de mão de obra escrava no decorrer de mais de três séculos.

Apesar de o Rio de Janeiro superar Salvador como principal porto escravista das Américas, essa primazia só aconteceu no século XIX. Até 1790, Salvador superava o Rio de Janeiro, mas um grande número dos escravos que ali desembarcavam no século XVIII seguia para Minas Gerais via Rio de Janeiro. Em apenas quatro anos (1836-1840), o porto do Rio de Janeiro recebeu ilegalmente 209 mil africanos, seguido por Cuba (104 mil), Pernambuco (27 mil) e Bahia (18 mil).

Eltis e Richardson apresentam uma projeção do porto de Salvador entre 1808 e 1851. Os autores observam que, não obstante a proibição desse tráfico ao norte do Equador em 1817-18, os traficantes continuaram com seus negócios com o Golfo do Benim, local preferencial de aquisição de cativos pelos mercadores baianos. Para burlar a lei antitráfico, utilizaram diferentes artifícios. O expediente mais comum era solicitar passaportes para viagens em direção a Molembo, na África Centro-Ocidental, mas o real destino dessas embarcações era a África Ocidental.

A proibição não diminuiu o ímpeto dos traficantes nessa região africana, e o número de escravos retirados da África Centro-Ocidental para a Bahia — 219 mil — parece superestimado para esse período. No mesmo período (1808-1856), o Rio de Janeiro recebeu 1,04 milhão de africanos, a maioria proveniente de Angola. Número também significativo veio dos portos da África Oriental, de maneira especial Moçambique, também designado para servir ao tráfico no século XIX. O banco de dados do *Atlas* aponta que os traficantes cariocas desembarcaram quase 269 mil africanos orientais no porto do Rio de Janeiro durante esse período.

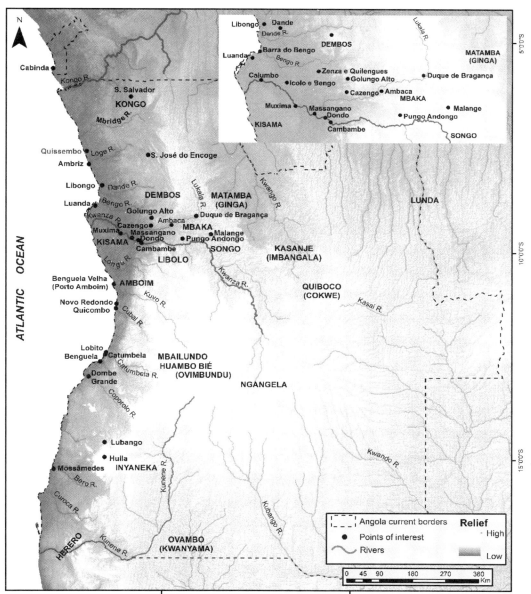

Angola, 1850.
Fonte cartográfica: Maria Cristina Fernandes.
Acesso: slaveregisters.org/Home/Gallery.

Quatro em cada cinco africanos que atravessaram o Atlântico passaram pelos 20 principais portos de embarque na costa africana. Alguns desses portos são bastante conhecidos, como o de Luanda, por onde foram deportados 2.826.000 africanos; ou Ouidah, de onde partiram 1.004.000 pessoas, entre 1501 e 1867. O padrão de distribuição desses africanos estava longe de ser aleatório; obedecia a interesses nacionais e redes comerciais estabelecidas nos dois lados do Atlântico, como aponta John Thornton.[69]

As ligações escravistas entre o Brasil e Angola ficam evidentes nos três principais portos brasileiros (Rio de Janeiro, Salvador e Recife). Responderam por 77,2% dos 2.826.000 africanos deportados por Luanda. No caso de Molembo, entre 1808 e 1861, 62 mil africanos teriam sido exportados para a Bahia, contra 1 mil para o Rio e menos de 10 mil para Pernambuco. O Rio de Janeiro foi o porto que mais recebeu gente de Angola, 126 mil, ou 43%, seguido de Havana, que recebeu 32 mil pessoas, e Saint Domingue, hoje Haiti, com 23 mil africanos.

Eltis e Richardson afirmam que "poucos dados têm sobrevivido para o Brasil" no que diz respeito à idade e gênero no comércio transatlântico de escravos. No caso brasileiro, a menor taxa de mortalidade vinha dos navios que navegavam do Golfo do Benim (10%), e a maior foi encontrada nas embarcações que chegavam da África Oriental (22%), devido ao maior tempo da viagem, 65 dias.

No que diz respeito aos padrões de resistência, o banco de dados do *Atlas* registra revoltas a bordo dos navios em apenas 2% dos casos (600 registros). Eltis e Richardson estimam que um em cada dez navios experimentou algum tipo de rebelião ou sofreu algum ataque na costa africana. Desses 2%, em apenas 26 casos os africanos comandaram as embarcações de volta à região e apenas 22,5% das revoltas ocorreram durante a travessia do Atlântico. A grande maioria das rebeliões ocorreu ainda no litoral africano. O século XVIII foi o período que assistiu ao maior número de revoltas, e estas foram mais frequentes nos navios que

---

[69] John K. Thornton é professor de História da África e Diáspora Africana na Universidde de Boston, Massachusetts (EUA), desde 2003.

navegavam ao norte do Equador. Após 1810, carregavam um número maior de crianças, mais controláveis do que os adultos.

Nem todos os africanos concluíram a travessia no século XIX, resgatados que foram pela marinha inglesa, a maioria embarcados no Golfo do Benim entre 1808 e 1840. De 1840 até a supressão definitiva do tráfico, na década de 1860, a África Centro-Ocidental foi o principal destino de africanos liberados. Quatro de cada cinco liberados após 1807 foram levados para colônias britânicas, sendo que boa parte deles ficaria em Serra Leoa.

A partir de 1839, os barcos de guerra britânicos foram autorizados a abordar e deter os navios que navegavam com bandeira portuguesa, de modo a serem adjudicados aos Tribunais do Vice-Almirantado para confisco, nos termos da lei britânica. Em legislação semelhante de 1845, estendeu-se essa medida às embarcações de bandeira brasileira. Muitos traficantes cessaram com os apontamentos de embarques e portos aos quais se destinavam. Registrados em um país, a tripulação pertencia a outro, e muitos navegavam com documentos falsos.

Alguns barcos britânicos navegavam com bandeiras francesas no fim do século XVIII e são exemplos do primeiro caso; já os proprietários britânicos e americanos de caravelas navegavam com documentos portugueses e espanhóis depois de 1807 — às vezes fraudulentos, às vezes não — são exemplos do segundo caso. No cômputo geral, corresponde a menos de 1% do total averiguado pela pesquisa. Também é complicado separar as viagens feitas por embarcações adquiridas na Grã-Bretanha daquelas que foram adquiridas nas Américas britânicas e a *posteriori* nos Estados Unidos.

Alguns embandeirados, como *britânicos*, possuíam registro falsificado para realizar o tráfico, a exemplo dos navios portugueses e brasileiros no século XIX. A contagem dessa variável de bandeira alugada indica que 12.014 viagens foram britânicas e 2.175 foram anotadas nas Américas britânicas. Também 11.426 são portuguesas ou brasileiras; 4.192 francesas; 1.577, holandesas; 1.579, espanholas ou uruguaias; e 404 navegaram com bandeiras de vários estados bálticos (dinamarquesas), até mesmo da Prússia-Brandemburgo. Há indícios de que muitas das viagens de nacionalidade desconhecida seriam portuguesas, mas mesmo que todas o tenham sido de fato, há falta de documentação comprobatória.

Os britânicos assinaram três acordos com os portugueses entre 1811 e 1817, com cláusulas limitadoras das ações dos mercadores portugueses em áreas ao sul do Equador. Dois deles permitiam aos cruzadores britânicos capturar os navios portugueses que não cumprissem o estipulado. A partir de 1815, os que aportavam na Bahia informavam sua procedência, se Cabinda ou Malemba, dois portos situados ao norte do Congo. As autoridades britânicas na Bahia e os oficiais de sua marinha, que patrulhavam a costa africana, estavam convencidos de que os navios baianos prosseguiam com o tráfico na Costa dos Escravos. O Brasil assumiu esses tratados como país independente em 1822.[70]

Modernidade escravocrata

E na esteira da Modernidade e dos Descobrimentos, fez-se a conquista final do planeta. As Américas não seriam o que são sem o comércio transatlântico de africanos. No caso da Europa colonialista, não se distinguia o transporte de tecidos, de trigo, ou mesmo de açúcar para a colonialista Europa, mas tão-somente a oferta de mão de obra disponível para suas colônias americanas. Como investimento, a compra dos escravos do traficante por um preço prefixado era paga em pouco tempo em trabalhos forçados até o fim de suas vidas.

Foi a ocidentalização do mundo, ou melhor, a europeização dele, que nas palavras de Edgar Morin (2003):[71]

[...] começa na implantação da civilização europeia, de suas armas, de suas técnicas, de suas concepções, em todos os continentes, em todos os mares. A era

---

[70] Sobre isso, ver: David Eltis, Stephen Behrendt, David Richardson e Herbert Klein, The Transatlantic Slave Trade, 1527-1867: A Database on CD-ROM, New York: Cambridge University Press, 1999. Disponível em www.slavevoyages; David Eltis e David Richardson (orgs.), Extending the Frontiers: Essays on the New Transatlantic Slave Trade Database, New Haven e Londres: Yale University Press, 2008; Philip Curtin, The Atlantic Slave Trade: A Census, Madison: University of Wisconsin Press, 1969.

[71] Terra-Pátria. Edgar Morin e Anne-Brigitte Kern. Traduzido do francês por Paulo Azevedo Neves da Silva. Porto Alegre : Sulina, 2003.

planetária europeia se inaugura e se desenvolve pela destruição de culturas, de sociedades organizadas, de milhões de escravos, a exploração colonial feroz das Américas e da África.

A modernidade abriu um caminho alternativo para uma nova semelhança de povos, culturas, etnias, classes, nações e tradições sem as tutelas dogmáticas religiosas, mantenedoras e legitimadoras do escravismo, colonialismo, etnocentrismo. O direito de soberania exclusiva, independente da autoridade pontifical, que se plasmou na Idade Média, era inaceitável para os novos tempos pelo Vaticano. Espanha, França, Inglaterra, Holanda e Portugal anunciavam-se e comportavam-se como tais: os descobridores do Novo Mundo, um novo destino manifesto da humanidade. Na verdade, o que havia era um choque brutal de pretensões hegemônicas entre o velho e o novo mundo que surgia.

E para sustentar essa globalização colonial, a mão de obra escrava desempenhou um papel fundamental, pois financiou velhas nações europeias, como o pobre e pequeno Portugal, uma ilha de piratas como a Inglaterra, que conquistou sua hegemonia mundial no mar e não em terra, a França, que estabeleceu uma das mais cruéis colonizações na costa africana, a Holanda (mais tarde associada aos ingleses), que criou um monstrengo que violentou toda a população nativa, a África do Sul, e também a Bélgica, cuja presença no Congo foi um teatro de horrores até hoje não superado. O que Portugal fez com a demografia, cultura e populações da costa africana, os espanhóis fizeram na colonização da América Latina: um genocídio físico e cultural de populações inteiras, não só pela escravidão, mas pela disseminação de doenças para as quais os indígenas não tinham imunidade.

RAINHA PIRATA, REINO PIRATA, ILHA PIRATA

Seu nome era Elizabeth, filha de Henrique VIII. Ascendeu ao trono em 1558 — com a Inglaterra falida pelas loucuras conjugais e administrativas do pai — com uma força econômica e militar desprezível diante dos rivais espanhol e português, francês e alemão, todos com colônias estabelecidas na África e na América Latina. Com os piratas John Hawkins e Francis Drake, Elizabeth fez uma aliança para levar adiante um grande projeto de pirataria e saqueio, não apenas de navios espanhóis, carregados com toneladas de ouro das colônias sul-americanas, mas de qualquer embarcação que cruzasse com os piratas ingleses. Precisava de recursos para financiar o poderoso e marítimo reino que pretendia montar.

As expedições de Hawkins e Drake no tráfico de escravos encheram os cofres da rainha pirata. Ela, então, legalizou a pirataria, nomeando John Hawkins como tesoureiro da Marinha Real em 1577; ele, por sua vez, se tornaria o responsável pelo desenvolvimento naval inglês do século XVI, que acabaria criando um dos mais poderosos impérios da civilização contemporânea.

Hawkins fundou o que viria a ser a poderosa marinha inglesa. Estabeleceu melhorias na qualidade de vida dos marinheiros a bordo, revolucionou os projetos navais de novas embarcações para singrar pelo mundo inteiro, armou até os dentes os navios ingleses com canhões poderosos, abandonou-se a secular tática de abordagem, sempre de alto custo em vidas, mesmo que bem-sucedida. Mas o fundamental, o treinamento da tripulação, profissionalizada e com regras duras. Como resultado, operavam-se as embarcações e os armamentos de forma eficiente.

Resumindo, o império inglês, o maior da história recente, sempre comparado ao romano em poderio e domínio, começou com uma pirata rainha e dois piratas saqueadores e traficantes de africanos livres como mão de obra para quem quisesse comprar. De toda a história da pirataria, esta é a mais violenta, baseada em uma pequena ilha (em termos proporcionais a outros reinos). Em seus dois primeiros séculos, houve uma história de sangue, saques, violência colonial que não poupava nada e ninguém. Além da destruição de culturas milenares, como a indiana. A lista é interminável e os crimes incontáveis.

Elizabeth I – World History Archive.

A partir do século XV, a expansão marítima e comercial europeia mudou os rumos da história ao unir os três continentes — Europa, África e América —, estabelecendo a primeira globalização econômica. Nesse período pós-descobrimento, a economia mundial foi sustentada pela empreitada da produção agrícola no Novo Mundo, com uma operação que teria milhões de mortos na travessia atlântica e milhões de escravizados, por séculos, como mão de obra.

Há uma expressão em inglês que resume a naturalidade dessa globalização escravocrata: *business as usual*, ou seja, um negócio comum, mas milionário, que durou mais de três séculos. Essa modalidade de atividade econômica possibilitou monopólios europeus internacionais como o do açúcar, um produto originário da Índia.

A negociação entre portugueses e africanos era feita por meio de escambo, um tipo de transação comercial da época que envolvia permutas. Os produtos oferecidos pelos portugueses interessavam aos reis, chefes tribais: tecidos, vinhos, cavalos e ferro, que eram transformados em armas. Com essas mercadorias e novas armas em mãos, os aliados dos portugueses conseguiam *status* social e podiam enfrentar seus inimigos com uma superioridade bélica inédita.

A Europa não tinha mão de obra disponível para ocupar o Novo Mundo e muito menos explorá-lo. Então, foi montada e contratada uma operação gigantesca de captura de *trabalhadores* africanos para as monoculturas que seriam cultivadas. Ela se tornaria a maior migração forçada de milhões de homens, mulheres e crianças de um continente para outro da atual civilização.

O triângulo do tráfico humano africano europeu era poderoso: capital europeu, mão de obra africana e terras americanas combinados para abastecer o mercado europeu e logo em seguida o mundial. Os principais países europeus envolvidos nessa transação milionária foram Portugal, Espanha, Grã-Bretanha, França, Holanda, Dinamarca e Suécia. A mão de obra africana possibilitou monopólios europeus internacionais como o do açúcar, café, algodão, entre os principais.

Foi a transação comercial mais importante dos europeus com a África e as Américas, durante séculos. A relação entre os traficantes europeus e os *comerciantes africanos era sofisticada, e os contatos pessoais, sempre cordiais,* ajudavam a sustentar o grande investimento necessário. Para se ter uma noção dos custos, no fim do século XVIII, equipar uma embarcação para a travessia transatlântica girava em torno de 10 a 12 mil libras, uma soma bastante significativa. O retorno desse investimento era lento, não apenas por causa da duração das viagens, mas frequentemente pela espera de três a seis meses para se obter uma carga completa de africanos que seriam comprados e vendidos como escravos e cujos preços variavam de acordo com suas condições físicas.

As estruturas econômica e social da colônia — escravidão mais latifúndio — e sua inserção na economia mundial se deveram à existência de mercado com forte demanda para produtos, como o açúcar. É por isso que essa modalidade de organização vai implantar-se mais ou menos do mesmo modo não só no Brasil, mas nas Antilhas espanholas, francesas, inglesas, holandesas, no sul da futura nação dos Estados Unidos, adotada igualmente por colonizadores que diferiam em quase tudo.

Pagamos o preço até hoje e ainda o pagaremos a perder de vista. Nos tornamos uma *colônia de exploração*, destinada a fornecer produtos tropicais aos mercados externos e produzidos pelo sistema de *plantation*, a combinação de escravidão mais latifúndio. Colônias, como o Brasil, eram a nova fronteira de expansão do sistema político-econômico e religioso-cultural da Europa, a partir do século XV. Na nossa evolução, foi predominante o peso do incipiente capitalismo mercantilista, baseado totalmente na mão de obra africana escravizada.

A simbiose do mercado externo com a escravidão mais latifúndio pode ser bem captada pelo seu oposto, os Estados Unidos. No Norte, chegou a existir, mas não vingou por faltar-lhe o oxigênio de que se alimenta: as mercadorias apropriadas ao sistema de plantação e demanda internacional garantida (como o algodão do Sul). Não dispunha de adequadas condições de solo e clima para isso; a Nova Inglaterra e as chamadas Colônias do Meio tiveram de desenvolver-se na base da pequena agricultura, do artesanato e da indústria. Buscar, sobretudo, nas relações comerciais entre o Norte e Leste americanos com as Antilhas e a Inglaterra uma alternativa para essas limitações.

Tanto a escolha como a necessidade plasmaram dois tipos diversos de colonização nos EUA. O que, a princípio, parecia menos atrativo foi o que, a longo prazo, tornou-se um sólido desenvolvimento, com uma industrialização em quantidade e qualidade de valor mundial. Enquanto o Norte se industrializou e tornou os EUA a potência dominante do século XX pós-guerra, o Sul continuou agrícola, conservador e atrasado.

Morison e Commager (1955) na clássica obra *The Growth of the American Republic* (1955) mencionam:

> [...] em 1698, sete-oitavos do comércio americano da Inglaterra eram feitos com as Antilhas, Virgínia, Maryland e as Carolinas; a Nova Inglaterra e as Colônias do Meio, inclusive a Terra Nova e a Baía de Hudson representavam apenas um oitavo.
>
> Com o passar do tempo e à medida que as Colônias do Norte adquiriram riqueza por meio do comércio com as Antilhas, esse quadro desigual foi modificado. Por volta de 1747, metade das exportações coloniais da Inglaterra se destinavam às colônias ao norte de Maryland; e em 1767, eram dois terços.

A economia agrícola implantada no Sul dos EUA era semelhante à do Nordeste do Brasil no mesmo período, monocultura exportadora pelo cultivo de cana-de-açúcar, milho, tabaco, algodão, devido à mão de obra escrava.

Muito depois da Independência, a continuidade da escravidão mais latifúndio nos desintegrava — e nos desintegra internamente até hoje — ao dividir a sociedade em senhores e escravos, ao concentrar em poucas mãos a terra, o fator primordial da produção. A quase totalidade do açúcar e café produzida era exportada. O Brasil encontrava-se perfeitamente inserido no mercado de produtos agrícolas, mas completamente desindustrializado. Portanto, era uma integração de má qualidade ao mercado externo, sem manufaturas, sem industrialização, uma economia agrícola de monoculturas. Na realidade, é a que se mantém até os dias atuais.

Mas, ao contrário do que sempre se supôs, esse mercado escravista era dominado por agentes sediados no Brasil e não em Portugal — ou seja, na colônia, e não na metrópole. Nos 350 anos em que o tráfico foi contínuo, o Rio de Janeiro constituiu-se no centro mercantil mais movimentado desse tipo de transação. Havia bancos especializados em financiamentos para o tráfico, companhias seguradoras para os riscos das viagens e outras ofertas que o *negócio* exigia.

Essa primazia foi facilitada pela dominância portuguesa no continente africano e de maior dimensão que Espanha, França e Inglaterra, que chegaram à África após Portugal. A maior frota que transportou escravos para o Brasil era matriculada no Rio de Janeiro. Três quartos dos mercadores que controlavam esse agenciamento comercial de africanos entre a África e o Rio de Janeiro (1790-1830) tinham sedes no Brasil.

Os comerciantes europeus zarpavam de portos europeus para a costa oeste africana. Ali compravam africanos livres em troca de mercadorias e os embarcavam em navios como escravos para em seguida cruzarem o Atlântico pela região conhecida como Passagem do Meio, o que levava de seis a oito semanas. Os que sobreviviam à travessia eram vendidos como qualquer outra mercadoria. Os navios retornavam à Europa carregados de açúcar, café, tabaco, arroz e algodão, produzidos por trabalho escravo.

Como essas operações de tráfico humano eram organizadas, no entanto, nunca mereceu a devida atenção nos estudos acadêmicos registrados na maior parte de sua duração. O que está patente é que se assemelhavam a um investimento de alto risco, mas com possibilidades de retorno exponencial, nos moldes de uma ciranda financeira. Esse tráfico humano se tornou um ativo importante na expansão da incipiente indústria europeia de manufaturas no período subsequente aos descobrimentos.

A fabricação de mercadorias necessárias para sua troca por escravos africanos se tornou um importante incentivo para a incipiente indústria e comércio internacional europeu. Encontrar fornecedores dispostos a fazer parte dessa cadeia de globalização escravocrata não era problema. Segundo os registros feitos em Liverpool, naquela época quase todos os habitantes estavam envolvidos com o *negócio* da escravidão.

E a aliança entre o poder político e a exploração da compra e venda de escravizados era um negócio aceito tacitamente na sua expansão e divisão dos lucros. A *Royal African Company*, inglesa, fundada em 1672 e ativa até 1750, deteve o monopólio do comércio de ouro e do escravismo até

1698. O maior acionista da empresa era James, Duque de York, irmão do rei inglês da época, com o qual dividia os lucros.

Para os reis, chefes tribais africanos, a riqueza era ditada pela posse de escravos ou gado, não pela terra, ao contrário dos europeus. As guerras tribais tinham como principal motivação o fornecimento de escravos encomendados. Era a principal forma de riqueza para eles, a força de trabalho, a qual correspondia, na Europa, à posse da terra, o solo. Nela, a propriedade de terras era a precondição para que se tornasse produtivo o uso de escravos. Já na África, só tinham acesso a grandes tratos de solos aqueles que dispusessem de gente para cultivá--los. Portanto, o exercício do poder era determinado pelo plantel de escravos que possuíssem. A contrapartida se traduzia em maior quantidade de cativos para negociar com os portugueses.

As guerras entre os próprios africanos tornaram-se o grande fornecedor de prisioneiros de guerra para serem vendidos aos comerciantes europeus para trabalhos forçados. O impacto demográfico foi brutal. Causou a diminuição drástica da população do litoral africano. Mas essa *demanda econômica* europeia se tornou a principal atividade em várias regiões africanas. E foi necessário adentrar cada vez mais no interior do continente para abastecer esse mercado humano.

A globalização escravocrata determinou a expansão dos portos europeus e as principais rotas decorrentes do tráfico humano transatlântico. O que era exatamente um *porto de escravos*? Por que alguns portos se especializaram nesses humanos escravizados? O que estimulou essa especialização? As principais nações escravistas eram as potências da Europa Ocidental com costas para o Oceano Atlântico. Eram os economicamente dominantes da Europa Ocidental no início do período moderno — Espanha e Portugal, Inglaterra e França, Holanda e Dinamarca. Para eles, as riquezas geradas por suas colônias nas Américas eram cruciais.

Nos primeiros dois séculos, as colônias americanas não eram, contrariamente às expectativas iniciais, rentáveis. Mas a demanda por açúcar, café, algodão, batata e milho a partir de meados do século XVII, e a rápida colonização do Caribe pelas potências europeias, especialmente de ingleses e franceses, fizeram com que o comércio fosse dominado por esses países, crescendo e se tornando sua principal atividade econômica e fonte de renda até o início do século XIX.

PORTOS A SERVIÇO DO TRÁFICO

Praticamente todos os portos mais importantes serviram ao tráfico, como base industrial e comercial da globalização econômica escravocrata. Seis em cada dez cativos alcançaram as Américas através de seus sete principais portos. Rio de Janeiro e Salvador aparecem nas primeiras posições dessa funesta lista, seguidos do Recife, Kingston (Jamaica), Bridgetown (Barbados), Havana e Haiti. E três quartos dos cativos vieram de apenas 20 portos. Há ainda o tráfico interamericano, conhecido como a *terceira perna do tráfico*. Um em cada quatro africanos que sobreviveram à travessia do Atlântico teve que enfrentar uma jornada adicional até seu derradeiro destino.

No último século da escravidão, século XIX, os traficantes de africanos escravizados inovaram, sendo os pioneiros a empregar novas tecnologias na construção de barcos destinados a esse comércio. Um exemplo é o revestimento do casco com uma camada de cobre para protegê-lo do contato direto com a água, o que proporcionava ganho de velocidade e durabilidade das embarcações. Além disso, dificultava a fixação de parasitas marinhos na parte externa inferior dos cascos. Quedas consideráveis nos índices de mortalidade dos escravos em trânsito são atribuídas a mudanças tecnológicas, que diminuíram drasticamente a duração das viagens, aliadas a práticas de higienização como a lavagem dos porões com vinagre e melhoria no sistema de ventilação. O comércio de escravos exigia habilidade e familiaridade para negociar a compra e a venda, pois era preciso evitar que a *mercadoria* transportada adoecesse e perdesse seu valor.

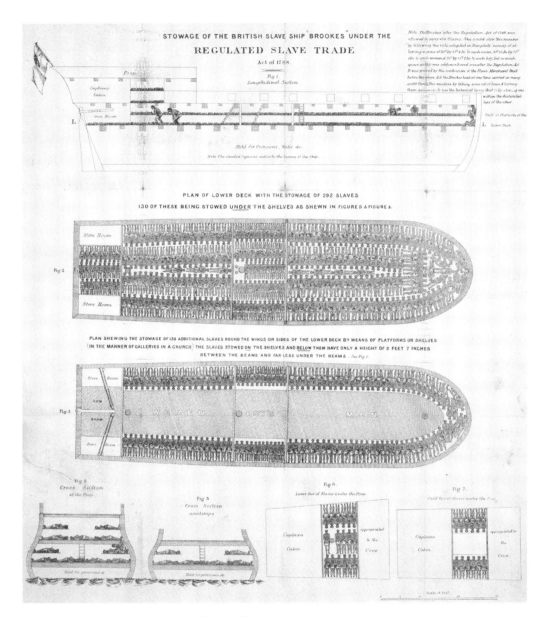

Navio inglês de tráfico humano africano. Que horror!
Wikimedia.commons.com

Corte transversal de um navio de *tráfico humano africano*.
Robert Walsh, *Notices of Brazil* in 1828. Londres, 1830.

De convés amplo com seu mastro principal de velas latinas; atrás do mastro de proa estava situado o enorme canhão [...]

O teto era tão baixo e o lugar tão apertado que eles ficavam sentados entre as pernas uns dos outros, formando fileiras tão compactas que lhes era totalmente impossível deitar ou mudar de posição, noite e dia. [...] Onde não entrava luz nem ventilação a não ser nos pontos situados imediatamente embaixo da escotilha.

ROBERT WALSH (1772-1852)[72]

Em Portugal, o principal desembarcadouro escravista foi Lisboa. Na Inglaterra, tem-se uma lista que inclui não apenas os mais óbvios, como Liverpool, Londres e Bristol, mas também Plymouth, Exeter, Bridport e, localmente, Chester e Poulton. Porém, todos são insignificantes se comparados ao envolvimento dominante de Liverpool (5.300 viagens),

---

[72] Walsh *apud* Rodrigues, 2005.

Londres (3.100 viagens) e Bristol (2.200 viagens), correspondentes a mais de 90% do comércio britânico escravocrata. E o processo de tráfico parece ter se acelerado no fim do século, com Liverpool na liderança não só em relação aos rivais ingleses, mas também na competição europeia. Nas duas décadas anteriores à abolição inglesa, Liverpool foi responsável por 75% de todas as viagens de escravos em toda a Europa.

Em relação à França, outra potência escravocrata, cerca de 20 portos estiveram envolvidos com esse mercado em algum momento. Dentre eles, havia quatro portos escravistas principais: Nantes, Bordeaux, La Rochelle e Le Havre. Só Nantes movimentou 45% de todo o tráfico escravista francês; os outros três movimentaram 11% desse tráfico humano; e o restante foi compartilhado entre os outros portos. Na Espanha, Sevilha foi inicialmente o porto central do tráfico, mas foi desbancado por Cádis, em 1720; em 1765, outros portos participaram, mas poucos, além de Barcelona, tiveram papel significativo.

Um padrão semelhante de especialização surge na Holanda. No primeiro meio século de escravização, vários portos estavam envolvidos. Amsterdã esteve em primeiro lugar, com 36% do total e em segundo, Zeeland, 28%, seguidos por Roterdã e Zuiderzee, Friesland e Groningen. No entanto, nos últimos 75 anos dos chamados anos de livre comércio, quando o monopólio da Companhia das Índias Ocidentais foi quebrado, os portos de Zeeland e Middleburg ocuparam esse protagonismo, responsáveis por 78% de todas as viagens de tráfico humano africano feitas pelos holandeses. Amsterdã e Roterdã tiveram seu papel reduzido a apenas 10% do total cada um.

Os portos de escravos mais importantes tinham fácil acesso ao Atlântico, boas instalações portuárias para as embarcações de alto-mar e eram essenciais para lidar com as condições climáticas dos trópicos e do Atlântico. Vários deles, como Lisboa, Cádiz, Londres, Liverpool, Bristol e Nantes, se tornaram também importantes entrepostos de produtos tropicais, particularmente o açúcar. Nessa globalização escravocrata, na qual fomos o maior traficante e comerciante do mundo, tivemos, em certo período, os maiores centros importadores de escravos: Salvador e, em seguida, o Rio de Janeiro, cada um com sua organização própria e concorrentes entre si.

O Brasil foi o primeiro país a comercializar em grande escala, explorou o tráfico humano africano por mais tempo e foi o último a aboli-lo, e não Portugal como foi estabelecido pela literatura. Durante séculos, foram eles, os africanos, as mãos e os pés do Brasil na economia açucareira e posteriormente em toda a atividade agrícola nacional. Possibilitaram grandes lucros para a colonização portuguesa, com o ápice da economia agroexportadora vigente da época. O mercado europeu forneceu para a economia agrícola escravocrata instalada no Brasil uma fortuna vinculada a essa atividade, que umbilicalmente atendia aos interesses da metrópole. E aí está a linhagem de todos os nossos males, do nosso atraso até os dias atuais.

Capítulo 7

Herança maldita

O Estado quer o fim do *apartheid*? A existência de uma sociedade civil multiétnica que derroque a velha ordem e o seu maior mantenedor, o Estado segregador? Não. Os grupos predominantes despigmentados no seu interior não aceitam romper esse status quo.

Sentem-se ameaçados em seu poder político e social secular. E dentre os vários obstáculos, um é criminoso: as segregações praticadas pelas instituições públicas e privadas no cotidiano do país.

Sem reparação (financeira) à afrodescendência pelos males provocados pela escravidão – sociais, econômicos – não haverá paz. Só mistificação, violência, um país inviável para a maioria afrodescendente.

Dom Pedro II era escravocrata e viajou para Paris para não ter
que assinara Abolição, ato que delegou para rua filha, Isabel.
Foto: Otto Hees — Biblioteca Nacional

Independência

A escravidão, como modelo econômico, antecedeu a qualquer outra discussão ou formulação do novo país. Tudo era determinado por ela: código tributário, papel da terra e da agricultura, negócios e relações internacionais, instituições políticas e sociais, aparatos policiais e máquina administrativa, partidos e sistemas de representação, absolutamente tudo.

A fundação de uma sociedade moderna — interétnica — iria ferir mortalmente o cativeiro e os seus senhores. Os detentores do poder ancoravam-se em princípios imutáveis como o de que o novo país independente não deveria ampliar seu círculo étnico e econômico dominante. Seria preciso evitar, portanto, a descontinuidade do processo secular de utilização de mão de obra escrava. E sacralizaram o *apartheid* como algo natural e necessário.

O que seria imprescindível para os pais da pátria abdicarem de fundar uma nação ou uma nacionalidade, um pacto interétnico e um novo contrato social?

Foi o modelo de império, anterior às existências de Estado e Nação. Uma barreira contra as marés revolucionárias e sociais que fustigavam o mundo e anunciavam que seríamos todos republicanos e livres. E viria à luz uma deformação congênita étnica do Estado imperial.

O governo manteve a unidade territorial, mas não estava capacitado para administrar uma nação multiétnica, multicultural e integrada. Estruturalmente, totalitário assume as formas de coação e genocídio herdadas da metrópole e recicla a máquina filosófica e intelectual colonial que lhe permitirá manter a escravatura e reproduzi-la como *apartheid*. Contudo, o estado de anormalidade gerada pela manutenção dessa anomalia humanitária provocou uma crise de conceitos e teorias nos ideólogos do novo poder. A principal delas foi a interdependência entre crescimento econômico/riqueza e escravidão.

As atividades econômicas da escravocracia eram, sem dúvida, uma realidade de pilhagem e intercâmbios desiguais, entre territórios e populações. Dos seus predicados econômicos constavam o grande valor de uma mão de obra disponível e barata, a bilateralidade indiscutível (proprietário e escravo), a imperatividade absoluta (servidão perpétua) e a coercibilidade plena (punições extremas). A economia estava protegida por um sistema jurídico que mantinha a *legalidade* dessa exploração humana. Com isso, dissolvia-se qualquer conflito da propriedade privada com a autoridade estatal. Cabeças de um só corpo, Estado e Escravocracia, negócios comuns.

A ex-colônia portuguesa chegou à existência independentista sem quaisquer oportunidades de libertação e promoção dos escravos. Éramos tão-somente uma nação de senhores e cativos. A anormalidade civilizacional gerada pela manutenção da servidão provocou um choque de julgamentos e teorias nos ideólogos do novo país. A principal, a da interdependência dentre crescimento e riqueza/escravidão: não havia escape do primado do modelo colonial e dos senhores de escravos, que conferiam a si um valor (econômico) e político irreais. A nossa independência, então, mais do que em ideias e concepções dos seus pensadores e ativistas, consistiu num acordo de interesses.

Com a independência, o modelo colonial escravista alcançaria o seu apogeu. Viabilizava a economia do novo país como matriz agrícola exportadora. A criação de cidades modernas, as culturas de café, cana-de-açúcar, algodão no campo, tudo feito pela mão de obra de escravos que foram efetivamente os construtores do Brasil pós-independência. Não obstante, foram mantidos à margem do país que construíram. Mais tarde, seriam substituídos pela mão de obra europeia importada, o que deveria aniquilar a dependência dos africanos cativos e que não ocorreu, pois a mão de obra escrava continuou sendo a principal.

A experiência atroz de continuísmo da escravidão no seio da nova civilização tropical fez muitos perderem a fé na doutrina do progresso possível. Duvida-se do poder onímodo da razão, da competência salvadora da ciência, da possibilidade de alcançar, algum dia, as utopias que imaginaram alguns e de toda explicação unitária e totalizadora da nossa História, o que Lyotard chamou de *os grandes relatos*[73] da humanidade.

Essa ordem legítima do passado se tornou durável e presente no processo de institucionalização e desenvolvimento do novo país, enquanto modelo de identidade, opressão e humilhação ainda muito ativo na composição nuclear da sociedade brasileira. Tratava-se do único *porto seguro* que a *supremacia despigmentada* tinha, livre das incertezas e dos interesses contrários, entenda-se, em relação à liberação dos cativos. Era lícito que todo senhor de escravos defendesse seu modo de vida e evitasse tudo aquilo que pudesse prejudicá-lo. Desta perspectiva, as virtudes morais e éticas da nova sociedade ficam reduzidas a esse propósito. Podiam mover-se na escuridão, jamais chegar à luz, hegemonizar em um único grupo a identidade nacional, garantido por Deus e pela natureza e, só quando necessário, ocupar-se da condição subumana dos restantes.

A Independência tinha sido obtida para algo muito mais importante que o amparo ou a mera conveniência dos senhores de escravos? O escravo — determinaram os pais da pátria — não era um ser sociável e igual por sua natureza. A evidência empírica que proporcionava sua dominação tornava na prática este princípio impensável. Como processo de libertação e emancipação étnica, foi fruto de uma criação impulsionada pelo desejo de autopreservação e não de transformação. A nação brasileira não era natural, mas, sim, artificial. Não era fruto de um impulso de libertação étnica, mesmo porque resultou na continuidade de uma vida suja, embrutecida, para milhões de escravos. O objetivo da criação do que

---

[73] LYOTARD, Jean-François. *O pós-moderno*. Tradução: Ricardo Correia Barbosa. 4. ed. Rio de Janeiro: José Olympio, 1993.

chamamos de Independência do Brasil foi algo inconcluso, não foi a base para a construção de um novo país e de uma nova sociedade.

E os pais da pátria escolhem um caminho que se tornaria único: a nova sociedade independente evoluiria com carência de atributos morais, quaisquer que fossem. Não se tratando de perdas em termos de progresso e destino manifesto, mas apenas de atos de vontade, fizeram do novo país um ser *artificial*. Uma sociedade que não estivesse apoiada no mútuo reconhecimento entre seus semelhantes não permaneceria, como não permaneceu, unida. A maioria afrodescendente do novo país jamais se integraria na minoritária sociedade brasileira despigmentada. Barrada por um dogma despigmentado, misto de medo e covardia: teriam que transferir uma parte incomensurável de seu poder.

A nova ordem independentista propôs uma cidadania baseada num futuro modernizante, de cunho liberal. Com a estruturação de um governo pós-colonial, nasce um Estado que assume o papel de ser o órgão constitucional de força, como em qualquer sociedade organizada. Assistimos, então, à morte fundacional primitiva brasileira. É afastada por ele qualquer tipo de cooperação e integração interétnica, fazendo surgir uma nova *superioridade branca* com a etnia europeia dominante. Com isso, eclode um novo modelo de intolerância, que ambiciona ser consentida, já que estavam assentadas as bases do que seria um cenário imutável. Nesse limite, oblitera-se ou anula-se a consecução de uma nação integradora.

Qual a analogia possível entre as propostas e a realidade do novo país? Quais elites intelectuais se candidataram a ser guias da nova nação? Os independentistas já não eram mais colonizados, mas nacionais, subsistindo apenas uma relação frágil e depreciativa com a metrópole. Agora, como *brasileiros*, como articulariam sua nova pátria? Se quisermos elucidar as raízes e as mudanças que ocorreram no processo independentista, devemos investigar as suas precondições. Tratava-se de uma ideologia liberal de modernização, sustentada por uma elite ambiciosa, antecedente à Independência, que já expressava um desejo de emancipação exclusivista. E os liberais aceitaram que a economia não seria abalada pelo fim da servidão, do mesmo modo que não aceitariam qualquer parcela de domínio para a massa serva no novo país. Esse foi o pacto dos liberais independentistas feito com os iluminados do *ancien régime* colonial.

Os funcionários coloniais que permaneceram no Brasil, o alto clero e a minoria nativa, foram incapazes de reconstruir, no vazio provocado pela perda de vínculos com a metrópole, uma nova ordem sem a escravidão. A administração colonial deixou plantado um sistema ortodoxo que continuou vigente e definiria as fronteiras étnicas do novo país, com as nações autóctones e afrodescendentes descartadas desde o princípio no país. De modo contraditório, a procura da unidade nacional era conduzida pela aristocracia agrária (com o sufrágio dos escravos, interétnicos), que entronizava a si como uma encarnação divina, e sua missão era a coesão monolítica do novo país-continente.

A camada culta dos independentistas tentaria inventar qual deveria ser o espírito nacional brasileiro, julgando que sem esse amálgama patriótico a independência e a unificação do território não se consumariam. Esse foi o primeiro movimento independentista de estabelecer identidade e memória coletiva comuns, abstraídos os escravos. Na procura pelo molde de nação e cidadania, os doutrinadores acreditavam que alcançariam novos padrões, mas o passado colonial é a única referência que havia. Ele nulificava que, tanto as tradições como a língua agora comum dos escravos e senhores, os tornassem semelhantes, habitantes do mesmo território.

O nacionalismo independentista almejava ser uma ideologia de modernização. Por que essa suposta matriz modernista nunca se concretizou? Por princípio, esta idealização não admitia as diferenças culturais e geográficas. Nesse caso, como erigir uma nação livre e moderna paralela à outra, escravista e feudal? Como operar e fazer funcionar um país independente? As categorias do colonizador eram os únicos arquétipos disponíveis para o novo país. Os seus teóricos os formularam, antes de um acordo de nação independente, mas para um continuísmo.

Sem identidade, não há nação, povo, destino comum. A nação brasileira não era fruto da libertação dos cativos, mas de uma escolha abrutalhada. A máquina imperial (pública-teocrática) mantém a função econômica que ele ocupava na antiga situação colonial. A independência convalida essa atribuição agora com o simbolismo da nova ordem imperial.

Império

Para bloquear o fim da escravatura no rastro da Independência em 1822, que desembocaria numa revolução interétnica, fez-se o Império. Nasceu centralista, descartando leis igualitárias que permitissem o fim da servidão. E assim, criou uma opção única para si: a continuidade daquele domínio. Os conflitos gerados por esse monstrengo produziram, desde nossa fundação como país independente, a ordem escravocrata e ignominiosa herdada da metrópole. Os afro-brasileiros tiveram a sua integração e identidade castradas, primeiro enquanto escravos e depois, como falsos libertos. Essa hostilização inalterável teve um efeito imensurável na nossa geografia humana e, enquanto perdurar, não haverá paz ou concordata interétnica.

O que esse Império pretendeu com a manutenção da servidão africana? Ocorreu a transformação do colonial em imperial numa replicação pavorosa: o novo poder republicano, no afã de conter a maré reformista que surgiria no vácuo do desmanche do antigo regime, produz a evolução desse sistema, imerso na realidade brasileira até hoje. Como um conjunto de ideias, crenças e práticas que se baseiam na superioridade de um grupo populacional em detrimento de outro, produziu barreiras intransponíveis no acesso a bens materiais e culturais, ao trabalho, à educação e saúde, a condições de habitação dignas, entre outros?

O que o diferencia da matriz colonial? Em seu projeto estrutural, o Império era um aparato ideológico que abdicava da modernidade, arquitetado pela alta cúpula de uma elite que selaria as condições da relação com os escravos e a que graus se poderia atingir. A repulsão imperial aos escravos sempre foi ostensiva. Os escravos eram considerados os piores inimigos. Essa população era tratada com o máximo de danos e, rebelada permanentemente, submetida à prática totalitária imperial, na dialética perversa das Luzes (NEGRI, 2001).

O que seria um acordo nacional, democrático e irrestrito — maioria e minoria num pacto comum — nunca foi possível. A *supremacia despigmentada*, organizada em oligarquias regionais com todos os tipos de agregação — de partidos políticos a organizações sociais e culturais, religiosas e profissionais — manteve a população afrodescendente à margem como seu destino manifesto.

Quem estivesse fora dessas agregações não ascenderia social e economicamente no novo país. Havia uma obrigação: deveriam ser leais ao Império, pois eram nacionais; todavia, não seriam aceitos aqueles que não tivessem a mesma tonalidade de pele incolor. E o poder colonial entregou um patrimônio privativo seu ao novo poder imperial: os escravos. Desaparecia a razão dos sujeitos de direito: *hominis ad hominem* — relações de homens com homens, cuja existência serve para regular a vida em comum. No caso, sua primeira função foi perenizar o cativeiro.

República

A abolição da escravatura em 13 de maio de 1888 trazia em seu útero a República, proclamada em 15 de novembro de 1889, e que deveria vir junto nossa entrada na modernidade. Malparida a República, o primeiro desafio enfrentado foi: como lidar com a questão de a população majoritária ser composta por africanos e seus descendentes? E como manter a dominação com a abolição formal da escravidão?

> *O Estado jamais passa de instrumento da classe dominante; as iniciativas dos poderes públicos, as decisões dos governos são apenas a expressão da relação de forças.*
>
> *Ater-se ao estudo do Estado como se ele encontrasse em si mesmo o seu princípio e a sua razão de ser é, portanto, deter-se na aparência das coisas.*
>
> *Em vez de contemplar o reflexo, remontemos à fonte luminosa: ou seja, vamos de uma vez à raiz das decisões, às estratégias dos grupos de pressão (RÉMOND, 2003).*

Missa campal festiva no Rio de Janeiro, 13 dias após a abolição. Presentes a Princesa Isabel, líderes abolicionistas e estimadas 20 mil pessoas.
Foto: Antonio Ferreira (1888). Coleção Marcelo Bonavides/IMS.

Depois da consolidação da República, deu-se início à publicação dos primeiros artigos e estudos em defesa da igualdade das etnias por autores como Manuel Bomfim (1868-1932), Alberto de Seixas Martins Torres (1865-1917) e Edgar Roquette-Pinto (1854-1954).

Para Bomfim, leitor de autores europeus pós-evolucionistas e pós-eugenistas, nossos males em relação à desigualdade das etnias advinham do colonialismo e do imperialismo, ambos considerados formas de dominação e exploração. A América Latina tiraria seu dinamismo de energias próprias quando estivesse liberta da dominação estrangeira. Mas o novo domínio republicano, o novo ciclo, só admitiria relações que mantivessem a inferioridade dos africanos; isso era inegociável. Nas inúmeras etapas do desenvolvimento socioeconômico do país, a população afrodescendente esteve à frente, mas somente como mão de obra principal e não como a de cidadãos plenos.

Em solo brasileiro, não ocorreram as premissas básicas da abolição, que seria a passagem de escravo a cidadão (IANNI, 2004). A *supremacia despigmentada* diante dos africanos, então livres, apoiou-se em uma sólida corrente de intelectuais vinculados ao Estado brasileiro. Sílvio Romero, Nina Rodrigues e Euclides da Cunha questionavam, na virada do século XIX para o XX, como *civilizar* o Brasil. Inspiravam-se nas teorias eugenistas de Lapouge, Gobineau, Buckle e Chamberlain.

Joaquim Nabuco, líder abolicionista, discordava das teorias cientificistas que alegaram um determinismo biológico ou histórico estapafúrdio como álibi para o atraso brasileiro. A questão central não era a adaptabilidade europeia nos trópicos ou os males advindos da mistura dessas populações, mas diagnosticar os alicerces desse atraso. Nabuco subvertia as explicações emergentes dos teóricos *raciais*: não seria a miscigenação o cerne do problema, mas uma instituição social, a escravidão, decorrente de uma organização social específica, a responsável pela degeneração não somente do escravo como também do senhor.

Nabuco enquadrava a escravidão como categoria central para a análise da sociedade brasileira como um todo. Assume, portanto, uma importância epistemológica. A escravidão era o próprio motor interno de funcionamento da sociedade brasileira; e nela deveria ser buscada a raiz dos males nacionais. Ou, a escravidão, e não os africanos, era o mal nacional, definida como uma relação de dominação, baseada no pressuposto de mútua dependência e mútua desqualificação de senhores e escravos. Degenerado era o homem que escravizava. Com as implicações econômicas, jurídicas e morais, impossibilitava não apenas o progresso material do país, mas impedia a formação da própria nação. Nesse sentido, em vez de acompanhar a onda de explicações biologizantes, opta por uma explicação sociológica: não é um fator atávico que causa o atraso, mas uma instituição criada e mantida pela sociedade (ALONSO, 1883).

ABOLIÇÃO CONDICIONADA

1850	1871	1885	1888
Lei Eusébio de Queiroz e Lei de Terras: fim do tráfico humano africano; a Inglaterra provoca isso com a Lei Bill Aberdeen.	Lei Barão do Rio Branco ou Lei do Ventre Livre: toda criança afrodescendente era livre, mas deveria trabalhar pelo tempo que o seu senhor a sustentasse. Nenhum escravo foi beneficiado por essa lei; antes de vigorar, a escravidão foi abolida.	Lei Saraiva Cotegipe ou Lei dos Sexagenários: escravos acima de 60 anos eram libertados, mas não tinham esta expectativa de vida (nem os seus senhores). Se o escravo vivesse até essa idade saudável, não tinha como provar sua idade; adoentado, a lei era ótima para o seu senhor abandoná-lo.	Lei Áurea: a Princesa Isabel, com o consentimento de D. Pedro II, decreta o fim da escravidão.

Assembleia Geral Legislativa (senadores e deputados). Votação da abolição da escravidão.
Foto: Antonio Luiz Ferreira (1888)/Instituto Moreira Salles.

Pátria-Estado

> *As imagens da nação brasileira variaram ao longo do tempo, de acordo com as visões da elite ou de seus setores dominantes. Desde 1822, data da Independência, até 1945, ponto final da grande transformação iniciada em 1930, pelo menos três imagens da nação foram construídas pelas elites políticas e intelectuais.*
>
> *A primeira poderia ser caracterizada pela ausência do povo, a segunda pela visão negativa do povo, a terceira pela visão paternalista do povo. Em nenhuma o povo fez parte da imagem nacional. Eram nações apenas imaginadas.*
>
> José Murilo de Carvalho (2005)

Pessoas de uma nação artificialmente inventada têm a obrigação de serem patriotas? Essa pátria também reconhecia os afro-brasileiros? Não estava nos planos dos governantes da época essa assimilação condicional e controlada que ainda hoje permanece para os afrodescendentes? O sentimento de pertencimento, a nacionalidade, é algo territorialmente determinado, do qual deriva o vínculo de lealdade que une seus habitantes. Assim é o patriotismo assimilado sem esforço, de modo simples e banal. A pátria é antagônica ao despotismo e à tirania; só assim podem crescer a liberdade e a felicidade. É imprescindível que os governantes respeitem e acatem a justiça e a lei, e que persigam o princípio de utilidade, no sentido de Bentham: que elaborem leis destinadas a satisfazer as necessidades do maior número de pessoas, que é um dos modos de serem desviados os ideais de revolução ou de neutralizar quem a deseje.

Três fatores atuarão como canalizadores na construção da Pátria-Estado (e não nação) brasileira: a independência do Brasil diante do governo português, a gênese do Estado e a República, com a criação da federação. A convergência geral dos pensadores da independência seleciona e utiliza o conceito pátria em vez de nação. Ele faz menção ao território, ao lugar de nascimento e ao vínculo de lealdade que este fato desperta.

Abstratamente, ela pode ser definida como o conjunto das estruturas organizativas, cujos membros servem o interesse geral por meio de um processo democrático de consenso e de entendimento. Atua como intermediária entre os poderes públicos e os cidadãos, e seu desempenho agregador depende, essencialmente, da acomodação dos atores étnicos, mediante um discurso público e democrático, que contribua para o entendimento e aceitação dos resultados obtidos para a formação do bem comum.

O reducionismo de pátria e não nação multiétnica e multicultural serviu como munição à arma ideológica independentista, imperial, republicana, para blindar a *supremacia despigmentada* diante dos *inferiores* e impedi-los de reivindicar o pertencimento a uma nação pretendida que poderia surgir. Um pensamento autoritário, metamorfoseado de alocução progressista nos ideais liberais e positivistas de determinados círculos independentistas pré e pós-independência, ocultava um domínio escravista que passou do colonial ao imperial, incólume.

O Brasil independente dos pais da pátria era europeu, exclusivo de pessoas despigmentadas. Esteve sujeito a essa ordem suprema, dominado pela mentalidade senhorial que nos regeu durante a colonização e não terminou com a independência. O novo poder assumiu o lugar do colonizador e travou uma luta com os *nacionais* de ascendência africana, com contradições e ambivalências entre o que propunha fazer e fazia. O traçado primitivo da história oficial foi sem africanos e índios. Essa opção exigiu esforços constantes de aniquilamento de todos os tipos que provocaram e ainda provocam terror nas populações afro-brasileiras rejeitadas. Foi a que promoveria diferenças, demarcando a pior manifestação do novo Estado: uma nova forma de dominação territorial e social, institucionalizada nas favelas localizadas nas periferias das cidades brasileiras.

Não há uma teoria com autoridade aceitável para definir o que é pátria. Esta noção encontra-se tão ligada aos processos concretos em várias sociedades, sendo normativa em relação ao único elemento obrigatório, que é tão-somente a defesa de uma identidade nacional. Engloba todas as formas de ação social de indivíduos ou de grupos que não emanam do Estado nem são por ele determinadas. Tem a particularidade de ser ao mesmo tempo uma situação e uma ação. Abstratamente, pátria representa as estruturas organizativas cujos membros servem ao interesse por meio de um processo democrático de entendimento e que atua como baliza entre os poderes públicos e os cidadãos.

O seu papel depende essencialmente da disposição de os atores diversos contribuírem para o entendimento e a aceitação da formação de uma pátria *comum*. A pátria brasileira atual é aquela que o Estado gostaria de ter como interlocutora, mas seus agrupamentos étnicos não formam a unidade (social) necessária para uma negociação da pacificação social e econômica do país.

A pátria que se sanciona a partir do século XIX é a de um país que teoricamente integra, mas é segregacionista de fato. Vocacionada, desde o seu parto, para esquivar-se do índio, do africano, do interétnico. Seríamos uma Pátria-Estado e não a nação das nações. Os pensadores brasileiros do século XIX, quando elaboram o formato de administração apropriado ao novo país sopesam as vantagens e inconveniências da centralização e da descentralização. Seguiriam hierarquizados os abismos da desigualdade de renda conexa e a desigualdade de educação (o estopim das revoluções). E guetos delimitados.

Pátria e nação se equivalem, se integram, são um único corpo com naturezas semelhantes? Não, aqui o termo Pátria foi adotado como extensão do regime colonial e imperial sob uma nova roupagem; agregou soluções reformistas e liberais paliativas. Nação é um marco mais complexo, no nível territorial, social, econômico, cultural, e sintetizado no institucional. As etnias que a integram são pertencentes a uma mesma geografia e população. Deveria ser o elemento organizador e integrador, todos reivindicariam a liberdade conquistada do dominador português.

Sepultadas as clivagens, as diversas nações integrariam uma única associação. Como nação de nações, teria que integrar seus habitantes como cidadãos livres, já não como súditos ou escravos, provocar a ruptura integral do cabresto colonial, um elo desintegrador, já que submetera os habitantes da colônia. Integrações étnicas como molde institucional, e que seriam um fator de neutralização da exclusão da população afro, nunca foram fomentadas. Com o país esterilizado em sua heterogeneidade étnica e cultural, essa integração torna-se inexequível. As formas do monopólio de poder transformam a identidade de um grupo social em uma ameaça para si mesmo ou para os outros. Instalada a *sociedade do apartheid*, o poder inverte a coesão identitária em dissociação: e monta a máquina eugenista.

Qual seria, então, a pátria brasileira que poderia surgir, uma questão que os liberais independentistas tentaram equacionar e não conseguiram? O escravismo e o progressismo eram duas faces da mesma moeda, compatíveis e inabaláveis. Os liberais admitiam ser os concessionários da propriedade privada escravocrata e da elite culta e dominante, e eles não iriam originar o fim da servidão. Também não fariam ataque frontal às antigas forças sociais e econômicas coloniais estabelecidas. Para os liberais, parecia muito cedo para um processo revolucionário de transferência de algum poder, qualquer que fosse, para a massa da população escrava.

Esse pacto entre os liberais independentistas e os iluminados do *ancien régime* colonial foi feito. Serviu para obter a reivindicação como maioria legítima em torno do basilar objetivo: unidade nacional. Enquanto as tendências anticoloniais estavam ligadas às utopias de modernização, a elite do senhorio tinha que conservar o *status quo*. O projeto pré-independência cogitava a integração das províncias num amplo espaço continental, reconhecia as diferenças culturais e geográficas apenas para uma porção que, mesmo que pudesse ser igual à outra, permaneceria outra.

Esse pensamento autoritário, eticamente extremista, estava travestido de alocução progressista nos ideais liberais e positivistas de determinados círculos independentistas, pré e pós-independência. Ocultava uma dominação tão ou mais opressiva que a colonial, reprimiu diferenças e oposições em nome da identidade, da união e da prosperidade nacionais. Uma dupla opressão: como afro-brasileiros e como cidadãos.

Analisadas as instituições imperiais e as republicanas em sua imutabilidade em relação à dominação escravista e o pós-*apartheid*, fica patente que foram integradas por uma única força, *a supremacia despigmentada*, sem nenhuma integração com os africanos e os autóctones. No período que se seguiu à abolição, a *supremacia despigmentada* manteve uma luta feroz para evitar, em qualquer grau ou acordo, a reconciliação com as populações africanas subjugadas.

Ela sempre temeu cair na armadilha de uma redistribuição étnica e econômica das riquezas do país ou de quaisquer outras formas de dominação, inclusive a intelectual; o questionamento sobre a permanência do jugo era reducionista (isto é, reduziria a escravatura a um simples conjunto de respostas bárbaras); e, por último, a ideia e prática escravocratas pressupunham que não havia lugar para o outro, para o semelhante que possuísse uma *vontade*, no sentido que mais tarde esta palavra representaria.

Os direitos, sem o suporte estatal equivalente ao conferido à *supremacia despigmentada*, sempre foram negados aos afro-brasileiros. E a República consolida em sua práxis esse crime, reafirmando a dominação monolítica *ariana*. Sua conservação agrava a assimetria étnica dentro do país real, em que o regime imperial travestido de republicano o sucedia e incorporava todos os seus modelos.

Nos tornamos um país republicano fragmentário e intolerante, em novas formas e graus. Nas piores derivações, ficou sacramentada a dissociação das noções de cidadania e de nacionalidade. E plasmou-se uma não identidade, em que o grupal prevalece e desmantela a nação multiétnica. A *supremacia despigmentada* adquire então um caráter eugenista, nutrindo-se dos dogmas da superioridade genética, do determinismo climático etc. Representava a passagem do eugenismo étnico para a solução final, de descarte humano em escala industrial.

Os principais elementos constitutivos do *brasileiro* — clima e miscigenação — impediam o progresso. Inspiradas nas teorias eugenistas europeias, as populações brasileiras, constituídas da fusão de três contingentes — o africano, o europeu e o índio — não sustentariam um processo civilizador. Esse papel cabia aos europeus, sendo as outras etnias — africanos e índios — inferiores. A engenhosa solução eugenista encontrada para a identidade nacional foi a criação da categoria *mestiço*, o brasileiro resultante do fenômeno de aclimatação da civilização europeia.

Mitos fundadores

Os trabalhos mais citados sobre os moldes fundadores da sociedade brasileira são *Casa-Grande & Senzala,* de 1933, e *Raízes do Brasil*, de 1936, ultrapassados pela própria realidade imediatamente após serem publicados. O país miscigenado e harmonioso *freyreano* e a cordialidade paradisíaca *buarqueana* de homens e classes, mais que uma tentativa sociológica conservadora, são equívocos sobre o país real. O povo afrodescendente é relegado a um povo inferior, ainda que amenizado por metáforas e sombras. As obras de Gilberto de Mello Freyre (1900-1987) e de Sérgio Buarque de Holanda (1902-1982), com ares de cientificidade e largo alcance sociológico, são falsos mitos fundacionais.

Já os estudos do Projeto Unesco,[74] dos quais um dos investigadores foi Florestan Fernandes (1920-1995), reinterpretaram *Casa Grande & Senzala* como uma fábula da convivência harmônica entre contrários, análises empíricas, que contrariamente ao que se pretendia, comprovaram a existência de uma *luta de classes* étnica no país como fator determinante das relações sociais no país. Nele defende-se hermeneuticamente que a miscigenação entre a população africana com a população europeia levou a um suposto melhoramento *racial*, que atualmente se diria genético. Uma das mais monstruosas teses de sua lavra nestas plagas, além de plágio intelectual da tese de um autor português revisionista do século XIX — já citado anteriormente — *Das Origens da Escravidão Moderna em Portuga*l, de Antônio Pedro de Carvalho.

A tese de Freyre sobre a miscigenação: a população de ascendência africana tinha que passar por uma assimilação-miscigenação contínua com os europeus, até que suas características e traços africanos desaparecessem.

O juízo de Freyre sobre o populacho (afrodescendente e indígena):

[...] desavergonhado e excessivamente natural, se consumava no impulso sexual, nos traços raciais, na antropofagia indígena, na exuberância tropical etc. Misturava em doses desiguais (mas sempre desmedidas) exotismo, violência, erotismo, que exigiam uma dominação política ilimitada.

[...] malta mestiça, sensual e familista, mas rude, ignara, incivilizada.

[...] não tinha tradição, experiência histórica ou capacidade coletiva para conduzir seu próprio destino político. Seus hábitos sociais eram um empecilho à possibilidade de seu autogoverno.

---

[74] Disponível em: http://www.scielo.br/pdf/rbcsoc/v14n41/1756.pdf.

O dano que tal formulação teórica provocou na aceitação social dos afro-brasileiros e indígenas foi criminoso. Como sociologia e como teoria social, está na fronteira do eugenismo que permeou e guiou no Brasil a antropologia, a medicina, a história e as ciências sociais do fim do século XIX até o fim do Estado Novo em 1945, em certos campos acadêmicos, até os dias atuais. Tanto se escreveu, debateu-se e polemizou-se sobre isso, que não será aqui que perderei espaço ou tempo a favor ou contra esse crime ideológico e étnico contra a população africana do nosso país, a dita *democracia racial* (PALLARES BURKE, 2006).

Comerciantes portugueses com escravos africanos no início do século XX.
Foto: Eduardo Osório/Luanda. Fonte: Público.

Gilberto Freyre é um personagem em permanente desconstrução. Seu eugenismo foi até o momento pouco criticado, embora bastante ostensivo. Em 1922, na concessão do Prêmio Goncourt a René Maran, escritor da Martinica, Freyre expressou no *Diário de Pernambuco* sua indignação diante da escolha. Ele elogiava a mensagem anticolonial e *antirracista* do livro, mas ao mesmo tempo descrevia o autor como "um negro puro

— um negro de nariz tão chato que a gente se espanta de ver nele fixado, como por milagre, um *pince-nez* respeitável".

Quatro anos mais tarde, entretanto, exprimia seu entusiasmo pelas tradições do sul dos Estados Unidos, escreveu com benevolência sobre a Ku Klux Klan e seus coloridos rituais, para mostrar aos usineiros de Pernambuco o caminho do progresso técnico.

Tanto Pallares-Burke quanto Lund e McNee (2006) registram o relato feito por Freyre em *Tempo morto e outros tempos*, publicado em 1975, quando ele, em 1922, viu um grupo de marinheiros brasileiros no Brooklyn. Na época, conforme ele evocou no prefácio a *Casa-Grande & Senzala*, eles lhe recordaram a descrição de um (desconhecido) viajante americano sobre *the mongrel-like appearance* da população brasileira, que se assemelhava a "caricaturas de homens", produtos da miscigenação (Freyre deixa sem traduzir a frase em inglês no original). "Pareceram-me pequenotes, franzinos, sem o vigor físico de autênticos marinheiros. Mal da mestiçagem?"[75]

Já Buarque de Holanda, ao analisar as relações entre índios, escravos e portugueses nestas terras do sul, construiu o axioma de que fora gerado um povo particular, especial. E propôs um segundo axioma, identitário, fruto de uma criação conceitual e literária do poeta Rui Ribeiro Couto (1898-1963) sobre o homem latino-americano. Este pregava que a cordialidade está relacionada à generosa semeadura realizada pelo homem ibérico. Gostava de enfatizar o equívoco de pensar o homem ibérico despojado de misturas *raciais* e culturais.

> *O homem ibérico puro é um erro (classicismo), tão grande como o primitivismo puro (incultura, desconhecimento da marcha do espírito humano em outras idades e outros continentes).*
>
> *É da fusão do homem ibérico com a terra nova e as raças primitivas que deve sair o sentido americano (latino), a raça nova, produto de uma cultura e de uma intuição virgem, o homem cordial.*

---

[75] Sobre isso, ver: Lehmann, D. *Gilberto Freyre: a reavaliação prossegue*. Horiz. antropol. vol. 14 n. 29 Porto Alegre Jan./Junho 2008. Disponível em: https://www.scielo.br/scielo.php?script=sci_arttext&pid=S0104-71832008000100015.

> *Nossa América, a meu ver, está dando, ao mundo isto: o homem cordial. O egoísmo europeu, batido de perseguições religiosas e de catástrofes econômicas, tocado pela intolerância e pela fome, atravessou os mares e fundou ali, no leito das mulheres primitivas e em toda a vastidão generosa daquela terra, a família dos homens cordiais, esses que se distinguem do resto da humanidade por duas características americanas: o espírito hospitaleiro e a tendência à credulidade (COUTO, 1931).*[76]

Criou, voluntariamente ou não, sucessivos mal-entendidos com o seu *homem cordial*, originalmente uma criação de Ribeiro Couto. No capítulo V de *Raízes do Brasil* é dúbia a expressão *homem cordial*. A rigor, é uma teorização de um presumível caráter nacional sem qualquer consistência e concretude. Pretendeu e fracassou, por décadas, elucidar essa questão do *homem cordial* em sucessivas edições do *Raízes*: o homem cordial não é obviamente o homem brasileiro real.

Como uma figuração literária de homem cordial, criada por Ribeiro Couto e incorporada por Holanda de maneira diáfana e confusa, poderia se tornar um axioma identitário do homem brasileiro? Holanda foi o historiador paulista que deu *fundamento sociológico* (*sic*), diria Antonio Cândido, à expressão *homem cordial*, criada pelo poeta santista. Em 1946, fez a recepção a João Peregrino Júnior da Rocha Fagundes (1898-1983) na Academia Brasileira de Letras, e Manuel Bandeira destacou, entre as virtudes do empossado, a cordialidade e atribuiu publicamente ao seu criador: "Ribeiro Couto inventou de uma feita a teoria do homem cordial. Segundo o nosso amigo, a cordialidade seria a contribuição brasileira à obra da civilização".

Holanda deveria ter evitado esse deslize em sua obra. Assim como a entronização da suposta passividade e/ou conformismo das massas afrodescendentes, nada mais que um esforço teórico e autoritário para confirmar sua visão estática e imutável da geografia humana brasileira em todos os tempos. Para isso, retira da nossa história a resistência afro,

---

[76] Carta endereçada em 7 de março de 1931 a Alfonso Reis, publicada originalmente no Jornal Monterey, editado pela Embaixada do México no Brasil.

Sérgio Buarque de Holanda.
Arquivo Nacional – Domínio Público

o caráter de conflito permanente entre nós. Holanda quer comprovar e afirmar nossa incapacidade de fazer uma ruptura radical, não desejamos "o prestígio de país conquistador e detestamos notoriamente as soluções violentas", por isso buscamos "ser o povo mais brando e o mais comportado do mundo. A abolição da escravatura foi a nossa única revolução social, sabidamente mansa e calma" (HOLANDA, 1999).

Negar a rebeldia dos escravos, desde o primeiro minuto que botaram o pé na terra hostil, é má-fé, é deturpar ou não reconhecer um fato. Essa falsa história sobre as nossas matrizes fundacionais étnicas é uma construção segundo valores europeus. E exige uma revisão crítica profunda das suas bases ideológicas e temáticas, trajetórias e contextos de produção intelectual, e não só dessas obras.

É preciso acrescentar ainda Aureliano Cândido Tavares Bastos (1839-1875), Tobias Barreto de Meneses (1839-1889), Sílvio Vasconcelos da Silveira Ramos Romero (1851-1914), Euclides Rodrigues Pimenta da Cunha (1866-1909), Alberto Torres (1865-1917), Francisco José de Oliveira Viana (1883-1951), Antônio José de Azevedo Amaral (1881-1942), Alceu Amoroso Lima (1893-1983), Gilberto Freyre, Francisco Luís da Silva Campos (1891-1968), Manoel Bonfim (1868-1932) e outros.

A listagem seria cansativa, mas de espectro tão amplo e provocador, pois é composta ecumenicamente por liberais e integralistas, católicos e marxistas. Alguns obrigatoriamente têm que passar ainda pela exegese histórica e o papel que seus autores jogaram na criação de falsos mitos fundacionais e étnicos.

Capítulo 8

Guerra sem fim

Ao penetrar nas sociedades modernas, destruiu-lhes a escravidão, a maior parte de seus fundamentos morais e alterou as noções mais precisas de seu código: progresso pelo mais obstinado regresso, até fazê-las encontrar a velha civilização de que saíram, através de chamas purificadoras.

Na verdade, somente quem olha para esta instituição, cegado pela paixão ou pela ignorância, pode não ver como ela degradou vários povos modernos a ponto de torná-los paralelos a povos corrompidos que passaram.

Joaquim Nabuco, 1870

Enquanto não discutirmos nossa segregação e suas consequências expressas pelo *apartheid*, não estaremos falando do país real. Esse país, que acreditamos ser o Brasil, não existe, nunca existiu. Exige o questionamento sobre a razão de ser do país, sobre as instituições que o sustentam; a ilegitimidade da minoria, que ignora a maioria, sacrifica a coesão nacional.

Constituímos um país ideal de *supremacia despigmentada* minoritária, com um modelo social e econômico decorrente da independência pós-colonial, esboçado pelos principais pensadores brasileiros do século XIX. Para eles, importava a separação das etnias e a delimitação de áreas — sociais e econômicas — muito precisas para os afrodescendentes.

Como resolver o imbróglio dessas múltiplas hostilidades étnicas? Ao contrário do pretendido pelos pais da pátria — portugueses ou nativos —, em vez de a independência desembocar numa unificação fundacional étnica, descambou para o *apartheid* que nos fez perder, definitivamente, a oportunidade — mais uma — de modernidade. Ocorre o contrário, aprofundamos a violentação das diferenças sociais, culturais e econômicas interétnicas e geraram-se tendências fundamentalistas de todos os tipos com esse continuísmo escravocrata.

Segregação programada

Os teóricos da pátria brasileira não dissimulam o desconforto moral e até uma surpresa mórbida diante da constatação de que a modernização constante do país não diminuiu, ao contrário, fez aumentar os confrontos, notadamente no século XX, com novas formas de contestação e rebelião social nas zonas segregadas, seja em forma de micro ou de macrocriminalidade (do roubo famélico a grandes assaltos). Ações congênitas impedem que se acordem tréguas, por mais parciais ou frágeis que sejam. A solução violenta em todos os tipos de conflitos é a única prática que resta dentro desse modelo, comprovada pelo recrudescimento irreprimível da violência urbana dos tempos atuais contra as massas segregadas.

Dentro do separatismo étnico imposto, temos diversos vetores atuando isoladamente ou em conjunto. Temos o separatismo socioeconômico imposto aos afro-brasileiros e os separatismos não étnicos, de todas as cores, tão insidiosos quanto perturbadores para a ordem social, penalizando grandes massas isoladas e confinadas em espaços urbanos completamente subumanos. Em alguns casos também, a resposta dos segregados e marginalizados é um separatismo de raiz étnico-religiosa. Os separatismos são dos fenômenos mais preocupantes deste início de milênio. As diferenças de projetos entre diferentes partes da sociedade podem criar tensões, cujo paroxismo resulta em conflito permanente.

Como, então, analisar, no contexto geral de conflagração étnica que vive o país, a balcanização social e territorial das populações de ascendência africana? Cada uma se encerra sobre si mesma, sendo muito comum um autorreferenciamento, enquanto defesa de sua individualidade que a impede de se aventurar por territórios alheios em busca de uma solução pactuada e comum.

Na verdade, não se encontra definido, e muito menos aceito ou proposto, qual o modelo multiétnico que temos (e o que queremos). A pluralidade de elementos hostis nas relações sociais entre etnias no país nunca propiciou uma cultura colaborativa: a tomada de decisões partilhadas, consultas permanentes e gestão comum em questões políticas, sociais e econômicas.

Um dos ideais mais presentes no início deste milênio é o de uma humanidade que não exclua seus membros, individual ou coletivamente, qualquer que seja o elemento que os diferencie dos restantes cidadãos. Mas está na fronteira da utopia o fim da incivilidade étnica, cuja inerência à organização social é evidente: a etnicidade integradora é e continuará sendo um ideal quimérico, cuja persecução abusiva visa à purificação identitária da etnia dominante.

A atual crise humanitária em que vive o país parece ser uma recaída no barbarismo étnico brasileiro. Não num passado primitivo, mas em barbáries modernas, urbanas, sociais e econômicas. Se existe uma crise de civilização no país, alerta o filósofo Edgard Morin, é porque os problemas fundamentais são considerados pelo Estado problemas individuais ou privados e não problemas coletivos. A trindade republicana francesa — liberdade, igualdade e fraternidade — é interessante e complexa, diz o autor, porque os três termos são ao mesmo tempo complementares e antagônicos.

A liberdade sozinha mata a igualdade e mesmo a fraternidade. Imposta, a igualdade destrói a liberdade sem realizar a fraternidade. Quanto à fraternidade, que não pode ser instituída por decreto, deve regular a liberdade e reduzir a desigualdade. Este é um valor que de fato diz respeito à ligação de si mesmo com o interesse geral, ou seja, civismo. Ali, onde o espírito cidadão enfraquece e onde deixamos de nos sentir responsáveis e solidários para com os outros, a fraternidade desvanece. Existem momentos históricos em que o problema crucial é o da liberdade, sobretudo em condições de opressão, ou da solidariedade, como foi o caso da Segunda Guerra Mundial.

Afinal, que Estado fundamos e temos? Um Estado-*Apartheid* com segregação normalizada. Pode-se categorizá-lo como um sistema tríplice: confinamento territorial, exploração econômica e com um espaço vital assegurado para a etnia predominante. Dentro dela há múltiplos vetores atuando isoladamente ou em conjunto. A sociedade da *supremacia despigmentada* e seus aliados não se culpam pela manutenção da desigualdade social, étnica e econômica.

Na atualidade, temos um novo tipo de segregação urbana, com condomínios e bairros cercados e blindados à custa de forças paramilitares particulares, que reordenam a ocupação dos territórios urbanos, refundam bolsões e cinturões de segurança e impõem medidas de isolamento para as minorias. Minicidades autossuficientes, ilhadas do seu entorno, no mesmo espaço urbano. Esse tipo de reordenamento faz com que as poucas avenidas ascendentes de mobilidade, mantidas pelos grupos dominadores para evitar uma explosão social, estejam cada vez mais intransitáveis.

A vitimização a que estamos assistindo nos tempos atuais não significa o aumento do conflito tradicional. As corporações burocráticas públicas, em conexão com as forças conservadoras, geraram secularmente empecilhos terríveis e áreas de desestabilidade no interior de fronteiras artificiais como favelas, comunidades carentes nas periferias, zonas urbanas degradadas e zonas rurais. Assim, não conseguiram motivar um anseio de identidade nacional entre os vários e diversos grupos durante a constituição de um país livre.

As áreas faveladas da geografia urbana brasileira, com repressão social mais complexa e estruturas mais sofisticadas, criaram uma expansão social e indefinida das fronteiras étnicas (e sociais), com pessoas cada vez mais isoladas em grupos. As etnias afro-brasileiras, por sua vez, buscam evadir-se da morte anunciada, conhecedoras que são de que nada as protegerá no confronto com a *supremacia despigmentada*.

Segundo Maria Stella Martins Bresciani, a incapacidade intelectiva da elite pensante do país, aprisionada em um círculo vicioso pela busca de uma origem mítica fundada nas três raças, oscila entre a inferioridade mestiça do povo (segundo autores do fim do século XIX e primeiras décadas do XX e com a fabulação otimista de uma democracia racial a partir de Gilberto Freyre) e a recusa de relacionar nossa identidade com a imensa distância separando as classes sociais. Tais anomalias são fermentadas pelos valores que os grupos étnicos dominantes defendem e difundem. Para os segregados, porém, resta o cansaço democrático, o desconcerto, a fúria, perante os novos autoritarismos, num sistema que não permite o pertencimento por ser monolítico.

APARTHEID GENÉTICO

Ao analisar sequências de DNA mitocondrial de norte-americanos despigmentados no banco de dados do FBI, para uso forense, o pesquisador Sérgio Pena encontrou um grau de miscigenação excepcionalmente baixo. Apenas 3,1% das amostras revelavam algum traço de ascendência africana ou indígena. Foram analisadas amostras de 1.387 indivíduos. Apenas 31 exibiam traços genéticos asiáticos e ameríndios, enquanto outras 13 tinham presença de DNA africano.

O resultado comprova que o *apartheid* norte-americano como fenômeno étnico e social persiste nos EUA. No artigo *Sex-biased gene flow in african americans but not in american caucasians*, publicado na revista brasileira *Genetics and Molecular Research*, Pena e sua equipe do Departamento de Bioquímica e Imunologia da UFMG constataram o baixo grau de miscigenação resultante da rígida muralha étnica (*supremacista*), erguida nos EUA desde os tempos da escravidão, e ainda vigente como sua herdeira na segregação explícita. Esta muralha esteve presente do século XVIII até o fim da década de 1960, quando foi declarada inconstitucional. Conhecida como *one drop rule* — uma única gota de sangue afro torna o indivíduo afro —, essa categorização era utilizada mesmo quando um distante trisavô africano (a proporção é de 1/32 de ascendência africana) define que o indivíduo é afrodescendente. Tal regra foi adotada a pretexto de decidir o destino dos filhos de escravos com despigmentados, mas se tornou uma das pedras fundamentais nos EUA para desestimular os casamentos interétnicos.[77]

---

[77] F. Marques. Pesquisa Fapesp, Edição 137, jul. 2007.

Guerra civil étnica

O conflito provocado pelo *apartheid* não é inevitável nem aceitável. Acolher isso é catastrófico, é a descaracterização e desqualificação de todos os fatores e atores envolvidos. O *círculo cumulativo de desigualdades*, conceito elaborado originalmente pelos sociólogos Carlos Hasenbalg (1979) e Nelson do Valle Silva (1978), no fim da década de 1970, pode ser sintetizado em várias versões. Esses autores, com dados censitários (ou de amostras domiciliares) de renda, educação, naturalidade, origem rural ou urbana, ocupação, ocupação dos pais, estado de residência, pertencimento étnico, dentre outros, demonstraram, de modo estatisticamente relevante, que a *cor dos indivíduos* tinha grande peso na explicação da pobreza e sua reprodução. A pobreza teria majoritariamente, portanto, as *cores da afrodescendência*.

O argumento político consequente foi o de que o acesso total à educação formal, a ausência de barreiras à população afro-brasileira, a ampliação das oportunidades de emprego e renda, trazidas pelo avanço capitalista não seriam satisfatórias para diminuir as desigualdades sociais brasileiras. Isso porque elas trazem em seu bojo um antagonismo irredutível, o *apartheid*, que impede a equidade em termos de oportunidades. A *democracia racial* sempre foi um mito, tal como algumas lideranças afro-brasileiras e alguns sociólogos já diziam desde o fim dos anos 1960 depois do golpe militar (GUIMARÃES, 2006).

A convivência pacífica ansiada pela maioria afrodescendente com a sociedade brasileira portadora de pele despigmentada é possível? A maior concordância que temos até aqui é que o responsável maior pela natureza da guerra étnica civil é o Estado supremacista ariano, na plenitude de sua opção dominante e conservadora. E como resultado da sua vontade, só será extirpado por um equilíbrio de poder no qual nenhuma população do país — a de pele despigmentada e a de pele com alta pigmentação fotoprotetora — possa sobrepujar a outra.

A combustão intermitente das perigosas *favelas negras* (de maioria afrodescendente) supõe uma dupla ameaça: de um lado, diminui a área geográfica onde está presente; de outro, diminui o âmbito da autoridade central, o poder de que desfruta. Quando a ocupação geográfica de um Estado está em perigo, vê-se igualmente desafiada a ideologia da sua unidade. A fidelidade a ele se baseia na aceitação de sua força. Qualquer debilidade pode ser considerada atualmente como *ausência do Estado*.

O julgamento de conflito interno (no nosso caso étnico) é levado ao extremo por Tomas Fischer, quando diz ser consequência do processo incompleto de formação da nação, permanecendo interiorizado nas cidades, com populações civis experimentando situações críticas (sociais e humanitárias). Jean-Jacques Rousseau (1712-1778), no rastro de Thomas Hobbes (1588-1679), afirma que:

1. *Todos se tornam inimigos; alternadamente perseguidos e perseguidores, um contra todos e todos contra um; o intolerante é o homem, a intolerância é a guerra da humanidade.*
2. *O homem não escapa dessa guerra mesmo quando em sua nostalgia de paz reconhece-a como um princípio moral de legitimidade universal.*

A gênese da conflagração étnica atual ainda é uma questão aberta e secular na sociedade brasileira, que se arrasta e que parece insolúvel até o fim dos tempos. Ela tem mil faces, formas, atuações; faz parte de todos, atinge aleatória e cruelmente qualquer um de nós. O correto seria questionar em que momento e em que situação o *apartheid* se torna uma necessidade na realidade atual, entendê-lo em sua natureza e malefício. No déficit de administração das relações, o déficit de iniciativa (pública), o déficit de confiança (cidadã), o déficit de aderência (social), o déficit de prevenção, com a constituição de regras e de leis factíveis, dentre outros, são os principais vetores que alimentam o confronto. Tudo isso em consonância com o nosso passado.

A doutrina clássica caracteriza três etapas para a sua classificação: rebelião, insurgência e beligerância. A rebelião atual das favelas-quilombos, *afros e perigosas* — nossos sowetos — se reproduz em manifestações públicas, com saques, combates urbanos de vários tipos e com uso de forças militares e policiais. Como uma guerra clandestina, não se declara, não tem prazo determinado, é travada nas sombras. Nela, os profissionais passam para o segundo plano e as forças de repressão social são protagonistas do trabalho sujo. E de sujo, mais do que nunca, torna-se imundo, numa sociedade primitiva que convive na miséria e em conflito étnico permanente.

São mais de 786 mil mortes no país entre janeiro de 2001 e dezembro de 2015 (70% afro-brasileiros). O sistema carcerário e as forças de segurança contribuem com a média de uma morte a cada 10 minutos. Mas quem alimentou esse morticínio de massas, com mais de 70% de suas vítimas afro-brasileiros? O conflito étnico interno de alta intensidade. Está na guerra às drogas, aos pobres, aos afro-brasileiros, como resultado de uma série de conflitos paralelos associados. Gerados, mantidos, dirigidos pela *supremacia despigmentada*, pelos aparelhos de segurança públicos dos setores sociais despigmentados, que devem governar os pigmentados.

Quando um enfrentamento dessa natureza adquire proporções nacionais, é classificado como insurgência. É um quadro em que o dominante é impossibilitado de manter a ordem pública e exercer a autoridade em todo o território nacional. A insurgência seria o estágio anterior ao da beligerância, o que caracterizaria o conflito civil clássico. Não é fácil discernir entre insurgência e beligerância. Ortodoxamente, a beligerância é o estágio no qual os insurgentes foram reconhecidos como beligerantes. Não obstante, Peter Waldmann sugere uma nova categorização em que se aceite o fato de os conflitos não serem apenas decorrentes da formação da nação, mas também da sua transformação e decomposição.

Seja na Favela do Jacarezinho...
Foto: Márcia Almeida (*O Globo*).

... seja em Sharpwille, África do Sul, os executores e as vítimas são sempre os mesmos.
Imagem: TBG. Wikimedia.commons.

Escola de Frankfurt

A natureza contraditória do progresso e da civilização moderna encontra-se no espírito das reflexões da Escola de Frankfurt. *Na Dialética do Iluminismo* (1944), Adorno e Horkheimer constatam a tendência da racionalidade de se transformar em loucura assassina: a luminosidade gelada da razão calculista carrega a semente da barbárie. Numa nota redigida em 1945, para *Minima Moralia*, Adorno utiliza a expressão *progresso regressivo* tentando categorizar a natureza paradoxal da civilização moderna.

O dito progresso subverte as posturas e as atitudes que se determinam entre o indivíduo e a comunidade, cultura e razão, convívio pacífico e justiça, ou seja, a incubação de uma sociedade diversa. Descaracteriza que os direitos fundamentais estejam na raiz do processo de associação voluntária (ritos religiosos, expressão cultural, liderança comunitária). A coexistência pacífica não é um exercício limitado de cidadania, mas a aceitação resignada da diferença para manter a tolerância étnica e social num grau primário. A ausência de leis comuns e direitos fundamentais universais faz com que seja incompatível com uma sociedade civilizada. Pelo fato de não distinguir entre alvos e agressores, afeta, sobretudo, as vítimas. Isso provoca a deliberada inconsistência do diagnóstico oficial sobre o fratricídio: as prioridades e os esforços para o alcance da paz não estão formulados para beneficiar as massas afros. Não coloca como condição primeira o silêncio das suas armas.

Como avaliar a natureza do que não poupa ninguém nos campos de concentração, vulgo favelas, onde vivem milhões de segregados? Vivem num terror urbano, fronteira de pânico diário, que não podemos sequer nomear sua visível crueldade. O problema do nosso enfrentamento violento étnico permanente é só político? Qual é a condescendência da sociedade brasileira com penalização étnica brutal da maioria da população? Determinadas esferas sociais declaram-se neutras. Avalizam o cerco nas periferias das cidades das favelas-quilombos, aceitam uma ampliação dele. É o que mantém a coexistência forçada (o que não quer dizer pacífica) entre a *supremacia despigmentada* e os outros grupos étnicos.

Uma ciência completa dos seus efeitos sobre os brasileiros, afros ou não, deveria provocar uma comoção social? Uma guerra étnica como a nossa se funda no critério de que a relação entre as comunidades integrantes de uma mesma sociedade, em primeiro lugar, é econômica, e o êxito ou fracasso estabelecerá a paz ou a guerra.

E então entram as técnicas de desestabilização programadas para semear o medo e o ódio, cada vez mais violentas. O alvo é tornar dominada a população afrodescendente, desfazer-se de quem tenha identidade distinta (inclusive julgamento também distinto). A feição da confrontação em andamento permite pensar que caminhamos céleres a um estágio cada vez mais violento, como se isso fosse possível.

As razões da guerra movida pelos supremacistas são de duas naturezas: *razões legítimas* ou motivos de conveniência. E, dentro desse quadro, ações defensivas ou ofensivas. Mas a alegação unívoca do Estado é alçar as armas pela *supremacia despigmentada* para repelir um inimigo que a ataca. Os interesses da *supremacia despigmentada*, nos seus espaços urbanos, são defendidos a ferro e fogo, com uma vitimologia afrodescendente pavorosa.

Como não está disposto a produzir soluções, quaisquer que sejam, ele esquiva-se da integração étnica com a pior atitude possível. A começar pela supressão dos princípios democráticos, da convivência democrática. Com choques permanentes nas zonas mais conturbadas, nas periferias das metrópoles, nas favelas-quilombos, espaços públicos urbanos completamente degradados. O seu *modus operandi* extremista está caracterizado pela *ofensiva programada* em determinadas regiões. Conserva seu poder de fogo, sua letalidade, atos e operações que propendem à sua exclusiva defesa. Essa atitude provoca revide a qualquer pressão ou ato agressivo dos segregados contra ele.

Contrapor-se à realidade conflagrada não significa que lhes seja permitido desconhecer que em certas áreas urbanas já se mantém o caráter de violência generalizada. A decomposição social propiciada por essa prática suicida e extremista (o *apartheid*), inviabiliza saídas possíveis por não haver instâncias comuns com os agredidos. A abordagem desse lado sombrio é extensa, sua fenomenologia é dotada de uma fertilidade infrene.

Muda a época, não mudam as armas.

Gravura de Debret. Denominada "O Castigo"

Pau de arara contemporâneo.

Soweto é aqui

A favela afro é um espaço sem tempo. O momento humano dos afro-brasileiros, em sua dimensão biográfica e histórica, é literalmente anulado. Não existe nem passado nem futuro, somente um presente contínuo de sofrimento crescente. Parece que ali também se assassina de maneira brutal e definitiva o humanismo clássico que configurou o homem como um animal racional, político e linguístico. É como se as conquistas que propiciaram a civilização ocidental — a liberdade e o indivíduo — deixassem de ser valores eternos.

Nesse recinto só vive um animal, um não homem, um espectro sem rosto encerrado em pesadelos, um corpo vazio ao que finalmente lhe furtam até a aptidão de padecer humanamente. A favelização das populações afro-brasileiras na totalidade do território urbano balcanizado materializou os ódios mais ancestrais de populações umas *versus* outras (de maneira especial flagela a africana).

Esse padrão já tem cidades definitivamente incorporadas, com áreas superprotegidas, zonas perigosas, guetos e zonas à margem da lei. O relatório *A Situação das Cidades no Mundo* (1996), da Organização das Nações Unidas (ONU), aponta que o processo de desenvolvimento de uma nação mantém uma alta correlação com a viabilidade e integração das suas áreas urbanas e que são as chaves para o desenvolvimento.

O território, pensado como um espaço delimitado por relações de dominação, é objeto de grandes disputas, espaço preferencial da matriz do *apartheid*. O seu aprofundamento nas grandes metrópoles alterou o cotidiano, o espaço fundamental para o cidadão no território. É nele que ocorrem as ações, onde o indivíduo é coagido pelas relações sociais em diferentes escalas. A geografia do choque criada por ele em todo o país definiu o cotidiano, condicionou a vida e tem novas formas de letalidade para os afro-brasileiros.

Tornou-se a principal arma de líderes da *supremacia despigmentada* pelos domínios de territórios e riquezas. Além disso, provoca em suas vítimas uma manifestação desorganizada de ódio, frustração e ira das comunidades atingidas. Em suma, são fases desta violência supremacista:

- PRIMEIRA: *a disputa étnica e econômica se mantém incólume pós-abolição entre a* supremacia despigmentada *e a população afrodescendente.*
- SEGUNDA: *a cruzada contra os bandidos (majoritariamente afro--brasileiros) é a que menos produz resultados no presente momento.*
- TERCEIRA: *não nos esqueçamos de que foi a filosofia alemã — parte da melhor cultura ocidental — que produziu Auschwitz.*
- QUARTA: *insensatez; legitimar o terrorismo étnico do* apartheid *e suas causas, que não têm e nem podem ter explicação.*

As cidades brasileiras, sobretudo durante o período escravagista, bem como no decorrer de todo o século passado com o republicanismo, com ênfase nas suas três primeiras décadas, tiveram na faina dos agora libertos os seus construtores centrais. Edificaram e cimentaram as bases do desenvolvimento das principais cidades brasileiras, como Salvador, Rio de Janeiro e São Paulo. O que conhecemos e desfrutamos como urbes modernas no país foram obra e fruto da mão de obra liberta. Os agora trabalhadores afro-brasileiros fizeram a edificação das habitações, prédios públicos e privados, igrejas, palácios, colégios, unidades de saúde entre outras. Transportaram também todos os tipos de carga, alimentos, materiais e ferramentas para abastecer a cidade.

Num território urbano delimitado por maioria afrodescendente e minoria da *supremacia despigmentada*, nossos sowetos se chamam favelas. Circunscritas e isoladas, a ferro e fogo, ocorrem investidas contra as populações, execuções sumárias, às expensas de qualquer justificativa. E na *criminalidade* (genérica), quando referente aos afro-brasileiros, todos são suspeitos e alvos, acusados de serem os autores únicos da criminalidade de massas que temos e não suas principais vítimas da repressão social e econômica e do extermínio permanente.

LEIS PRIMEIRAS DO APARTHEID

O **Código Criminal do Império, de 1830,** estabelecia, ao mesmo tempo, o controle e regulação da vida dos afrodescendentes nas cidades e colocava obstáculos a insurreições ou revoltas. A insurreição foi criminalizada, e pessoas livres que encabeçassem os levantes eram punidas. E nem se podia perambular em busca de comida.

Decreto nº 145, de 11 de junho de 1893, que determinava a prisão de mendigos, vagabundos, capoeiristas e desordeiros em coloniais penais fixadas pela União ou pelos estados;

Decreto nº 3475, de 4 de novembro de 1899, negava o direito a fiança a réus vagabundos ou sem domicílio e autorizava incursões policiais sem controle judicial em regiões onde havia mais afrodescendentes.

Lei nº 4242, de 5 de janeiro de 1921, fixou a idade penal aos 14 anos;

Código de Menores, de 1927, criou a categoria do menor *infrator*, para reprodução de representações estereotipadas de meninos afrodescendentes.

Favela Complexo do Alemão.
Foto Tomaz Silva/ABr

Favela Paraisópolis, Morumbi.
Foto: Jorge Maruta/Jornal da USP

Seriam as perigosas *favelas afros* atuais os novos quilombos urbanos? Ou campos de concentração contemporâneos? A continuidade da tradição de resistir aos novos senhores, agora ao alcance visual deles? Qualquer analogia com os sowetos é verdadeira. Ou seja, tudo o que acontece nas favelas já aconteceu, está acontecendo e continuará acontecendo. Com novos elementos — a droga assumiu o papel de demônio, antes ocupado pelo trabalho forçado na senzala. Entretanto, com a mesma matriz: afro-brasileiros enfrentando a sociedade dos *não pigmentados*. Assim como muitos capitães-do-mato eram alforriados, alguns dos principais chefes e integrantes desses grupos de extermínio são afro-brasileiros.

No século XVIII, com a escravidão já banida em todo o mundo, sendo o Brasil o único país ocidental onde ela se mantinha, os quilombos passaram a ser apoiados por aqueles que eram contra essa barbárie e não eram indiferentes ao horror que presenciavam. Faziam, inclusive, campanhas clandestinas para arrecadar recursos para custear as defesas dos redutos dos rebelados.

Mas há uma grande diferença entre os quilombos e nossos atuais sowetos: antes era a escravidão, agora é o *apartheid*. O que advém quando as favelas de população afro se enfrentam, se chocam, com um sistema de repressão étnica sem limites? A aversão dessas populações, tanto diante da criminalidade quanto das forças da ordem, consiste em intensa coesão social, uma autodefesa comunitária à perseguição paramilitar e policial. Ataque a um é a todos. Por se tratar de um movimento pacífico e desarmado, expressa uma neutralidade ativa. Sustenta-se no sentido de um acolhimento que oferta coesão social e abrigo territorial, fundamentais para defender-se e manter o controle do espaço nos assuntos comunitários.

As vítimas oferecem resistência, lutam e buscam explicações para as suas privações. O ato de resistir é a qualidade de um corpo (social) que reage contra a ação de outro corpo (o Estado), forçando-o à defesa. Esse corpo social aguenta a fadiga, a fome e o esforço moral, mas tem na recusa de submissão à vontade de outrem a sua principal armadura. É um processo natural: assim como a disposição do sistema imunológico de acionar a defesa contra antígenos, o corpo social possui o de resguardar-se de ordens ou atos que suprimam seus direitos. Regem sua indisciplina contra a *ordem despigmentada* como um testemunho de repulsa às condições nas quais sobrevivem.

E quando uma população é atacada e derrotada, tem que sujeitar-se aos vencedores. Mas buscará fugir da agressão em áreas inacessíveis (e indesejáveis) onde consiga preservar autonomia, escapar do perigo que esse oponente representa. O quadro provocado nessas comunidades é de degradação, empobrecimento e alta letalidade policial. Etnicamente, são inferiores e merecem punição; por isso, o cerco permanente às favelas. Elas são *territórios liberados*, mas não *inimigo armado*, incapazes de ignorar ou atacar seu principal inimigo: a elite dominante e seu principal instrumento, o Estado.

Quando podem, as vítimas dão o contragolpe: a lei do silêncio, desobediência civil, redes de solidariedade informais e à revelia do sistema legal etnicista e desordens urbanas motivadas pela injustiça e pela extrema crueldade a que estão submetidas. Rebeldes-bandidos das favelas são, para as massas segregadas e humilhadas, heróis que lutam imbuídos de um espírito ancestral. Herdeiros das rebeliões autóctones e as subsequentes dos escravos, dos famintos, dos explorados, dos invisíveis seres humanos nas periferias. E o que mais a cega análise do aparelho etnicista possa considerar como uma forma de criminalidade exclusiva dos afro-brasileiros.

Assim, irá se contrapor às várias rebeliões afros com campanhas permanentes contra insurreições e ignorância cônscia das leis e código. Por outro lado, os segregadores não conseguirão sustentar (financeira e belicamente) as rebeliões que são controláveis e finitas. Na variante mais cínica dessa postura, a revolta étnica é incentivada por ganância. Os *rebeldes* são milhões na linha abaixo da miséria, incentivados apenas pela luxúria e pela ânsia de poder. O risco de revolta é ligado a condições econômicas, ao desemprego, ao limite territorial fixado nas periferias da cidade como seu *habitat* natural nas cidades e à falta de acesso aos bens materiais e culturais.

As populações marginalizadas percebem com nitidez que o oponente não mudou em nossa curta história. Os bandos policiais de extermínio são os sucessores dos esquadrões da morte do regime militar recente, engendrados no ventre da máquina policial fascista do *Estado Novo*, que herdou a punição social da *Velha República*. Eles adaptaram e reciclaram, quando possível, os capitães-do-mato e jagunços do sistema escravocrata.

A indiferença, ou melhor, a passividade social, foi um grande espetáculo no pós-guerra do finado século XX, e ainda agora, nas primeiras décadas do século XXI, persiste em nossas cidades conflagradas. O cenário de insegurança que presenciamos é o de uma sociedade que chega um pouco mais perto da beira do abismo. O que ocorre atualmente em áreas urbanas periféricas é uma rebelião social clássica, ortodoxa *versus* o dominante. Migraram de protestos avulsos, como queimar ônibus, paralisar o trânsito com barreira de pneus incendiados, para protestar com seus próprios *códigos legais* contra a ferocidade policial e as duríssimas condições de existência.

Aciona-se a força policial militar como a única via para enfrentar uma *nação fora da lei* e eximir-se de qualquer prevenção. Determina-se a existência de perigo à convivência pacífica entre as etnias e o combate à rebelião dos grupos de inferiores. Decidem-se quais ações deverão ser tomadas de acordo com os seus interesses e avaliações, que permitam tomar distintas ações, até as que envolvam as Forças Armadas, se achar que são fundamentais para enfrentar o *inimigo*, o que já foi feito em diversos períodos anteriores.

Um grupo pode aparecer a qualquer hora, com a truculência que desejar e fazer o que lhe apeteça. O que os vendedores de drogas tentam à resistência de fogos de artifício e tiros disparados a esmo, que nunca acertam um policial, mas sim crianças e pessoas em circulação ou residentes. Os vinculados aos cartéis internacionais não moram nas favelas-quilombos, e muito menos se enfrentam com a polícia dentro delas.

As populações faveladas optaram pela terceira via: entre o Estado segregador e genocida, e os vendedores de drogas locais (a maioria afro-brasileiros), elegeram uma massiva desobediência civil. Não colaboram com a polícia e se mantêm arredias dos revendedores locais de drogas. A neurose de insegurança (fabricada) e a ânsia de segurança (induzida) nesse todo não são duas realidades independentes; na essência, são a mesma coisa: nada mais do que clamores em defesa de privilégios da *supremacia despigmentada*. Que os mendigos agonizem fora do alcance da minha vista; que os drogados não se envenenem na minha rua; que os delinquentes roubem outra casa e que os presos se decomponham numa prisão longínqua.

Em constante reciclagem, instituiu-se hoje o traficante, que primeiramente é afrodescendente, pobre, refugiado na perigosa *favela afro*. É uma figura necessária para os planos de intensificar a guerra social que garante a sua sobrevivência e hegemonia. À primeira vista, parece paradoxal, mas elucida-se quando os valores da *supremacia despigmentada* são adequadamente categorizados.

O assistencialismo estatal, demagógico e ineficaz às vítimas do seu extremismo étnico resulta perverso, sem quaisquer resultados de curto, médio ou longo prazo. Houve a montagem de dispositivos institucionais para atender as favelas, mas não como vítimas de delitos, mas sim como marginais, meliantes, criminosos, fazendo entrar em choque a compreensão de laços e relações sociais, os modos sociais. Nesse contexto, as concepções judiciárias são norteadas pelo efeito inverso ao que seria a horizontalidade/verticalidade da justiça e permitem, diariamente em nosso país, tortura, assassinato e desaparecimento sistemático de afro-brasileiros, pavorosa barbárie coletiva.

Constituição e *apartheid*

Com a Constituição Democrática de 1988, *segurança pública* passou a ser um direito social pela primeira vez. Todavia, na prática, não deu um novo formato às polícias, que foram ficando cada vez mais militarizadas. A polícia seguiu agindo como agia antes da democratização, como grupos de extermínio. Há incontáveis casos, como as chacinas de Acari, Candelária e Complexo do Alemão, no Rio; no Crespo, em Manaus; em Messejana, no Ceará, além do massacre do Carandiru, em São Paulo. A maioria das vítimas desses massacres era afro-brasileiros.

E essa carta constitucional caracteriza o Brasil como uma democracia. Todos os artigos da Constituição são defensores dos Direitos Humanos e das liberdades. Esses princípios constitucionais possibilitam a participação e o exercício da vontade popular. Entretanto, existe um obstáculo intransponível para a população afro-brasileira ser beneficiada: um *apartheid* que se modernizou, sacralizou anomalias seculares étnicas, sociais, econômicas e territoriais, tornando-a dessemelhante e desigual à revelia dessa lei maior, num país conduzido por uma etnia dominante inamovível. Para ela, incluindo o próprio Estado, o controle social, político e econômico tem o *status* de defesa dos seus corpos, das casas, dos seus capitais e das suas escolas e universidades, onde domina incontestavelmente.

O preâmbulo da Constituição de 1988 afirma, entre seus princípios fundamentais, dois objetivos defendidos pelos poucos constituintes afro-brasileiros que fizeram parte da Assembleia Constituinte: "[...] promover o bem de todos, sem preconceitos de origem, raça, sexo, cor, idade ou quaisquer outras formas de discriminação"[78] e, nas relações internacionais, o Brasil seria guiado pelo "repúdio ao terrorismo e ao racismo".[79]

Embora três das quatro constituições promulgadas no Brasil no século XX proibissem a *segregação racial*, esta foi a primeira vez em que a linguagem constitucional foi amplamente debatida e elaborada por constituintes que se autoidentificavam como *negros* (e não como afro-brasileiros) e em diálogo com os movimentos afros. E assim, como o exemplo secular da Lei Áurea, ficou ou continua no papel. Como perseguir uma nação integrada e feliz sem direito, justiça e fraternidade? A escravidão recusava a condição humana, entretanto era legal. Ao abandonar a lógica e unívoca da equidade perante a lei, o sistema jurídico que fundamos explicita seu segregacionismo oficioso sem qualquer constrangimento.

Ao recusar a equidade universal perante a lei, esse sistema jurídico exclui mecanicamente os direitos fundamentais dos afro-brasileiros. O sistema judicial criminal permite a aplicação de penas diferentes para o mesmo delito cometido por um brasileiro despigmentado em comparação a um brasileiro com alta pigmentação. As normas jurídicas encontram-se hierarquizadas para controlar o conflito étnico integralmente.

A lei deixa de ser normas e direitos comuns e passa a ser um artifício contra tudo o que possa enfraquecer ou solapar a *supremacia despigmentada*. É quando ela explicita sua violência sem diques. Essa estratégia de criminalização sistemática étnica é exercida em todas as suas instâncias. As diferentes verdades sobre os delitos e os acusados são produzidas segundo os critérios de punibilidade social do poder etnicista e não da lei.

A Justiça, no sentido de círculo judicial, cumpre papéis econômicos, sociais e culturais em seu relacionamento com a população afrodescendente. E constitui um ativo político e social essencial contra ela. O sistema

---

[78] Título I, Art. 3 — VI.
[79] Título I, Art. 4 — VIII.

judiciário — colonial, imperial e republicano — estrangulado há séculos pelos desígnios da escravidão e suas heranças, ainda está, e da pior maneira, com o *apartheid*. A atual administração do Judiciário brasileiro nunca contemplou a equidade com a afrodescendência como uma de suas matrizes principais.

Essa estratégia de criminalização sistemática contra os afro-brasileiros é exercida em todas as suas instâncias. As diferentes verdades a propósito dos delitos dos quais eles são acusados vêm sendo produzidas segundo os critérios de punibilidade social do poder judicial etnicista e não de acordo com a lei. Isso faz com que a lei e a justiça sejam instrumentos particulares e não utensílios públicos de administração de conflitos. Enquanto não houver leis com rigor e aplicações universais, não teremos paz, muito menos sociedade, mas tão-somente infâmia.

Na atual fase que vivemos da combustão étnica em todo o país, o Estado se separou e se alienou dos afro-brasileiros, metabolizou uma moral privada: *autorictas, non veritas, facit legem* (é a autoridade, e não a verdade, quem faz as leis). Ele se apresenta como doador da *societatis sive pacis humanae conditiones* (condições humanas da sociedade ou da paz) pelas quais torna-se o juiz dos homens irracionais, lembra Hobbes.

As leis são o resultado de um pacto social. E os afro-brasileiros não fazem parte dele. Não se discute se a lei é justa ou injusta com eles, mas se seu comportamento é ou não penalizável. A lei, nesta acepção, tem valor dogmático. Pondera que as palavras justo ou injusto, correto ou incorreto, apenas têm sentido quando aplicadas para caracterizar a decisão tomada pelo juiz ou qualquer outra instância, a partir de determinadas regras. E essas considerações não são válidas para o regime jurídico vigente. Quando aplicadas para caracterizar a regra geral em relação a ele como ordem estabelecida, as palavras universal e republicano carecem de significado.

O princípio da legalidade (como norma jurídica) é uma criação do século XX. O Estado só deve agir conforme a lei — eis o que exige como regulamento jurídico. E como norma ideológica, determina como a sua aplicação será cumprida. Mas, que lei? A doutrina clássica a toma como o modelo de um ato unilateral que sacramenta sua vontade aos particulares e, de acordo com Habermas (1984), ocorre quando "o compromisso toma o lugar da razão". Ou ainda, nas palavras do historiador e jurista

Antonio Hespanha (1993): "A lei é hoje o produto de um longo processo de consultas e acordos que se inicia antes da sua propositura parlamentar e, muitas vezes, apenas culmina no momento da sua aplicação".

O paradigma legalista do *apartheid* caracteriza-se pela instituição da lei como *tecnologia disciplinar* (expressão de Foucault), pedra angular das relações sociais. Assim, a legitimidade da atividade social, quer dos indivíduos, quer pública, deve ser avaliada ao entrar em choque com normas escritas de caráter geral e abstrato, obedecendo a um modelo técnico-racional e editadas pelo Estado, diz Hespanha (1993). Em dois séculos de vida, exibe graves sinais de esgotamento. Imposto com a intenção de afirmar a autoridade do Estado--Nação (primado da lei), de democratização (garantia de acesso a uma justiça igual) e de racionalização social para as etnias dominantes, sacralizou as diferenças de tratamento e julgamento da maioria da população a afro-brasileira.

A função simbólica da lei conforta a sociedade de pele despigmentada mais do que a guia. A crença no *reino do direito* teria a função de *produzir a aceitação do status quo* (nós e eles). A ciência do direito estaria incluída nesse mundo onírico. Servindo para encobrir-lhe as contradições e a irracionalidade, apresenta-o regido pela razão (NEVES, 1992). E temos a legislação-álibi (KINDERMANN, 1988), que se destina a criar a imagem de um poder etnicista que responde normativamente aos problemas reais da sociedade, sacralizando a dominação étnica acima da lei, das normas, das respectivas relações sociais por total omissão legal.

A dominação étnica por meio da legislação ocorre através de uma retórica de ilusão-manipulação que imuniza o sistema político, desempenha uma função ideológica e serve à lealdade da população de ascendência europeia. Não faz sentido falar de lei simbólica, não reconhecível, legislação que não cumpre normas jurídicas democráticas.

Que lei os afro-brasileiros clamarão, a seu favor, assegurada por quais instrumentos e aplicada por quem? Para Rousseau, o ideal é portador da *volonté générale*, confissão antropomórfica que indica a ordem estatal como válida independentemente da vontade da cidadania e incompatível com a teoria do contrato social, que é uma função da vontade de todos (*volonté de tous*). A força e a vigência do contrato tomam o nome de constrangimento organizado. Tal ordem jurídica tem o caráter de uma organização totalizante: o território não passa do âmbito espacial de sua aplicação, e seus habitantes apenas uma esfera da aplicação da ordem jurídica estatal.

Segundo Kelsen, ele é a organização da coação da conduta humana, e não será de outra natureza que não a jurídica. Numa sociedade não há, nem pode haver, coação que não seja a dele. Qualquer ato tem que ser jurídico, inclusive as ditaduras e as tiranias. Tem a excelsa e tão ou mais dogmática companhia de Alessandro Groppali (1874-1959), autor de *Dottrina dello Stato* (1962). Para ele, a longa evolução histórica na qual o poder do Estado se tornou soberano (*superanus, supremitas, supremacia*) o fixou como entidade dotada de um poder incontrastável, podendo assegurar, com hegemonia, o monopólio da criação das cláusulas jurídicas.

Tal estrutura jurídica a serviço de qualquer cidadão é uma ficção para os afro-brasileiros, penalizados brutalmente por esse poder aparentemente democrático a serviço da maioria.

Tudo isso se desmorona numa sociedade originariamente escravocrata e que se perpetua desse modo desde a sua fundação. Ignoram esses autores que, no nosso caso, o que verdadeiramente coloca em perigo essas maneiras de viver coletivamente é um conflito aberrante e permanente.

Suprema Corte do *apartheid*

Uma intervenção ativista do Supremo Tribunal Federal (STF) para efetivar os componentes progressistas da Constituição seria milagrosa. E milagres não existem. Traduzindo, seriam dispositivos que permitissem aos atores sociais e políticos da luta avanços reais. Seria uma corte despigmentada a serviço exclusivo da minoria despigmentada. Houve recentemente a passagem de um afro-brasileiro nas cadeiras da instituição — Joaquim Barbosa —, que teve que comportar-se e legislar como despigmentado, ou como se diz no jargão da Casa, seguir a maioria. E atualmente há um único interétnico (considerado nordestino), Kassio Nunes.

Os movimentos sociais (sempre minoritários) e ativistas que atuaram durante os trabalhos da Constituinte em 1988 enfraqueceram-se considerável e rapidamente nos anos que se seguiram à promulgação da *Constituinte Cidadã*. Todos os governos sempre tiveram uma forte propensão a usar o direito constitucional como arma de sua legitimidade governamental. E nisso, o STF é o parceiro ideal para não abalar as estruturas legais que mantêm o *apartheid* em plena vigência. Como fazem isso? Bloqueando as demandas dos cidadãos afro-brasileiros por segurança e equidade social. Para isso, escudam-se numa estratégia política ambivalente, que impede a legitimação institucional dos movimentos afros e, com isso, seu poder de negociação e intervenção direta dentro do Estado.

O atual STF não é muito diferente daquele que sempre foi em nossa história em termos de sua composição como um dos poderes do Estado. Composto por juízes despigmentados, sempre legitimou o *apartheid* por vias transversas e interpretações exóticas dos direitos fundamentais da maioria afro do país. O mais grave: pelo menos nesse período democrático atual, nunca utilizou a Constituição e disposições para reativar a esperança coletiva por uma sociedade mais justa para o maior contingente étnico da população brasileira, a afrodescendente. Ao contrário, sempre a utilizou como um remédio eficaz contra a sempre anunciada rebelião afro. Ou seja, usou o rigor da lei contra essa população para submetê-la a um conformismo diante da sua humilhação e exploração seculares.

O discurso sobre os direitos consagrados na Constituição Cidadã foi especialmente progressista e generoso, só para os despigmentados. Já o *apartheid* continua seguindo inabalável a sua marcha. O poder emancipatório de certas decisões do STF, com a ideia de esperança depositada nos textos constitucionais pelos afrodescendentes, foi bloqueado, boicotado e escamoteado em sentenças esdrúxulas, o que impede uma ação política e social de ruptura desse quadro e, ao mesmo tempo, um ativismo judicial realmente emancipatório.

A relação entre as decisões judiciais progressistas e as decorrentes práticas sociais emancipatórias é um fenômeno complexo. Não é uma relação causal direta em um país como o Brasil, onde a aplicação dos direitos fundamentais previstos em lei é tão precária. Nesse contexto, os afro-brasileiros não são os únicos. Os milhões de pobres despigmentados, ou interétnicos, também estão nessa quimera judicial. Seria preciso revisar as condições ou os fatores que permitam que uma decisão judicial seja anulada, a favor da emancipação social.

Entretanto, o STF não quer correr riscos. Ele é a garantia suprema da manutenção do *apartheid* para a minoria despigmentada do país. Os custos políticos de decisões progressistas seriam demasiado altos para quem eles defendem, preservam, legitimam: a ordem supremacista. Por isso, temos essa fragmentação institucional, social e política entre despigmentados e afros, como a que se vive no Brasil.

Nessas circunstâncias, o Tribunal decide com tranquilidade como congelar o *apartheid* em suas decisões. Sente-se protegido e amparado pela opinião pública despigmentada. E, por outro lado, existe o entendimento de que até o presente momento, a maioria afrodescendente não conseguiu articular uma estratégia política que ponha em causa a sua estabilidade institucional.

Mas, mesmo que queira, não pode ignorar a ameaça permanente que emerge de sermos um país à beira da guerra civil, como destino programado. E em meio à crise de legitimidade que atinge todo o Estado-*Apartheid*, ele pode ser a primeira vítima de um conflito judicial socialmente amplo. Temos um estado inconstitucional em relação à situação da população afrodescendente, garantido pelo STF.

Composição atual do STF: com a aposentadoria de Celso de Mello (2020), ocupou sua vaga um interétnico, que se define e é apresentado como nordestino.
Foto: Agência do Congresso.

CAPÍTULO 8 – GUERRA SEM FIM | 275

Kassio Nunes Marques.
Foto: Fellipe Sampaio. 05. nov. 2020 / SCO-STF.

Suprema Corte na ditadura militar (1964-1985). Despigmentação total.
(STF Divulgação).

Apartheid universal

Há *apartheids* e *apartheids*, mas todos com uma característica exclusiva: a imposição da condição imutável de inferiores pelos superiores. O judaico foi milenar, confinamento em guetos nos países onde se refugiaram depois da diáspora, e que acabaria no Holocausto. O colonialismo europeu criou a dominação escravista, baseada na falsa ciência das *raças*. E matou e barbarizou milhões de africanos e mataria quantos mais fossem necessários para sua empreitada agrícola no Novo Mundo.

Os dois grandes centros mundiais de legalização constitucional e legal desse sistema social, econômico e político, no século XX, foram os Estados Unidos e a África do Sul. Mas um terceiro grande centro, o Brasil, não necessitou de uma legalidade específica para esse crime humanitário de exploração e dominação de milhões e, repetindo mais uma vez, contra a população majoritária do país.

O Brasil construiu-se com a escravatura e não se manteria, segundo os dominantes, sem o *apartheid*. Dispensam-se leis, já que no país só são feitas para serem seguidas pelos inimigos. Mas os três, apesar de semelhanças em vários sentidos, não são necessariamente iguais. E existem também os *apartheids* sociais e religiosos, como o indiano e o islâmico, pragas que parecem que vão se estender por este século e outros mais.

Na África do Sul, ainda no período colonial, ele foi introduzido como política legal e oficial após as eleições gerais de 1948, pelo pastor protestante Daniel François Malan (1874-1959), então primeiro-ministro. Até 1994, continuou sendo adotado pelos sucessivos governos do Partido Nacional, inspirado no mesmo modelo legal e constitucional vigente nos EUA de 1877 a 1964.

O *apartheid* norte-americano e o sul-africano são irmãos gêmeos. Mas o norte-americano é primevo. As leis de Jim Crow o institucionalizaram após a Guerra da Secessão (1861-1865) para os afro-americanos e outras etnias, como os indígenas e os hindus. Tais leis foram aplicadas com extremo rigor nos estados sulistas, dominados politicamente pelos membros do Partido Democrata, durante o período denominado *Reconstrução* pós-guerra civil. Mesmo tendo sido decretado o fim da escravidão, a sangrenta guerra civil deixou marcas até hoje entre o sul e o norte do país, e uma dissociação étnica ostensiva ainda está presente em toda a nação.

A *Lei de Direitos Civis* de 1875, apresentada por Charles Sumner e Benjamin F. Butler, estabeleceu que todos, independentemente de etnia ou condição prévia de servidão, tinham direito ao mesmo tratamento em serviços públicos, como hotéis, transporte público, teatros e outros locais de recreação. Logo após a promulgação, a Suprema Corte dos Estados Unidos decidiu que era inconstitucional em vários aspectos. O Congresso não tinha competência sobre indivíduos ou empresas privadas. Com os representantes democratas sulistas unidos em um único bloco dentro do Congresso, e com um poder exagerado dentro dele, o Congresso não aprovou outra lei de direitos civis até 1957.

Equal, but separate: igual, mas separado. Esta frase foi proferida pela primeira vez na Louisiana em 1890. Uma doutrina jurídica (com base constitucional) nos Estados Unidos que justificava e permitia segregação dos afro-americanos e de outras etnias (como os indígenas), clara violação da décima quarta emenda que garantia proteção e direitos civis iguais a todos os cidadãos. A Lei Jim Crown oficializava o *apartheid*, tanto público quanto privado, baseada numa *suposta cor da pele* nos serviços públicos e suas instalações: moradia, cuidados médicos, educação, emprego e transporte, como ônibus e trens interestaduais, cinemas, hotéis, igrejas, praias, ruas, teatros, restaurantes, bebedouros, banheiros etc. As Forças Armadas dos Estados Unidos praticavam-no em todas as suas instalações e corpos.

Os serviços públicos para os afro-americanos e nativos americanos eram inferiores em quantidade e qualidade em comparação aos ofertados aos despigmentados. As bibliotecas públicas para afros e nativos americanos só foram introduzidas para afro-americanos no sul, na primeira década do século XX. Elas eram abastecidas com livros de segunda mão e com recursos financeiros precários, conforme o que as escolas e bibliotecas combinassem entre elas. Às vezes, não havia serviços públicos disponíveis para os afro-americanos.

Durante o período da reconstrução, entre 1867 e 1877, vigorou uma lei federal que protegia os direitos civis de afro-americanos do sul que tivessem sido libertados após a escravidão. Na década de 1870, os democratas conservadores brancos gradualmente recuperaram o poder nos estados do sul dos Estados Unidos, às vezes como resultado de eleições nas quais grupos paramilitares intimidavam os adversários, atacando os afrodescendentes ou impedindo-os de votar. Por vários anos, as eleições na Louisiana foram suspensas ou questionadas devido à extrema violência desencadeada durante as campanhas.

Entre 1890 e 1910, dez estados, dos 11 que faziam parte dos antigos Estados Confederados da América, liderados pelo estado do Mississippi, aprovaram novas constituições ou emendas que privaram efetivamente a maioria dos afrodescendentes e dezenas de milhares de despigmentados pobres por meio de uma combinação de impostos, testes de alfabetização e compreensão de textos escritos, e documentos comprobatórios de residência fixa e de inscrição no registro.

Estas reformas tornavam evidentes que uma minoria étnica, caracterizada pela pobreza, acesso precário à educação e nenhum meio de provar com documentos sua residência em determinado local, era o principal alvo dessas normas. Outra mudança foi a chamada *Cláusula do Avô*, na qual aqueles que tinham avós com direito a voto antes de 1861 (data de início da Guerra Civil Americana) eram liberados dos testes de alfabetização e residência, o que permitiu que alguns despigmentados analfabetos continuassem votando. Nada mais que uma hostilidade contra a população afrodescendente, que obviamente não podia ter avós eleitores antes de 1861, por serem escravos. Essas leis fizeram com que o número de eleitores no sul diminuísse drasticamente. A representatividade política dos afro-americanos e despigmentados pobres se tornou residual, insignificante, não podendo influenciar nas legislaturas estaduais.

Em 1890, a Louisiana aprovou uma lei que exigia a criação de vagões separados para afro-americanos, interétnicos e despigmentados nas ferrovias. Proibia que os afrodescendentes e interétnicos pudessem *se misturar* com os despigmentados. Um grupo de cidadãos afros, despigmentados, interétnicos de Nova Orleans formou uma associação para pedir a revogação da lei. O grupo convenceu Homer Plessy, que era apenas um de oito africanos a desafiá-la. Em 1892, Plessy comprou uma passagem de primeira classe do trem da empresa *East Louisiana Railroad* em uma estação de Nova Orleans. Embarcado no trem, informou os condutores acerca de sua etnia e sentou-se no vagão exclusivo para despigmentados. Foi ordenado a deixar seu assento e sentar-se no vagão para mestiços. Recusou e foi imediatamente preso. O *Comitê de Cidadãos* de Nova Orleans levou o caso à Suprema Corte dos Estados Unidos, onde perderam o caso. A Suprema Corte declarou que a política de *separados, mas iguais*, era constitucional. Essa decisão contribuiu para mais 58 anos de perseguição legal contra afrodescendentes e interétnicos nos Estados Unidos.

O presidente Woodrow Wilson (1856-1924), sulista e democrata, estabeleceu oficialmente esse procedimento nas repartições públicas federais em 1913, no período que ficaria conhecido como a *Era Jim Crow*, doutrina confirmada pela Suprema Corte na decisão *Plessy v. Ferguson* de 1896. O presidente Wilson nomeou influentes sulistas para o seu gabinete, que passaram a pressionar os locais de trabalho sem segregação, embora a cidade de Washington e os escritórios federais tivessem sido integrados depois da Guerra Civil. Em 1913, por exemplo, o secretário do Tesouro William Gibbs McAdoo (1863-1941) emitiu sua opinião sobre mulheres afros e despigmentadas ficarem juntas em um escritório do governo: "Estou certo de que isso deve ir contra a vontade das mulheres brancas. Existe alguma razão para as mulheres brancas não terem apenas mulheres brancas com elas nas máquinas?".

Por sua vez, várias cidades do Texas seguiram leis de segregação residencial entre 1910 e 1920. As restrições legais exigiam fontes de água e banheiros separados. Os nativos americanos também foram afetados pelas *leis Jim Crow*, especialmente depois de terem se tornado cidadãos pela *Lei de Cidadania Indígena*, de 1924. O Escritório de Assuntos Indígenas (OIA, na sigla em inglês) empregou antropometristas para determinar o *quantum* sanguíneo de nativos americanos no sul.

Os afro-americanos enfrentaram o ressentimento da população sulista despigmentada contra eles devido ao seu papel na derrota da Confederação na Guerra Civil. Provocou a obsessão, associada a uma revanche feroz, em impedir o desenvolvimento econômico e político dos agora libertos. Mantidos deliberadamente entre as camadas mais pobres e mais deprimidas da sociedade, deveriam subsistir com empregos pouco qualificados e salários reduzidos.

A penalização sistemática de afro-americanos na sociedade do sul era justificada porque servia para *proteger* a população afrodescendente. No caso das crianças afro-americanas, advogavam que uma vez autorizadas a estudar com as despigmentadas, sujeitar-se-iam a reações hostis que as levariam a uma consciência mórbida da sua *diferença*.

Inúmeros boicotes e manifestações ocorreram ao longo das décadas de 1930 e 1940. A Associação Nacional para o Progresso de Pessoas de Cor — *National Association for the Advancement of Colored People* (NAACP) — atuava em dezenas de processos judiciais em todo o país desde o início do século XX, no combate a leis que privavam os eleitores afrodescendentes de seus direitos, especialmente no sul. Alguns deles alcançaram resultados positivos nos tribunais e fortaleceram o ativismo político, especialmente nos anos pós-Segunda Guerra Mundial. Isso porque os veteranos afrodescendentes se revoltaram com a segregação depois de lutar pelos Estados Unidos e pela liberdade do mundo todo.

O juiz William Francis Frank Murphy (1890-1949) empregou pela primeira vez a palavra *racismo* no léxico da Suprema Corte no caso *Korematsu v. United States*, em 1944. Argumentou que a realocação forçada de nipo-americanos durante a Segunda Guerra Mundial afundara a Corte "no abismo nojento do racismo". Foi a primeira vez que a palavra *racismo* foi usada na Suprema Corte. Murphy a usaria outras duas vezes como argumento contra um concorrente no caso *Steele v. Louisville & Nashville R. Co.*, de 1944, e em mais cinco decisões diferentes. Depois de deixar o cargo, o termo não foi utilizado em uma opinião da Corte por quase duas décadas, tendo reaparecido somente em 1967, na decisão de *Loving v. Virginia*.

Finda a Segunda Guerra Mundial, os afro-americanos desataram uma luta sem quartel contra o *apartheid*. Haviam conquistado o direito de serem tratados como cidadãos plenos devido ao serviço militar e aos sacrifícios de vidas durante a guerra. Um dos gatilhos dessa luta foi o ataque violento, em 1946, ao veterano de guerra Isaac Woodard, um afro--americano, por usar seu uniforme militar e condecorações publicamente.

Em 1948, o presidente Harry Truman (1884-1972) emitiu a *Ordem Executiva 9981* para eliminar a segregação nas forças armadas.

Não obstante, ela só começaria a cair após uma série de decisões da Suprema Corte americana na segunda metade do século XX, culminando com a decisão *Brown v. Board of Education* de 1954. Nas escolas públicas, foi declarada inconstitucional pelo juiz Earl Warren (1891-1974). Alguns estados sulistas resistiram durante anos a seguir essa decisão legal. Mas Warren, incansável, continuou a persistir em suas decisões contrárias às *leis Jim Crow* em outros casos, como *Heart of Atlanta Motel, Inc. v. United States* (1964). Finalmente, ela foi revogada pela *Lei dos Direitos Civis*, de 1964, e pela *Lei dos Direitos de Voto*, de 1965.

A NAACP, fundada em 12 de fevereiro de 1909, em Nova York, levou à Suprema Corte o caso *Brown v. Board of Education of Topeka*. Nessa causa, defendida por seu advogado Thurgood Marshall (1908-1993), a Corte anulou por unanimidade, em 1954, a decisão adotada em 1895 com o caso *Plessy v. Ferguson*. Deliberou que a segregação em escolas públicas por mandado legal (*de jure*) era inconstitucional. Para enfrentar o novo quadro jurídico, as escolas começaram a se ater às questões econômicas e de classe, em vez da étnica. A decisão do tribunal não impediu a segregação escolar de fato ou residencial, ainda presente em muitas regiões do país. Mas a *de jure* de fato só seria encerrada na década de 1970.

Em 1955, Claudette Colvin, uma garota de 15 anos, recusou-se a ceder seu assento em um ônibus lotado (reservado exclusivamente para despigmentados) em Montgomery, no Alabama. Nove meses depois, Rosa Parks foi presa pelo mesmo motivo, ou seja, não ceder o assento em que estava num ônibus para um despigmentado na mesma cidade. O ato de desobediência civil de Parks foi escolhido simbolicamente como um importante catalisador pelo *Movimento dos Direitos Civis*. Organizou-se um boicote aos ônibus de Montgomery, que durou mais de um ano e resultou na *dessegregação* do sistema de transporte coletivo da cidade.

Em janeiro de 1964, o presidente Lyndon Baines Johnson (1908-1973) se reuniu com os líderes do *Movimento dos Direitos Civis* para discutir o fim do *apartheid*. Em 2 de julho, assinaria o decreto que invocava a cláusula comercial para proibir todos os tipos de perseguição étnica em estabelecimentos públicos (restaurantes, hotéis, lojas particulares e locais de trabalho privados das escolas). Esse uso da cláusula comercial foi confirmado no caso *Heart of Atlanta Motel v. United States* de 1964.

Finalmente, o ataque das tropas estaduais contra uma marcha pacífica que atravessava a ponte Edmund Pettus, em Selma, e que se dirigia ao parlamento estadual em 7 de março de 1965, convenceu o presidente e o Congresso a superar a resistência dos legisladores do sul à aplicação efetiva da lei sobre direitos de voto. Em 1965, pôs-se fim às barreiras criadas pelos estados para restringir o direito de voto em todas as eleições federais, estaduais e locais. Também foram estabelecidos vigilância e controle federais em municípios com baixa participação de eleitores para evitar barreiras preconceituosas.

Chegava o seu fim legalmente, mas não o fim do isolamento social e penúria econômica fomentada pelos supremacistas despigmentados. Os guetos e a marginalização social e econômica dos afro-americanos ainda permanecem como um problema estrutural e social num dos países mais ricos do mundo.

LUTA SEM FIM

A Convenção sobre a Escravidão, da Liga das Nações, de 1926, foi um acordo que obrigava os Estados signatários a eliminarem a escravidão, o comércio de escravos e o trabalho forçado em seus territórios. Definia a escravidão como o estado ou a condição de uma pessoa sobre a qual poderes de propriedade são aplicáveis; o tráfico de escravos como atos envolvendo a captura, a venda ou o transporte de pessoas escravizadas; e o trabalho forçado como uma condição análoga à escravidão que precisava ser regulado e, finalmente, impedido.

Ela foi obra da Comissão Temporária da Escravatura, estabelecida pela Liga em 1924, que comprovou que a escravidão continuava presente em várias partes do mundo e que sua eliminação só poderia ser obtida por meio de uma convenção internacional, cujas provisões deveriam englobar todos os Estados membros da Liga. Exigiu que os signatários interceptassem o tráfico de escravos em seu território marítimo e em navios que trafegassem sob sua bandeira. Que auxiliassem outros Estados com medidas antiescravidão e que criassem leis nacionais antiescravidão e mecanismos para seu cumprimento.

No entanto, o artigo 9 da convenção permitia que cada signatário liberasse alguns de seus territórios da convenção em sua totalidade ou em partes. A Grã-Bretanha invocou esta isenção no caso de Burma e da Índia Britânica. A convenção foi assinada em 25 de setembro de 1926 e tornou-se efetiva em 9 de março de 1927. O texto original foi transferido para as Nações Unidas em 1946, e está armazenado em Genebra.

Crime de Lesa-humanidade

Os crimes de lesa-humanidade, ou crimes contra a humanidade, foram reconhecidos e seus fundamentos legais assentados no *Estatuto do Tribunal de Nuremberg*. Definidos pela primeira vez nos *Princípios de Direito Internacional*, por sua vez reconhecidos pelo *Estatuto* e pelas *Sentenças* desse tribunal em 1950, foram sacralizados como os *Princípios de Nuremberg*. Reuniam o *status* de direito imperativo, ou *ius cogens*, que já tinha, nesse momento, a classificação de crimes contra a humanidade.

De acordo com esses *Princípios*, são puníveis como crimes, sob as leis internacionais, os crimes contra a paz, os crimes de guerra e os crimes contra a humanidade. Foram descritas ainda duas categorias de atos puníveis: a escravidão, a deportação e qualquer outro ato inumano contra a população civil; e a perseguição por motivos religiosos, *raciais* ou políticos quando esses atos ou perseguições ocorram em conexão com qualquer crime contra a paz ou em qualquer crime de guerra.

A posteriori dos *Princípios de Nuremberg*, o conceito de crimes contra a humanidade se refletiu, entre outros, nos Estatutos e nas decisões dos tribunais penais internacionais. Finalmente, de acordo com a Corte Penal Internacional, ou *Estatuto de Roma*, entende-se por crime de lesa-humanidade:

1. *Assassinato;*
2. *Extermínio;*
3. *Escravidão;*
4. *Deportação ou traslado forçado de população;*
5. *Encarceramento ou outra privação grave da liberdade física, infringindo normas fundamentais de direito internacional;*
6. *Tortura;*
7. *Violação, escravidão sexual, prostituição forçada, gravidez forçada, esterilização forçada ou qualquer outra forma de violência sexual de gravidade comparável;*

8. *Perseguição de um grupo político ou coletividade com identidade própria com fundamento em motivos políticos, raciais, nacionais, étnicos, culturais, religiosos, com o desaparecimento forçado de pessoas;*
9. *Definido como de gênero ou outros motivos universalmente reconhecidos como inaceitáveis de acordo com o direito internacional;*
10. O crime de apartheid.

Por *crime de apartheid*, entendem-se os atos desumanos cometidos no contexto de um regime institucionalizado de opressão e dominação sistemáticas de um grupo despigmentado ou religioso sobre outro ou outros grupos étnicos e religiosos, com a intenção de manter tal regime. Sim, é crime de lesa-humanidade. Em sua Resolução 2.338, de 18 de dezembro de 1967, anterior à aprovação da Convenção sobre a imprescritibilidade dos crimes de guerra e dos crimes de lesa-humanidade, a Assembleia Geral das Nações Unidas observou, em relação à sua persecução e punição, que "em nenhuma das declarações solenes, instrumentos ou convenções para o ajuizamento e o castigo por crimes de guerra e por crimes de lesa-humanidade, foi prevista limitação no tempo".

De acordo com esta consideração, a Assembleia Geral fez referência expressa ao caráter de princípio do direito internacional da imprescritibilidade dos crimes de guerra e dos crimes contra a humanidade. Isto é, antes da aprovação da Convenção no ano de 1968 e de sua entrada em vigor em 1970, a Assembleia Geral das Nações Unidas havia expressamente reconhecido o caráter de princípio do direito internacional de imprescritibilidade dos crimes contra a humanidade.

A pretensão da Convenção era reafirmar um princípio internacional já existente e garantir sua aplicação. O pronunciamento da Assembleia Geral, do ano de 1967, dá conta do caráter que tem a Convenção sobre imprescritibilidade de crimes de guerra e crimes de lesa-humanidade.

A ONU, em seu relatório *O Estado de direito e a justiça de transição nas sociedades que sofrem ou sofreram conflitos*, indicou que as normas sobre direitos humanos da legislação penal internacional "representam princípios de aplicação universal, adotados sob os auspícios das Nações Unidas, e estabelecem os limites normativos da participação das Nações em apoio ao Estado de direito e à justiça".

Entre eles, "o de que os acordos de paz aprovados pelas Nações Unidas nunca possam prometer anistias por crimes de genocídio, de guerra ou de lesa-humanidade, ou infrações graves dos direitos humanos".

No mesmo relatório, a Secretaria-Geral recomendou que nos acordos de paz e nos mandatos:

> *[se] rejeite a anistia em casos de genocídio, crimes de guerra ou crimes de lesa-humanidade, incluídos os delitos internacionais relacionados com etnia, gênero e sexo, e se garanta que nenhuma anistia concedida anteriormente constitua um obstáculo para levar a juízo perante qualquer Tribunal criado ou assistido pelas Nações Unidas.*

De acordo com o assinalado reiteradamente pela Comissão Interamericana de Direitos Humanos (CIDH), o fato de os Estados não terem ratificado a Convenção Americana sobre Direitos Humanos não os exime de sua responsabilidade pela violação aos direitos humanos garantidos pela Declaração, a qual constitui uma fonte de obrigação de acordo com o direito internacional.

Existe, deste modo, uma posição unificada do sistema mundial e do sistema interamericano de considerar, no caso específico do *apartheid*, crime de lesa-humanidade. No caso do nosso, temos um Estado criminoso, reincidente, omisso, cúmplice desse crime como política de Estado. Há o descumprimento e a transgressão de todos os tratados internacionais dos quais é signatário (Pacto Internacional de Direitos Civis e Políticos e a Convenção Americana sobre Direitos Humanos).

Capítulo 9
Armas do *apartheid*

É o Estado de Direito, o Estado da lei por excelência que detém, ao contrário dos Estados pré-capitalistas, o monopólio da violência e do terror supremo, o monopólio da guerra [...] e mais: a lei organiza as leis de funcionamento da repressão física, designa e gradua as modalidades, enquadra os dispositivos que a exercem. A lei é, neste sentido, o código da violência pública organizada.

Nicos Poulantzas, 1978

Terrorismo étnico-militar

O atual terrorismo estatal exibe todos os ingredientes sociais dos séculos escravocratas, estimulado por sistemas penais e repressivos que redundam em higienização social, profilaxia social, eugenismo e integrismo étnico. Heranças imorredouras da colonização, do Império e da República. Quem quiser penetrar, compreender e aproximar-se desse inferno humanitário não deve se inclinar isoladamente sobre a economia ou a política. É preciso analisar o domínio da *supremacia despigmentada* em todas as etapas de nossa história sobre a população afrodescendente e indígena.

KARL FRIEDRICH PHILIPP VON MARTIUS (1794-1868):
A raça negra, degenerada e inferior, iria contribuir com a construção de uma nova nação à medida que fosse assimilada, absorvida pela raça branca ou caucasiana.

FRANCISCO ADOLFO DE VARNHAGEN (1816-1878):
Na *História Geral do Brazil* (1854), patrocinada por Pedro II, os indígenas são descritos como "gentes vagabundas, bestas falsas e infiéis, inconstantes, ingratas, desconfiadas, impiedosas, despudoradas, imorais, insensíveis, indecorosas e entrecortadas por guerras, festas e pajelanças".
E os africanos com seus "costumes pervertidos, seus hábitos indecorosos e despudorados, seus abusos, vestuários, comidas e bebidas inadequados", provocaram desde a sua chegada malefícios de toda a ordem no país.

O terrorismo dos despigmentados contra os afrodescendentes pode ser definido como intimidação coercitiva, com o uso sistemático de assassinato, ferimentos e destruição, ou ameaças de que assim procederiam, para criar um clima de terror, divulgar uma causa e coagir um alvo mais amplo a se submeter a seus objetivos. Por isso, é necessário colocar a questão de forma mais exata: o terrorismo estatal, com seus agentes fardados ou civis, tem causas objetivas emanadas pelo Estado, do qual recebe seu primeiro impulso.

A psicose coletiva gerada pelos incontáveis milhares de mortos afro-brasileiros, vitimados pelo terrorismo policial, não afeta, não sensibiliza seus beneficiários, sejam oficiais ou privados. Não se trata somente de um legado militar ou herança autoritária. Pode ser endógena ou exógena nas corporações, com manifestações distintas e processos singulares, mas a partir da mesma matriz: repressão, conflito interno violento pelas diferenças sectárias geradas pelo *apartheid*.

Existem poucas definições do terrorismo étnico de Estado presentes em nossa sociedade, embora não seja algo novo na história brasileira. Esse tipo de terrorismo de Estado tem duas faces: a de grande escala, chamada *wholesale terrorism*, dirigida contra grupos grandes; e a de pequena escala, chamada *retail terrorism*, dirigida contra indivíduos. Dependem dos objetivos da operação, ou uma combinação de ambos, quando opera sob as ordens do Estado ou sob sua direção e apoio.

Seja de qual tipo for, é um fenômeno totalitário. Dentre as várias definições propostas, sobressai um denominador comum: caracteriza-se pelo recurso sistemático à violência contra pessoas e bens, visando criar sentimentos coletivos de temor e de insegurança.

Caracteriza-se ainda pela não distinção das vítimas a atingir, pela massificação da violência. Visa, em última análise, à liquidação, à desativação ou retração da vontade de combater do inimigo pré-determinado, ao mesmo tempo em que procura paralisar também a disponibilidade de reação da população.[80]

---

[80] *Terrorismo*, in Pólis — Enciclopédia Verbo do Direito e do Estado, volume V, col. 1196.

Polícia Militar — Arma Preferencial do *Apartheid*.
Foto: Governo de São Paulo (Divulgação).

A pluralidade autoritária do *apartheid* quer intensificar a militarização do combate à criminalidade (sem apontar exatamente de que tipo e quem são seus principais autores), transbordando a dose de força a ser utilizada pelas forças policiais. Tem ciência de que as leis da história terminarão punindo-o. A complicação não reside tanto em seus aspectos ético-filosóficos; o imbróglio maior está em saber se a letalidade policial e militar é uma necessidade nesta conjuntura do enfrentamento étnico em que vivemos.

Ao entrar em guerra diretamente, o Exército agrava os problemas sociais, e sua derrota não é aceita ou consentida. O combate amplia de forma desmesurada o conflito étnico. Quebram-se as atribuições profissionais e legais das Forças Armadas. O *modus* legítimo ou ilegítimo disso dependerá dos resultados concretos que se obtenham, além de os interesses econômico-sociais permanecerem acima das ações militares.

O argumento de que tais fenômenos são problemas de segurança nacional é inquestionável para os dominantes. Mas quando se tenta solucioná-los com poderes despóticos ou arbitrários, à margem de qualquer demarcação democrática e não tocamos nas raízes de onde se originam — a opressão étnica sobre os afro-brasileiros —, alimentamos ato contínuo esses descalabros, a maioria criminosos.

Já a pluralidade autoritária do núcleo profundo do Estado quer intensificar a militarização do aparato de segurança e a dose de danos a ser utilizada pelas forças policiais contra seus *inimigos seculares*. A complicação não reside tanto em seus aspectos ético-políticos, mas se o recurso à violência militar é uma necessidade real e se seu emprego satisfaz ao único meio para garantir a estabilidade da *supremacia despigmentada*.

Esse argumento tem a mesma lógica da máxima: preparar a guerra para manter a convivência pacífica entre inimigos. Essa coexistência étnica é fraudulenta. O *apartheid*, na sua relação com a maioria da população brasileira — que nunca é demais repetir, é afro —, tem a impunidade alojada em si e é inabalável em seu propósito. Renunciar a ele é prescindir de um utensílio essencial ao domínio mantido pela elite dominante nesses cinco séculos. Os delitos dos agentes públicos — civis ou militares — não são penalizados como tais, então a violentação é dupla: como crime étnico e como ato impune, com ocorrências graves que passam a ser rotineiras.

Suas ações clandestinas suscitam maiores tensões ao exacerbar o permanente pânico social da população de ascendência africana. A intromissão bélica no sistema penal é enganosa, nada tem de salvadora. Desestabiliza ainda mais o conflito étnico que afirma querer evitar, mas não está preparado para compreender que nem tudo que criminaliza ou reprime é necessariamente penal. Prevalecida a racionalidade, são criadas as condições para sua efetiva redução. Liberadas da criminalização antecipada, as populações vitimadas se mostrarão menos violentas.

No terrorismo estatal, há ações deliberadas cuja finalidade é tão-somente apavorar as massas segregadas. Os assaltos repressivos às periferias em operações de guerra nas perigosas *favelas afros* são grandes atrocidades. São horrendas. Seus principais pontos revelam o equívoco da formulação sobre o cerco *à criminalidade negra* (afrodescendente). A primeira desculpa é que o terror é um último recurso diante dos seus piores inimigos. Pratica-o com uma presunção de inocência. Claro que é censurável matar um inocente, mas essas vítimas não são inocentes em seu julgamento. O assassinato esporádico de alguns *inocentes afros*, se não for aceitável, é compreensível.

O que mais se pode esperar do combate contra um inimigo insidioso como a *criminalidade afro*? Todos os habitantes do país são beneficiários dele, já que protege famílias, filhos e amigos. Não, os afro-brasileiros não conseguem passar ao largo das consequências da limpeza social, dessa guerra sem fim, desse combate a uma suposta *criminalidade afro* de massas.

Arriscam-se a utilizar a força como a forma legítima de ações, mas trata-se apenas de terrorismo. Sente-se fragilizado diante do *inimigo*, não lhe cabe inventar outra coisa. Se o Estado quiser contê-la, é só se servir da lei. Tanto a própria como a privada. Quando as convulsões sociais (de todos os tipos) subirem mais alguns degraus da desordem social vigente, a vida democrática se tornará a próxima vítima. Tem sido assim em nossa caminhada. Em ambientes de ansiedade pública extrema, clama-se pela *guerra repressiva ao crime*, ainda que desmantele garantias legais básicas. Trata-se de um assunto que nada mais é do que o conflito permanente gerado entre despigmentados e pigmentados. Com a industrialização do homicídio e a impessoalidade do massacre.

Afrodescendentes — homens e mulheres, crianças e idosos — são massacrados sem qualquer contato pessoal entre eles e quem toma a decisão. Se o processo civilizador significa, antes de tudo, a monopolização estatal da violência — como mostram, depois de Hobbes, tanto Weber quanto Elias —, é necessário reconhecer que o *apartheid*, como já visto anteriormente, está presente na nossa construção como país independente desde sempre.

Como assinala William Schulz (2005):[81]

> [...] embora o terrorismo de Estado [seja] tão velho como a sociedade de classes e em que pese a que constitui um dos modos de operação de muitos poderes nacionais contemporâneos, ele não foi bem analisado. Muitas das feições desse sinistro fenômeno estão por ser pesquisadas ou requerem um estudo mais profundo.

---

[81] William Schulz foi diretor-executivo da Anistia Internacional dos EUA de 1994 a 2006.

Para o autor, o *apartheid* opera de duas maneiras: diretamente, por meio de seus aparelhos; ou indiretamente, com a utilização de entidades — *proxy entities* — como outros Estados ou grupos de indivíduos. Em sua origem é terrorista. Vive num absurdo permanente, tendo que utilizar suas práticas aberrantes e abstrair sua autoria para não transgredir os códigos jurídicos internos e internacionais que asseguram, em teoria, os Direitos Humanos.

É uma etapa transitória para depurar a sociedade do mal, dos impuros. Uma etapa infame, porém necessária. Alquebra as estruturas econômicas, sociais e familiares. A impunidade de seus crimes gera uma sociedade na qual a memória coletiva é morta; queimam-se as ideias, desaparecem as palavras. Os atos violentos, legal e socialmente desculpados, criam uma situação traumática complexa. Não existe a possibilidade de reagir aos agressores e, muito menos, denunciá-los.

Qual é a culpabilidade civil (e criminal) quando os agentes públicos chacinam e torturam os afro-brasileiros? Segundo Martha de Toledo Machado, da visão que se abrace em relação ao fundamento dessa responsabilidade, diversas serão as hipóteses indenizáveis.

> Se o funcionamento do serviço público, independentemente da verificação de sua qualidade, teve como consequência causar prejuízo ao indivíduo, a forma democrática de distribuir por todos os respectivos efeitos conduz à imposição à pessoa jurídica do dever de ressarcir o prejuízo. Em face de um dano, é necessário e suficiente que se demonstre o nexo de causalidade entre o ato e o prejuízo causado.

A sua culpabilidade civil consiste na indenização dos particulares pelos danos causados pelos seus agentes. Maria Sylvia Zanella Di Pietro define que a responsabilidade extracontratual do Estado corresponde "à obrigação de reparar danos causados em decorrência de comportamentos comissivos e omissivos, materiais ou jurídicos, lícitos ou ilícitos, imputáveis aos agentes públicos". O fundamento da sua culpa apoia-se em duas vertentes: a que decorre de atos lícitos e a que resulta de atos ilícitos. A primeira baseia-se no princípio da igualdade de todos os administrados perante os encargos públicos; a segunda baseia-se no princípio da legalidade, que estabelece que quem age de forma contrária à lei e, ao fazê-lo, causa dano a alguém, deve reparar o dano.

Ao contrário do direito privado, em que a responsabilidade exige sempre um ato ilícito (contrário à lei), no direito administrativo ela pode decorrer de atos ou comportamentos que, embora lícitos, causem a pessoas determinados ônus maiores do que o imposto aos demais membros da coletividade.

CRIMINALIZAÇÃO DA POPULAÇÃO AFRO

O Código Criminal do Império, de 1830, estabelecia o controle e a regulação da vida de afro-brasileiros para a prevenção de insurreições ou revoltas, assim como pessoas que encabeçassem levantes eram condenadas. Acresceu-se a mendicância e a vadiagem, endêmicas na população afro. Entre os crimes imputados, constava o de perambular em busca de comida.

Foram determinações da primeira Constituição, pós-independência, de 1824:

1. Decreto nº 145, de 11 de junho de 1893, estabelecia a prisão de mendigos, vagabundos, vadios capoeiras e desordeiros em colônias fixadas pela União ou pelos estados;
2. Decreto nº 3.475, de 4 de novembro de 1899, negava o direito a fiança a réus vagabundos ou sem domicílio e autorizava incursões policiais sem controle judicial, especialmente em regiões onde havia populações afros;
3. Lei nº 4.242, de 5 de janeiro de 1921, fixou a idade penal aos 14 anos e autorizou a criação de um serviço assistencial a crianças abandonadas;
4. Código de Menores, de 1927, criou a categoria do *menor infrator* — uma justificativa repressiva a meninos afros.

O Código Penal e Processual de 1940 é criado a partir da falsidade étnica e social do mito da *democracia racial*, de uma suposta identidade nacional. Mas mantém a desigualdade legal étnica. No Estado Novo, a *Frente Negra Brasileira* foi posta na

> ilegalidade; e ativistas afro-brasileiros, perseguidos e criminalizados. A capoeira e o candomblé eram fiscalizados e monitorados. Só recentemente, a Polícia Civil do Rio de Janeiro devolveu objetos sagrados para as religiões africanas, apreendidos entre 1889 e 1945. Na ditadura militar, bailes e outras manifestações culturais da comunidade afro-brasileira foram combatidos.

Corpos policiais terroristas

A segurança pública vigente não é a segurança de todos. O ataque repressivo étnico faz parte do esqueleto autoritário do Estado brasileiro. A vontade de intensificar a investida policial contra as populações segregadas é mais forte do que qualquer intenção de contenção. Após as experiências catastróficas do genocídio indígena e da escravidão, nunca aboliram a *zona de caça livre* aos marginalizados e deserdados, que constituem a maioria da população. Essa tendência é causada pela política da tomada de decisão.

A violência policial na América Latina reproduz a ordem social vigente em todo o continente. Embora os perpetradores e a maioria das vítimas de crimes violentos tendam a ser da mesma classe social — afro-brasileiros e marginalizados —, a sociedade não a percebe como um problema que a afeta integralmente. Nem mesmo quando a polícia torna-se o instrumento fundamental de garantia da *supremacia despigmentada*, com eliminação de pessoas perigosas, uma classificação comum para afro-brasileiros. É a consecução máxima do fenômeno descrito como baixa intensidade da democracia ou *democracia incivilizada*, talvez uma das piores sequelas da penalização aos afrodescendentes.

Quais suas armas principais? São tanto a Polícia Militar quanto a Civil, detentoras de uma tradição permanente de *exércitos inflexíveis* de controle social das zonas segregadas. Em países multiétnicos ou multirreligiosos como o Brasil, a polícia busca refletir o padrão de domínio social estabelecido pelo *establishment despigmentado*. As várias combinações possíveis dele (repressão social, exploração econômica, subdesenvolvimento institucional) imobilizam a polícia brasileira em um estado de falência social crônica.

Tal máquina repressiva é dotada de uma disciplina totalitária que utiliza metodologias para manter a ordem e a salvaguarda do *status quo* (leia-se *apartheid*). Trabalha com abstrações como resistência à prisão, seguida de tiroteio, princípios gerais como garantia da vida e da morte, a garantia da existência, e a permanência dos valores individuais e sociais.

Sua arte e poder letal, entretanto, são pautados pelas ordens emanadas e pelo papel que lhe outorga o Estado. A análise contemporânea dos sistemas repressivos demonstra que a estrutura cultural dos corpos policiais é o culto à ordem despigmentada, acima da lei, não importando os danos colaterais. Determinados setores sociais aceitam o papel de domadores que se atribuem a eles. Para isso, as forças policiais terão cada vez mais dinheiro e mais aparato letal para enfrentar a escalada da guerra. Para seus teóricos, é uma instituição dotada de meios para conter a desigualdade social e tornar a desigualdade admissível. Esse *exército policial* se presta a uma ordem moral baseada na defesa da *supremacia despigmentada*. Abre-se com isto uma nova frente de luta étnica, com inevitáveis mortes afros em grande escala.

É indispensável dirimir palavras e julgamentos em torno de questão tão complexa. Os policiais não são seres anômalos, com constituições psíquicas patológicas, dominadas por invencíveis tendências criminosas e destrutivas, como algumas propagandas pretendem nos fazer acreditar. Em sua atividade, veem-se a si mesmos como agentes defensores, heróis de sua nação, sua classe ou sua etnia, ou servidores de seu deus particular. É importante que isto seja observado. O primeiro passo requerido para derrotar um inimigo é conhecê-lo bem e não simplesmente *demonizá-lo* para odiá-lo melhor.

Como quase todas as ações regidas por uma ideologia extremista, o terrorismo policial étnico abstrai a realidade e sublima as causas iniciais que o constituíram com ardis dispersivos. As organizações policiais militares, frequentemente guiadas só pelo princípio de sua própria sobrevivência, atuam em um círculo fechado e isoladas da causa a que acreditam servir, sublimando os princípios que inicialmente as iluminaram.

Então, a disciplina interna, a mentalização forçosa e os fortes laços que a corporação cria convertem essas organizações em temíveis máquinas destrutivas e assassinas, alheias a qualquer finalidade inteligível. Em suas finalidades ou propósitos, funcionam estratégias para alcançar objetivos políticos ou sociais, não importando a destruição e a morte que causem. Ignorar isto é outro grave engano. O Estado está intensificando o conflito — sob a forma de guerras-relâmpagos — nas periferias e subúrbios, nos perigosos guetos de maioria afrodescendente, porque constata que seus projetos de políticas tecnicamente *corretos* não iludem mais as populações ali residentes. Os objetivos ou são ineficazes ou são falsos.

A responsabilidade moral é descartada com o objetivo de aniquilar *quadrilhas e criminosos*. Todavia, esta ofensiva não é nova na história brasileira e é obra militar. O inimigo interno agora é o narcotráfico. Só que há um erro estrutural nisso: os quilombos que atualmente se tornaram nossas favelas, nossas sowetos, não são, nunca foram e nunca serão a matriz criminosa do narcotráfico do país. Os donos dos negócios não moram e jamais morarão nas favelas.

Quais são os desvios invocados para o deslocamento do plano policial para o plano militar? Nos últimos anos, adotou-se a militarização do aparato policial como o alicerce principal da política de repressão étnica. E que esse novo tipo de segurança policial-militar conteria a escalada das retaliações contra o *apartheid*. A militarização da polícia e dos seus métodos, simultaneamente ao cerco das perigosas *favelas afros*, é apresentada como uma forma política pragmática, adequada para responder aos *desafios* da *criminalidade afrodescendente*. A militarização policial tende a ser referida de modo descontextualizado. Os elementos bélicos são considerados isolados, sem explorar o que se trata nos contextos sociais reais.

Assistimos estáticos ao *endurecimento operacional* do corpo policial sob comando militar. E, finalmente, assistimos ao controle absoluto do Estado-*Apartheid* (com estratégias nacionais) na implantação de segurança pública militarizada. De uma perspectiva humanista, os critérios de sucesso desse voo cego repressivo-militar não são facilmente mensuráveis. E o sofrimento e mortandade que são e serão infligidos à população afrodescendente nas *favelas-quilombos*, nas nossas sowetos, serão respondidos limitadamente. A resistência afro, dentro dos seus limites e dos seus meios, é a parte mais numerosa e menos armada.

A polícia, com a militarização, perde a sua natureza: a ação preventiva (coercitiva), de proteção pessoal e coletiva; a de polícia judiciária, atividade policial repressiva (judicial) ao crime e de auxílio à justiça penal (investigação científica dos delitos). Para ela, o cerco das *zonas urbanas perigosas* é o mais adequado para responder aos desafios das rebeliões étnicas. E assistimos à introdução da segurança pública militarizada como única opção.

Diante da resistência cada vez maior das populações segregadas, leia-se a maioria afrodescendente do país, o Estado insiste na única solução (a pior de todas), a ação militar das polícias. A fórmula é velha: uso do aparelho policial com táticas militares em cercos às populações segregadas das periferias das grandes cidades onde aloja-se o *inimigo*. Com isso, as hierarquias herdadas das Luzes são pulverizadas: nação, povo, território, fronteira, identidade. A militarização da máquina policial está dentro da tendência política atual de tratar os movimentos sociopolíticos urbanos e rurais como aliados naturais ou preferenciais da criminalidade.

O assalto policial militarizado reforça as defesas do Estado-*Apartheid*, esse é o único objetivo. Está comprovado, no mundo todo, que o corpo policial, ao utilizar técnicas militares e letais em suas ações, torna-se tão letal e criminoso quanto o que combate. Nos tiroteios e confrontos em áreas públicas, as vítimas, na maioria são civis. Tal jogo é perigosíssimo. Os militares não estão treinados para o atendimento ao público, atuam presos ao dogma de amigo ou inimigo, ordens e contraordens.

Esse fenômeno tem um roteiro característico. Começa com a criação de unidades de choque de contenção de distúrbios com a introdução de armamento militar. Os treinamentos táticos dessas unidades (tanto civis quanto policiais militares) são de técnicas *contrarrevolucionárias*, guerra de baixa intensidade. O grande fim das novas armas utilizadas no controle de multidões em áreas selecionadas é ampliar o grau de agressão a ser administrado por um único agente.

Estamos diante de uma nova epidemia de violência provocada pela guerra étnica, local e passageira ou, como sempre, de uma reedição do nosso passado, sempre presente, que afeta toda a sociedade brasileira?

Se aplicarmos o conceito de epidemia à insegurança, observa-se que são necessárias três condições para que isso ocorra:

- *Sociedade de apartheid mantida oficialmente;*
- *Qualquer cidadão afro-brasileiro é suspeito de ser ladrão ou assassino;*
- *Todos eles são inimigos do Estado.*

O critério para aferir o sucesso será o número de mortos (afro-brasileiros em sua maioria) e se o terror e o medo progressivo cada vez maior nas favelas-quilombos urbanas surtem efeito. O efeito corrosivo desse militarismo policial na vida cotidiana das massas faveladas ainda não teve uma investigação empírica que comprove seu impacto real e consequências. Se pretendêssemos extrapolar, a contínua proliferação de técnicas militares dentro dos corpos policiais provoca um fosso cada vez mais insuperável entre despigmentados e pigmentados.

Apartheid impune

Como repetimos ciclicamente, estamos no epicentro de uma das convulsões étnicas que conduzem, enfim, à ameaça da ruptura do tecido social como algo desejável (e inevitável) para alguns grupos de minoria e para todos os afrodescendentes em situação de desespero. Os embates étnicos e sociais que nos atormentam diuturnamente não se debelam com milagres judiciais ou políticos, muito menos com as utopias da revolução. É preciso a consecução de um contrapoder multiétnico democrático, que seja capaz de desmontar o poder estatal a serviço da segurança da *supremacia despigmentada.*

Os únicos dois constrangimentos morais que a afetam é que se deve limitar o número de vítimas afrodescendentes publicamente, o que potenciaria a resistência em vez de diminuí-la. E intensificar os assassinatos seletivos e precaver-se diante do risco que correm os setores sociais engajados com o *apartheid* pelas operações de limpeza étnica nas favelas-quilombos, que possam adicionar mais inimigos.

Nesse campo imenso de destroços que se transformaram as favelas-
-quilombos das metrópoles brasileiras, separar os bons dos maus é algo
excêntrico. A psicose coletiva produzida pelos incontáveis milhares
de mortos civis e inocentes não afeta, não sensibiliza e muito menos
molesta a organização policial. Paralelamente, há o fato de muitos
dos seus métodos atuais não se aplicarem a conflitos abordáveis por
outras vias não violentas de resolução. O alarme coletivo contra isso
gera um salvacionismo fascista, no qual qualquer preço é admissível
para se retornar ao *paraíso*.

O Estado utiliza os ataques às favelas-quilombos como manutenção
da ordem. A *violência induzida* nas favelas-quilombos cria a noção de
acontecimentos irremediáveis. O Estado desenha e atua num espaço
que realmente *não lhe pertence*, reforça uma *falsa territorialidade* para
todos os seus habitantes.

Na sua configuração contemporânea, temos presentes duas facetas bem
distintas. Uma que tem a ver com a violência do Estado; outra, decorrente
dela, a catástrofe humanitária que temos. Sempre com um apelo à confiança, arma preferencial do Estado, tantas vezes invocada na tentativa de
minimizar, em si mesmo, a brutalidade do seu sistema étnico repressivo.

Há no conflito que padecemos, pelas práticas cotidianas tanto de agentes
públicos quanto da segurança privada, atos sistemáticos de terror contra a
população afrodescendente. De nada vale o direito internacional humanitário fixar, limitar os métodos e as armas para a guerra, proteger as pessoas
que não participam das hostilidades ou não querem participar delas. Essas
obrigações destinam-se tanto às forças armadas policiais quanto a membros
de grupos armados ilegais — seja qual for a denominação que a eles sejam
dadas: quadrilhas, bandos, máfias etc. A infração sistemática da normativa
humanitária pelo Estado e pela criminalidade não estatal expõe a maiores
vulnerações e ameaças os civis afetados pela guerra.

Baixas civis são inevitáveis nas guerras, e nesta não seria exceção. Há
sempre protestos sociais quando as imagens são transmitidas ao vivo
para milhões de pessoas. Essa experiência *visual* do século XX gerou
um emaranhado de tratados internacionais com regras detalhadas para
os exércitos e beligerantes. Quando se trata de não combatentes, há dois

princípios: o primeiro, não se pode propositalmente tomar civis como alvos; o segundo é que, se os comandantes quiserem atacar um alvo militar, podem sim causar a morte de civis, os chamados danos colaterais. Entretanto, o Estado interpreta esses princípios e as baixas civis conforme seus interesses. E isso não é debatido pela sociedade brasileira.

Quando policiais civis e militares avançam de barraco em barraco, viela por viela, durante combates urbanos com os afro-brasileiros, de que maneira a força atacante avalia o dano de eliminar um ponto de fumo numa favela em uma zona segregada? De que haverá dezenas de crianças no meio do caminho e que isso provocará mortes? Há crianças e adolescentes que trabalham para os traficantes para ajudar suas famílias. Especialistas jurídicos advogam que esses *escudos humanos* do tráfico de drogas continuam a ser cidadãos. Os chefes militares e policiais discordam e advogam para que percam essa proteção legal e jurídica, caso optem pelo tráfico. Esses dilemas apontam para outro mote espinhoso: ao se ponderar sobre vidas civis em relação a alvos potenciais de ataque, qual é o juízo crítico necessário para decidir o que deve ser atacado e o que deve ser poupado?

Qual é a culpabilidade civil e criminal quando os agentes do Estado chacinam e torturam nas favelas-quilombos? Como o Estado é um ente abstrato que age somente por meio dos indivíduos, para que a responsabilidade se configure, deve-se apurar se esses policiais agem como representantes do Poder Público. É preciso averiguar também se os atos danosos são praticados por alguém vinculado a um órgão estatal ou execute uma função que seja própria do Estado ou que seja de sua competência.

Apurada a existência do dano, fixado o nexo causal entre o fato e a lesão, dever-se-á afirmar a obrigação de indenizar qualquer pessoa jurídica de direito público. Ela é responsável civilmente pelos atos de seus representantes que, nesta qualidade, causem danos a terceiros, procedendo de modo contrário ao direito ou faltando com o dever prescrito em lei.

Quanto a reparações às vítimas, quem são os imputáveis? Segundo a procuradora de justiça Martha de Toledo Machado,[82] dependendo da

---

[82] Procuradora de justiça do Ministério Público do Estado de São Paulo, oficiando perante a Seção Criminal do Tribunal de Justiça de São Paulo.

visão que se abrace a respeito do fundamento da responsabilidade do Estado, diversas serão as hipóteses indenizáveis. Se a ação pública, independentemente da verificação de sua qualidade, teve como consequência causar prejuízo ao indivíduo, a forma democrática de distribuir por todos os respectivos efeitos conduz à imposição à pessoa jurídica do dever de ressarcir o prejuízo. Em face de um dano, é necessário que se demonstre o nexo de causalidade entre o ato e o prejuízo causado.

A responsabilidade civil do Estado consiste na obrigação da Administração Pública de indenizar os particulares pelos danos causados pelos seus agentes. Di Pietro define que a responsabilidade extracontratual do Estado "corresponde à obrigação de reparar danos causados em decorrência de comportamentos comissivos e omissivos, materiais ou jurídicos, lícitos ou ilícitos, imputáveis aos agentes públicos".

> *Ao contrário do direito privado, em que a responsabilidade exige sempre um ato ilícito (contrário à lei), no direito administrativo ela pode decorrer de atos ou comportamentos que, embora lícitos, causem a pessoas determinadas ônus maiores do que o imposto aos demais membros da coletividade.*[83]

A inculpação do Estado apoia-se em duas vertentes: a que decorre de atos lícitos e a que resulta de atos ilícitos. A primeira tem por base o princípio da igualdade de todos os administrados perante os encargos públicos; a segunda, o princípio da legalidade, pelo qual aquele que age de maneira contrária à lei e, ao fazê-lo, causa dano a alguém, assim está obrigado a reparar o dano.

Neste caso, se o dano sobrevier de atos lícitos causados por agentes a serviço da Administração Pública, a indenização será devida pela comunidade como um todo, pois o ato ou fato administrativo é de interesse coletivo, e o lesado será ressarcido com o dinheiro proveniente dos tributos arrecadados pelo Estado. Esses direitos e garantias, esse marco de cidadania, são negados *in totum* às vítimas afrodescendentes. Eles não fazem

---

[83] Di Pietro, *Direito Administrativo*, Amazon, 2019.

parte do mundo real onde esses conjuntos de leis, normas e obrigações do Estado operam e a quem ele serve.

No conflito brasileiro não há qualquer distinção entre combatentes: policiais civis e militares, segurança privada, bandos paramilitares de extermínio, milícias. Não se respeitam a integridade física e emocional dos trabalhadores na saúde, das crianças, dos jovens, dos velhos e de outros grupos vulneráveis que se tornam alvos nas favelas-quilombos. Os preceitos aceitos universalmente derivam das quatro convenções de Genebra, de 1949, que deliberam sobre uma ampla gama de demandas humanitárias perante os danos provocados por guerras.

Em 1977, protocolos foram acrescentados ao texto básico para detalhar as convenções, e foi em relação a esse ponto que surgiram desinteligências amargas, de maneira especial com os americanos. Nas hostilidades, quando resultem baixas entre civis, não serão consumados delitos humanitários, devido à imprevisibilidade de civis no local. O que se proíbe é a agressão aleatória a civis por parte das forças estatais. De acordo com Cees Roover,[84] o monopólio da violência exercido pelo Estado não é um obstáculo à eficiência policial. Esse privilégio exclusivo tem que nortear os princípios táticos das ações policiais e se concentrar no respeito aos direitos à vida e humanos.

O monopólio da violência pelo Estado tem obrigações que ele não pode desobedecer. Os fatores humanitários terão que ser prevalecentes e prévios à tomada de decisões. As ações tomadas não devem ser excessivas em relação à vantagem que a operação planejada esperava contra o alvo pretendido. O Direito Humanitário veda a prática de escudos humanos de civis, seja para favorecer ou não operações policiais. É proibido o recrutamento de adolescentes com menos de 15 quinze anos de idade para a guerra, a condenação à morte de jovens com menos de 18 anos, mulheres grávidas ou mães de adolescentes, a execução sumária de indivíduos que não tenham sido sentenciados (PEYTRIGNET, 1966).

A peça de oratória proferida em público pelo Estado brasileiro é que está sob ataque das forças da criminalidade (compostas de afro-brasileiros),

---

[84] Ex-consultor da ONU para questões de segurança no Burundi.

com realce especial para o *exército do narcotráfico*. A essência do direito de guerra resume-se em três itens:

1. *Atacar unicamente alvos militares;*
2. *Poupar pessoas e objetos sujeitos à proteção e que não contribuam para o esforço militar;*
3. *Não usar mais força do que o imprescindível para cumprir sua missão.*

Nenhum ato de força é humanitário. A propriedade das forças policiais é precaver o crime por meio da dissuasão. Caso venha a ocorrer, seu dever é evitar a reincidência. A reverência pelo direito à vida não é só um ditame do bom senso, mas a ferramenta última ao alcance da sociedade para evitar o morticínio. A força policial e as vítimas são polos opostos na guerra. Se existe o requisito da vitória, a tendência é a de que usem todos os meios possíveis para assegurá-la. E há também a consciência louvável de que a vida tem valor, de que a tortura é desumana, e a guerra uma circunstância anormal (ROOVER, 1990).

As situações de conflito armado não eclodem espontaneamente. São produtos da deterioração do estado da lei e da ordem, num país no qual as organizações de preservação da lei e dos direitos se omitem. Pela natureza de seus deveres, o envolvimento prático dos encarregados da aplicação da lei em casos de erupções de violência, distúrbios e tensões que podem avançar para a guerra civil étnica requer deles que exerçam suas funções. E sigam os princípios do Direito Internacional Humanitário e dos Direitos Humanos, imprescindíveis em suas operações e treinamento.

Pelo princípio de distinção, temos que caracterizar os participantes nas hostilidades e quem neles não tem tal inserção. O princípio de limitação submete as partes a limitações na escolha das armas da guerra. O princípio de proporcionalidade limita a utilização de meios e atos de guerra descomunais em relação à vantagem militar prevista.

Dentre outros princípios básicos do Direito Internacional Humanitário, encontra-se o de separação entre quem participa ativamente nas hostilidades e quem nelas não tem essa presença. Aplicar tal princípio resulta adequado para determinar as obrigações e os limites que correspondem a uns e a outros. O bom emprego do princípio de distinção, entre outras coisas, obriga a:

- *Garantir à população civil o trato humano e o amparo geral que lhes outorgam os instrumentos de direito humanitário;*
- *Assegurar a quem se tem rendido e a quem tem ficado fora de combate;*
- *O trato humano para eles previsto pelo Direito Internacional Humanitário;*
- *Fazer efetivas as garantias previstas pelo Direito Humanitário para as pessoas privadas da liberdade por motivos relacionados com o conflito (por exemplo, lhes dar um trato humano que inclua proporcionar-lhes condições dignas de detenção e não as expor aos perigos da guerra);*
- *Evitar ataques contra bens que não são objetivos militares;*
- *Facilitar as atividades empreendidas pelas organizações humanitárias para atender às vítimas do conflito.*

Flagrante de Luiz Morier, vencedor do Prêmio Esso de Fotografia de 1983. Intitulada *Todos negros*, foi publicada na primeira página do *Jornal do Brasil*, em 30 de setembro de 1982. O policial militar segurava uma corda em que sete homens afrodescendentes estavam amarrados pelo pescoço.

Direitos humanos e guerra étnica

Qual é, dentro da guerra étnica brasileira movida pela *supremacia despigmentada*, a categorização devida dos Direitos Humanos? São as instituições que concretizam a dignidade, a liberdade e a igualdade humana, obrigadas pelo ordenamento legal nacional e internacional. Sua transgressão é tomada como inadmissível. Por isso, exige uma reflexão essencial: se origina no Estado? É crime estatal? Além das suas fronteiras legais, a utilização do pânico social viola todas as garantias fundamentais.

O enunciado retórico dos Direitos Humanos reflete a realidade profunda: não são direitos dos homens em face de qualquer um, mas dos Estados, aos quais caberia apenas empregar o que o próprio Direito oferece. A não ser quando o acusado direto é ele, cuja impotência para resguardar as pessoas e os bens seja objeto de condenação ética, mas não jurídica. Quando um Estado abole a pena de morte e seus agentes não mais matam impunemente, ele se torna intocável do ponto de vista do direito à vida, ainda que no seu território campeiem em liberdade milhares de malfeitores e assassinos.

Os Direitos Humanos, contidos em tratados internacionais, foram agrupados para aplicação interna pela Constituição de 1988. O Brasil adotou o direito de outros Estados de protegerem os Direitos Humanos dentro do seu próprio território e de as coletividades e organizações não governamentais procurarem o sufrágio de entidades internacionais para a sua proteção. Essa fresta aberta para a vigilância e fiscalização de entidades internacionais, à vigência e à reverência aos Direitos Humanos no país, passa de uma atitude inicial passiva para uma rejeição aguda. Qualquer controle ou monitoração que se fizesse de suas atividades abriria as caixas-pretas da manutenção de privilégios e omissões diante desses direitos, suas conexões e extensão, à sombra e com a proteção do Estado.

Não incorporar, na atualidade, sua ação letal como um imperativo moral contra os afro-brasileiros faz-nos retroceder até épocas que estimávamos superadas. O seu incômodo não está apenas em ignorar a ansiada universalidade e a sua intocabilidade. Aniquilado o detentor de direitos naturais, a singularidade própria do cidadão, o segregado é equiparado a uma coisa sem passado, futuro ou outro presente que a liquidação. Ao anular não só a liberdade, a singularidade da pessoa, a repressão étnica se metamorfoseia numa usina de circunstâncias e pavor. Não são nada mais que administrações maciças e mecânicas, invariáveis, da morte aos inferiores.

E o aparelho de segurança privada, na forma de quadrilhas organizadas ou como milícias híbridas (públicas e privadas), desencadeia disputas sangrentas em torno do domínio territorial ou comercial de áreas urbanas e rurais à margem de seus legítimos ocupantes: os afrodescendentes. Além de violadores de Direitos Humanos, são também infratores do Direito Internacional Humanitário. Esses bandos armados não estatais estão sujeitos à aplicação do Direito

Internacional Humanitário, que protege garantias fundamentais, como a de serem penalizados criminalmente.

As prisões são o espelho da qualidade da Justiça do país. A ressocialização ou reabilitação do preso é determinada unilateralmente. Acreditar que o detento aceite se comportar com parâmetros e ações similares aos de uma pessoa em liberdade é a mesma coisa que ensinar uma pessoa a nadar retirando-a da água. Diz o advogado Heleno Fragoso que a Criminologia contemporânea para explicitar o próprio sistema penal, vem submetendo-o à análise e à pesquisa. Constatou-se que certos princípios gerais, admitidos como pressupostos, não satisfazem à realidade e devem ser postos em dúvida. O efeito preventivo da intimidação penal, por exemplo, não está comprovado. E o efeito ressocializador e preventivo da pena não existe, ao menos no que diz respeito à pena de prisão.

E o dolo está em função da estrutura social, que não se transforma por meio do Direito Penal. Ineficaz, pois, o papel que o sistema punitivo estatal desempenha em termos de prevenção, efetiva proteção e tutela de valores da vida social. Por outro lado, o alto custo social agrava a estigmatização, a desigualdade dos inferiores e infla a corrupção, a morosidade e as deficiências do sistema policial, judiciário e penitenciário.

O modelo contemporâneo de penitenciária se propõe a encarcerar os condenados a penas de reclusão cada vez maiores. E o Estado fracassa em recuperá-los como cidadãos às normas da vida em sociedade. Michel Foucault (1926-1984) afirma que o sistema preencheu o objetivo a que se propunha: estigmatizar e separar os delinquentes. Trata-se da abominável solução da qual não se abre mão. As prisões reforçam, nos condenados, valores distintos dos aceitos pela sociedade. Daí a advertência de Claus Roxin de "não ser exagero dizer que a pena privativa de liberdade de curta duração, em vez de prevenir delitos, promove-os".[85]

O sistema penitenciário brasileiro tem cerca de 70% de afro-brasileiros como seus encarcerados. A noção de lei e igualdade étnica no Brasil é

---

[85] Jurista alemão, é um dos mais influentes do direito penal alemão. É detentor de doutorados honorários conferidos por 17 universidades no mundo. Foi o introdutor do Princípio da Bagatela, em 1964, no sistema penal.

cerimonial: todos têm garantia à sua diferença, desde que seja expressa em termos aceitáveis pela *supremacia despigmentada*. A desobediência à sua lei e, por extensão, a qualquer ditame social que tenha sido fixado, tomada como uma transgressão de limites, uma agressão direta. Ao agir dessa forma, o Estado evita que as populações marginalizadas explicitem publicamente os elementos destrutivos da guerra.

O aparelho judiciário brasileiro não foi preparado para administrar ou sancionar, dentro de regras igualitárias, uma sociedade multiétnica. As populações afrodescendentes, *apartheizadas*, são vistas como fontes de desordem e contestação da conformidade social. Devem ser punidas para não desafiar a fonte única da ordem, que é este próprio aparelho. O que interessa não é o que os acusados fizeram, mas suas transgressões à ordem vigente. O sistema é inclemente com os mais fracos e adota soluções diferentes para ocorrências semelhantes. E sempre entra em cena o endurecimento das penas, o costumeiro contra-ataque conservador para guerrear a demanda afrodescendente.

O diagnóstico é adverso no domínio prisional, com sérios problemas de infraestrutura, condições de reclusão e, sobretudo, de superlotação, composta em sua maioria por afrodescendentes. Não obstante uma tendência de lenta progressão do sistema e melhoria, o colapso é total. A explosão legalística, provocada pela redemocratização do país em 1988, deparou-se com resistências profundas aos novos tempos. E persistiu com a tradição penal indiscriminada, lenta, ineficaz e conflitiva.

Não existe um *estado de justiça* com um sistema regente de *apartheid* como o que temos. A começar pela mais básica, a oferta de assistência jurídica gratuita. Num país de segregação institucionalizada, uma reforma que permitisse o acesso a ela de todos os afro-brasileiros, seria um salto para o futuro de uma sociedade multiétnica.

Tanto a antropologia como a criminologia avançaram no estudo dos *outros*. No primeiro dos casos, o *outro* cultural; no segundo, o *outro* como indivíduos ou grupos de *desviados*. A transgressão (de todos os tipos e gravidades) é um fenômeno em qualquer sociedade. Para que exista transgressão, deve existir também concordata dentro do grupo que estipule quais condutas são desejáveis e quais não são. Em cada cenário social se forma uma percepção particular em relação ao que significa a ação de transgredir.

O antropólogo Ashley Montagu (1905-1999) explicita que "os crimes e os criminosos são produtos da sociedade e, ao mesmo tempo, instrumentos e vítimas da mesma sociedade" (1951). Um crime é o que a sociedade avalia como tal. Algo criminoso para um afro-brasileiro não o será para um membro da *supremacia despigmentada*.

Capítulo 10
Vitimologia étnica

Nada é mais parecido a um presídio do que a arquitetura de uma escola pública de hoje no país. Tem infraestrutura prisional: grades, câmeras de segurança, cadeados em todos os lugares, guichês de atendimento blindados, salas protegidas (ou celas) com travas de segurança. Os alunos sentem no corpo essa opressão, falta de autonomia e de liberdade.

Já nas escolas privadas despigmentadas, quando se entra, encontra-se um ambiente empresarial, limpo, com extrema segurança, inclusive com efetivos paramilitares controlando o acesso e saída dos alunos. Planejada como uma bolha inacessível pelo seu entorno, garante aos estudantes da elite despigmentada que estão a salvo da violência e da insegurança das ruas do bairro próximas à localização da escola.

Quem pode pagar tem educação, acesso a conhecimento, a informatização, às novas tecnologias. Quem não pode fica à mercê dessa escola pública violenta e sem cenários de aprendizagem adequados, que é padrão em toda a rede.

Contudo, não se leva em conta e muito menos se admite o quanto a escola é violenta com o aluno. Pelo seu formato e modelo arcaico de educação, obriga o aluno a ficar cinco horas dentro de uma sala quente, sem ventilação, com outros 40 ou 50 alunos, sem poder se levantar.

Apartheid Educacional

Qual o papel da educação em face do *apartheid*? A escola pública não fará tudo, mas o que fará será sempre muito. Ou seja, não irá extirpá-lo, mas pode reduzi-lo bastante. Somente numa nação multicultural se constrói a igualdade formal de todos os cidadãos do país. E sem a educação pública gratuita, com igualdade de acesso de todas as etnias, o *apartheid* se perpetua.

O multiculturalismo — cultural-étnico — não só reconhece uma realidade, mas também permite apreciar e valorizar a coexistência de diferentes expressões culturais, todas as quais devem gozar — em princípio — de respeito e consideração.

Muitas inércias e preconceitos, com sede e estágio de reprodução na família, nos bairros, nas igrejas, nos clubes, ou seja, nas diferentes esferas sociais, têm na educação um importantíssimo instrumento para enfrentá-los e combatê-los. Juntamente com o conhecimento científico e o juízo racional, a escola deve incutir valores relevantes, como o conhecimento e a apreciação da pluralidade que atravessa toda a humanidade. A igualdade, por sua vez, é a base fundamental para se preservar a pluralidade que se bifurca tanto em termos políticos quanto ideológicos, culturais e religiosos.

Temos o funil social programado por ele: o acesso educacional está modelado e disponível somente para 30 milhões de brasileiros despigmentados, que ocupam o topo da pirâmide étnica e social. A brutal proscrição dos mecanismos e portas de acesso a esse sistema de emancipação social aos afro-brasileiros sempre foi necessária para a sobrevivência econômica e social dos despigmentados pós-escravidão, para barrar a universalização dos direitos dos afro-brasileiros e, por fim, para uma efetiva redistribuição de renda.

Recentemente, instituíram-se as cotas. Sempre existiram, negativas, reducionistas, minimalistas. Expandir um pouco suas margens e fronteiras não resolve o problema central do núcleo do analfabetismo funcional e da instrução básica, secundária e superior, moldada a ferro e fogo para manter os afro-brasileiros e interétnicos, os indígenas, fora do sistema econômico e social da *supremacia despigmentada*.

A Universidade de Brasília (UnB) transformou o sistema de cotas numa aberração. Critérios de *análise de fotografia* e *entrevista* selecionavam presencialmente os candidatos que se autodeclaravam afro-brasileiros. Uma foto feita posteriormente à entrevista era ampliada num retroprojetor para que fosse confirmada ou não se a aparência do candidato estaria de acordo com sua africanidade declarada. Somente após esta análise, os pedidos de inscrição eram homologados. Os candidatos recusados migravam automaticamente para o sistema convencional.

O então reitor Timothy Mulholland fez uma justificativa demencial: "As pessoas são excluídas pela aparência e, portanto, a inclusão será feita pela aparência". Ao contrário da maioria das universidades que adotam a política afirmativa das cotas, a UnB não levava em conta o critério socioeconômico, mas somente a pigmentação da pele. Atualmente, esta universidade aboliu a pré-inscrição com fotografia e seleciona, para uma entrevista pessoal, somente postulantes de acordo com o número de vagas oferecidas pelas cotas, o que reduz significativamente a quantidade de candidatos.

Apenas como uma especulação intelectual, pergunto: será que com a transferência de, digamos, 10% da renda dos mais ricos, que detêm 50% da renda nacional, começaríamos a derrubar gradualmente, na lentidão de 20 anos, no mínimo, as bases do *apartheid* educacional?

As cotas limitam quem, onde e como terá acesso ao ensino universitário, às carreiras, às representações políticas e aos demais órgãos estatais.

E os milhões que ficam do lado de fora desta seleção? Continuarão nas filas dos fornos. Os nazistas começaram por incinerar só judeus-alemães e poloneses, depois foram os checos, aí vieram os italianos, os franceses etc., até os fornos ficarem entupidos de cinzas. No nosso caso, forramos as valas coletivas de afro-brasileiros desde que colocaram os pés aqui, acorrentados e humilhados.

Por que não estabelecer uma cota de 50% no ensino público e gratuito, do básico ao universitário, nos assentos da Câmara dos Deputados e do Senado e em tantas outras instituições para os afro-brasileiros, já que 53% são a sua participação proporcional na população brasileira? Se o ensino se tornasse realmente irrestrito e gratuito, desapareceriam as cotas.

O primeiro passo para abrir a carreira de docência e pesquisa para afro-brasileiros e nativos seria um censo étnico de todas as nossas instituições de ensino superior. Resultaria num diagnóstico e na ruptura com os mecanismos do *apartheid*, acionados para impedir o ingresso deles na docência e na pesquisa. Em 2005, entre os mais de mil reitores do conjunto de universidades públicas e privadas, a única reitora afro-brasileira era da Universidade Estadual da Bahia. A UFBA nunca teve um reitor afro-brasileiro, mesmo sediada numa capital onde 80% da população é de ascendência africana.

O eugenismo/higienismo social determinou na educação brasileira, em todos os graus, a formação de um condomínio exclusivo da *supremacia despigmentada* na virada do século XIX para o XX. Exemplos: expulsaram as normalistas e os professores afro-brasileiros das escolas públicas do Brasil; também começaram a ser destituídos dos cargos de diretores das escolas primárias e técnicas.

A pesquisadora Maria Lúcia Müller, num trabalho pioneiro, constatou que a partir de 1903 começou a diminuir, paulatina e inexoravelmente, a presença de docentes afro-brasileiros no ensino primário e fundamental. Constatou a pesquisadora que, no início da década de 1930, netas de escravas haviam sido expulsas do magistério por uma limpeza étnica em grau nacional. A escola pública, projetada para formar o espírito da nação, havia se tornado exclusiva da etnia dominante por políticas instituídas pelo Instituto de Educação do Distrito Federal, na Era Vargas.

Replicamos exatamente o que sucedeu nos Estados Unidos. Foi possível, no Brasil, desenvolver instituições acadêmicas de excelência e modernidade, sem que perdessem o viés dos filtros étnicos e sociais. A diferença está em que as universidades norte-americanas foram forçadas a integrar-se com os afro-americanos por decisão do Estado, a partir da década de 1960. Mas se elas deram um passo adiante ao incorporar os afro-americanos em seu aparelho formador de excelência, aqui estratificaram a segregação, sustentada pela ideologia da superioridade dos despigmentados.

Apartheid da desigualdade

O Estado brasileiro, com a redemocratização em 1985, se constitucionalizou. Mas em um regime de economia de guerra mantenedor que dilacera a coesão social, onde cada fração da sociedade despigmentada se aferra a seus interesses particulares em detrimento do bem comum. Temos, então, uma economia despigmentada real e a afrodescendente. A despigmentada se move na fronteira melíflua e aparente de legalidade econômica e jurídica. A do *apartheid* é subterrânea e caminha por um terreno pantanoso, escuro, cercada pelo poder etnicista. Tanto a despigmentada como a afrodescendente subterrânea são interdependentes e comunicantes. A despigmentada também pode ser subterrânea como, por vezes é, por conveniência ou necessidade de administrar os métodos.

A geração atual de bens, num grau de desigualdade inconcebível, tornou o conflito étnico cada vez mais feroz e complexo. Os investimentos feitos para reaparelhar e rearmar a máquina da ordem significam uma nova fase, mais tecnológica e intensiva, sem abandonar a condição de conflito irregular, que esgota qualquer espaço de neutralidade, e para enfrentar os distintos grupos étnicos. Existe, então, uma economia da guerra que explica os interesses em jogo e a distribuição assimétrica de seus custos e benefícios. O conflito, em sua expressão armada, exaure uma grande porcentagem dos orçamentos públicos. Como o orçamento público é, em sua quase totalidade, financiado com empréstimos privados, temos uma economia de guerra a crédito. O plano de guerra tem um custo desconhecido em todos os graus: federal, estadual e municipal. Sabem-se as dotações orçamentárias, mas não o quanto gastou ou irá gastar.

Sua face mais horrenda é perpetuar a ignorância e denegar o acesso à educação aos afro-brasileiros, de modo a não fornecer subsídios para que eles possam se preparar para disputar renda, saúde, moradia, trabalho e cidadania.

Esse projeto de segregação permanente constitui a base do modelo social que temos. Não há argumento, número ou orçamento que resista à mais comezinha análise sobre a permanência dessa hediondez num país que tem um dos melhores sistemas universitários dentre os países emergentes, com pesquisas de ponta em algumas áreas.

Façamos uma análise primária: entre analfabetos totais e funcionais, temos 46 milhões de pessoas, de todas as faixas etárias, das quais em torno de 70% são afro-brasileiros. Suponhamos que essas pessoas sejam preparadas educacional e tecnicamente, num esforço solidário supremo, para o mercado do trabalho. Serão necessários milhares de professores, milhões de empregos, bilhões de renda transferida, e assim por diante.

É aqui que entra a programação. Este autor rejeita *in totum* a apreciação do que se considera exclusão (ortodoxamente). Primeiro, pela abstração, segundo pela generalidade, terceiro pela indefinição. Sempre que se mencionam, mensuram, qualificam ou categorizam os pobres, miseráveis, segregados, marginalizados ou descartados em qualquer país, lança-se mão do conceito de *exclusão*, de *excluídos*. No nosso caso, é a população majoritária do país, os afro-brasileiros. Quem exclui? Quem são os responsáveis? Com que métodos e/ou processos?

Não serei primário a ponto de brigar com números, mas a questão é mais complexa. Os efeitos das crises, da falta de acesso, da queda na renda, do desemprego, da carência alimentar e da assistência médica afetam todos ao mesmo tempo e em igual intensidade? Obviamente que não. O Estado salvaguarda as castas dominantes europeias, globalmente; brinda-as com segurança particular; fornece os instrumentos legais para determinados setores econômicos salvaguardarem suas rendas em locais seguros, inclusive a salvo do próprio Estado.

O sistema social do *apartheid* compreende a programação política e matemática dos valores arrecadados e disponíveis. O acesso e o benefício comuns são ficções para a população de ascendência africana quando o Estado programa seu orçamento. Ele é privado e classista, e seu orçamento atende a necessidades demarcadas social e politicamente, e o raio de ação não ultrapassa essa casta dominante.

Basta um olhar mais atento para a causa determinante que mais estanca a desmontagem das suas barreiras, sejam culturais, sociais ou econômicas. O custo de socializar, educar, abastecer com serviços, cultura e lazer e transferir renda e empregos para milhões de emancipados quebrará a dominação de grupos e o monopólio da renda e do Estado. O fim da escravidão nos Estados Unidos foi retrasado até o grau máximo, não pela sua amoralidade, mas pela necessidade de integrar os afro-americanos ao padrão de vida médio do país. No Brasil, os proprietários de escravos quiseram ser ressarcidos pela perda do seu capital. O resto é fabulação.

Ricardo Henriques coordenou uma pesquisa feita pelo Instituto de Pesquisa Econômica Aplicada (IPEA), concluída em 2001, denominada *Desigualdade racial no Brasil: evolução das condições de vida na década de 90*. Os números continuam os mesmos, alguns até pioraram. Pela pesquisa, o Estado considera pobres 53 milhões de pessoas, ou seja, 34% da população. Dentro da população pobre, os descendentes dos africanos são maioria: 64% são afro-brasileiros, enquanto 36% são europeus e de outras etnias. Os afro-brasileiros são 70% dos indigentes.

Henriques constata que a escolaridade brasileira aumentou ao longo do século XX, e hoje a população tem, em média, 6,3 anos de formação. Os jovens europeus e de outras etnias têm 2,3 anos a mais de escolaridade do que os jovens afro-brasileiros. Os pais desses jovens europeus já tinham 2,3 anos de ensino a mais do que os pais afro-brasileiros. E os avós europeus, em 1927, já tinham estes mesmos 2,3 anos de estudo a mais do que os avós afro-brasileiros. A distância se manteve. A diferença de escolaridade entre europeus e afro-brasileiros que nasceram em 1929 é idêntica à dos que nasceram em 1974.

Nas duas maiores regiões metropolitanas do Brasil, São Paulo e Rio de Janeiro, a linha que separa pobres do restante da população está demarcada pela pigmentação da pele. Segundo estudo realizado por Marcelo Paixão, com dados do censo do IBGE de 2000, nessas regiões, 44,4% dos afro-brasileiros — em torno de cinco milhões de pessoas — estavam abaixo da linha de pobreza. Segundo o pesquisador, a taxa de pobreza entre os afro-brasileiros era 48,99% mais alta que a verificada entre os europeus. Ainda nessas duas regiões, 29,8% dos europeus eram pobres. Para o total da população dessas áreas, a taxa era de 35,5%. O estudo mostra que a concentração de pobreza entre eles não está restrita aos rincões do país e às comunidades descendentes de quilombos, mas também se apresenta nas grandes metrópoles.

Na região metropolitana de São Paulo, no ano de 2000, 52,9% dos afro-brasileiros eram pobres, ou seja, recebiam menos de R$ 176,29 mensais. A taxa era de 30,9% para os europeus e outras etnias. Na região metropolitana do Rio, por sua vez, a pobreza afetava 42,3% dos afro-brasileiros e 23,5% dos europeus e outras etnias. As pessoas viviam com menos de R$ 135,02 por mês. Paixão, com os dados do censo de 2000, contabilizando como afro-brasileiros a soma dos grupos que o IBGE classifica como *pretos* e *pardos*, e aplicando a metodologia do IPEA, foram classificados como pobres 33,64% da população brasileira, ou seja, cerca de 57 milhões de pessoas.

A fronteira da penúria indicada pelo IPEA é estabelecida a partir de uma cesta que inclui alimentos e serviços essenciais. São considerados carentes os que não conseguem suprir necessidades alimentares mínimas: 14,6% dos brasileiros, ou cerca de 24,7 milhões, segundo a pesquisa. Nas duas regiões analisadas, as taxas de indigência são mais altas entre afro-brasileiros, 10,1%, do que entre europeus e outras etnias que perfazem 5,7%.

De acordo com dados do IBGE, uma criança de ascendência africana tem maior probabilidade de morrer do que uma de ascendência europeia ou asiática, por um conjunto de fatores adversos, como falta de esgoto, água potável, educação e barreiras de acesso à rede pública de saúde. Uma criança afrodescendente tem 67% mais chances de morrer antes de completar cinco anos de idade. A taxa de mortalidade das crianças europeias e de outros grupos étnicos dominantes vem baixando continuamente, ao passo que entre as crianças afro-brasileiras ocorreu o contrário.

Não existem boas mentiras para negar a liberdade e as chances para uma criança afrodescendente. Confrontadas pela segregação herdada dos pais, são castradas socialmente para não atingirem o nível de outras pessoas e cidadãos. Essa ação planificada assume várias expressões: algumas vezes pode ser pela inclemência, pelo ódio, por barreiras e pedágios sociais; noutras, é mais sutil. Quando uma criança, em qualquer parte do país, é obrigada a sentir-se inferior a outra criança, isso é crime étnico.

A rejeição é aquilo que julgamos ser evidente: que as crianças nascem livres e iguais em termos de dignidade e direitos. Apregoarmos direitos humanos sem começar pelos direitos daqueles que possuem maior potencial e, ao mesmo tempo, são os mais vulneráveis não é razoável. Estas crianças não têm opção. Nós temos. Ensinemos nossas crianças a serem tolerantes e viverem sem ódio, sem fobia étnica.

EUGENIA TRABALHISTA

Temos ou teremos eugenismo trabalhista? Atualmente, informações sobre o perfil genético de candidatos a emprego têm sido incluídas em processos seletivos. Nos Estados Unidos, estudos estimaram, há duas décadas, que cerca de 7% das empresas norte-americanas já faziam uso do *screening* genético na seleção de seus trabalhadores (AUSTIN *et al*, 2000). Dentre as numerosas razões apontadas para o uso destas informações como critério para seleção de trabalhadores, constava a necessidade de identificar indivíduos suscetíveis de apresentar determinadas doenças decorrentes da interação da especificidade de um genótipo particular e a exposição a substâncias tóxicas presentes no ambiente de trabalho.

A seleção genética no trabalho, apesar das novas tecnologias da biologia molecular, não é um fato novo. Na década de 1970, bem antes do início do *Projeto Genoma Humano*, os afro-americanos que possuíam traços genéticos para anemia falciforme não eram contratados para determinadas ocupações, embora apresentassem condições adequadas de saúde e ausência de riscos de desenvolverem a doença (ROTHENBERG *et al*,1997). A primeira legislação proibindo esse tipo de intervenção segregacionista ocorreu na Carolina do Norte em 1975, estendendo-se para os demais estados norte-americanos.

Trabalhadores suscetíveis podem nunca manifestar uma determinada doença; exercem atividades em ambientes de trabalho adequados, onde os riscos potenciais de exposição estão controlados. Outro fator relevante diz respeito à variabilidade genética desses marcadores em diferentes grupos étnicos. Embora importante do ponto de vista evolutivo, essa variabilidade pode levar também à segregação ocupacional de minorias étnicas (MIR, 2004).[86]

---

[86] Com base na obra *Genômica* (2005), revisada pelo autor e colaboradores.

Capítulo 11
Sequelas do *apartheid*

Os processos históricos e sociais brasileiros criaram espaços urbanos segregados tanto na formação interétnica quanto conflitos políticos e sociais. Com a demonização dos territórios afros.

As representações e as políticas oficiais com relação a maioria afrodescendente no país perenizam os elementos constitutivos cruciais das hierarquias sociais profundamente desiguais no Brasil.

As clivagens sociais absurdas que caracterizam a afrodescendência em cidades como Rio de Janeiro, São Paulo, Recife, Belo Horizonte e Salvador, demonstram claramente o apartheid oficial e ativo na geografia urbana e social das cidades.

Foto: Projeto Trauma (2008).

Medo profundo

O medo do *apartheid*, para suas vítimas afrodescendentes, é físico. Adverte sobre os perigos certos e imediatos dos quais deve-se esquivar para continuar vivendo. Há também um aspecto psicológico, não menos real, caracterizado por uma difusa incerteza existencial e que, com enorme facilidade, transforma-se em neurose. Enraizado no instinto de sobrevivência, o medo desempenha múltiplas funções: avisa, adverte e paralisa, oferecendo uma utilidade ambivalente. Ele permite ação diante do perigo e da tentativa de eliminá-lo. Em não se conseguindo, deriva para a insegurança, exacerbando a autodefesa.

Há vários medos. Que tipo de perigos e ameaças (do *apartheid*) nos causam medo? Como vamos nos proteger dele, um inimigo que parece ser eterno? Quando advém o curto-circuito da conexão que une a observação do perigo com a ação preservativa correspondente, a neurose da insegurança adquire vida própria e se nutre tanto dos perigos reais quanto imaginários. Há uma distorção de suas propriedades originárias, e uma delas expõe um dos paradoxos mais significativos de nossa era: tememos arriscar por medo do que poderia nos acontecer.

Receamos, então, equivocadamente o que não deveríamos temer. A maior parte dos atos violentos dele advém de quem nos deveria proteger, daqueles que supostamente pertencem ao nosso entorno social, que carecem de antecedentes penais e são vistos automaticamente como delinquentes.

A demanda de segurança entre os cidadãos e para os cidadãos remete para a relação entre o Poder Público e a população. Questionamos cada vez mais a sua habilidade para garantir a nossa vida (polícia ineficaz, justiça laxista). Para o cidadão comum, a pequena delinquência é um fenômeno grave; para a polícia, o relevante são as perturbações da ordem, leia-se controle social. Apegada ao modo repressivo de trabalhar, descarta qualquer função ou proteção singular ou comunitária.

Temos presente entre os afro-brasileiros um medo que é primitivo, ancestral, resultante das suas condições de vítimas cotidianas. Diferencia-se do medo físico, que produz um ato reflexivo de prudência, ditado pelo instinto de defesa. A neurose permanente advém da insegurança, da ânsia de estar livre do perigo, da opressão étnica que pode afetar além da própria vida todas as outras vidas do grupo ao qual se pertence. Em última instância, ele provoca um radical isolamento e um defensivismo desesperador.

O Estado etnicista infunde pavor aos afro-brasileiros. Tenta e consegue aterrorizá-los com a ladainha terrorista de que a nação está à beira de uma catástrofe social. Disseminam falsas informações e os associam às ameaças imaginárias para toda a sociedade. E não disfarçam o repressivo controle social e territorial das perigosas *favelas afros*, reclamado por toda a *supremacia despigmentada*. Partem da manipulação do risco de que a guerra étnica de todos os dias desencadeie a necessidade de repressão ilimitada, supressão da liberdade e da democracia. Instadas à eleição entre resistir ou sobreviver, as populações segregadas escolherão o isolamento social total como única estratégia de resistência.

A sensação de segurança/insegurança obedece a percepções temporais contraditórias: muita insegurança é paroxismo de emergência; muita segurança se parece com uma falsa proteção linear diante das ameaças. E alcançados extremos (brutalidade policial expressa em *blitz*, invasões violentas das favelas-quilombos, assassinatos, vigilância geral). Essa ultrassegurança contra os afro-brasileiros é sempre maior que a pseudoproteção.

O objetivo estratégico desse confronto étnico-civil, como o que temos, é domar a população afrodescendente e interétnica mediante chacinas, áreas urbanas sem lei, a partir de técnicas psicológicas e econômicas de ameaça manente. O alarme do medo, criado como os existentes nos campos de concentração urbanos da nossa geografia urbana, as favelas, é incitado por fatores não condizentes com a realidade em si.

A maioria dos estudos acerca da insegurança moderna nas metrópoles brasileiras reduz acriticamente o problema da *insegurança em face do crime*. Ignora-se que é uma consequência caudatária do *apartheid*. É necessário inverter as prioridades. É preciso que o aparato do Estado perceba que os fatores geradores de convulsão étnica e social são gerados no seu ventre. A sua brutalidade, a sua persistência, não cedeu em nenhum tempo da nossa história. Uma das características centrais do conflito civil étnico brasileiro é a dor congelada. A experiência do horror causado pela morte de pais, mães, filhos, irmãos, parentes e amigos próximos, torturados, fuzilados, com a perda total de qualquer relação social.

Vítimas preferenciais

O abominável arsenal conservador tem, na redução da idade da responsabilidade penal, seu maior crime moral. Um jovem, culpado por uma falta venial, será decomposto judicial e socialmente num marginal que nos vai punir pela nossa inqualificável cegueira ou estupidez, com outros e multiplicados crimes. É o mesmo que internar um paciente com catapora num hospital de pestosos. A sociedade vai transformar esse menor delinquente em um criminoso de verdade.

As crianças afrodescendentes (segregadas desde o nascimento) perdem cedo sua inocência. O direito à infância lhes é negado com naturalidade. Não têm lugar na sociedade despigmentada; são as vítimas mais frágeis. Coagidas a lutar, são extraídas de seus barracos e treinadas para matar, traficar e se prostituírem. As meninas sofrem abusos sexuais de forma sistemática. Há uma série de fatores que se acumulam e dão as razões para essa hecatombe social: o recrutamento de adultos torna-se mais trabalhoso e os grupos marginais voltam-se, então, para as crianças. Elas são impressionáveis e passíveis de serem intimidadas, manipuladas e se tornarem cruéis ferramentas de guerra, sem nada questionar.

Ao mencionamos crimes de guerra cometidos contra os inferiores, é impensável não refletirmos, primeiramente, sobre os cometidos contra as crianças. Quando o Estado julgar os crimes de guerra, quando esta terminar, terão de ser as primeiras a receber todos os benefícios da coexistência pacífica. Muitas terão interiorizado os horrores desses tempos. Algumas foram forçadas a matar membros da sua própria comunidade ou, até mesmo, a assistir a massacres de membros da própria família. Aquelas que não lutaram, mas testemunharam os horrores da guerra no dia a dia, estarão, também, emocionalmente feridas. A reabilitação e a reintegração das crianças são inegociáveis e inadiáveis em qualquer processo de restauração da sociabilidade.

No Canadá, uma pesquisa realizada em 2006, com a participação do Banco Mundial e do Banco Interamericano de Desenvolvimento (BID), comprovou que, para cada dólar investido em crianças até 3 anos de idade, o Estado é poupado de investir sete dólares em programas de ajuda e subsídio a adultos sem condições de, por si mesmos, construir e manter um padrão de vida digno. Estudos feitos no Brasil mostram que dois anos a mais de creche garantem às crianças, em média, um ano a mais de escola e 15% a mais de renda. As que fazem a pré-escola têm, em média, 20% a mais de renda ao longo de seus ciclos de vida. O maior grau de pobreza por faixa etária atinge as recém-nascidas afrodescendentes, que é acima de 50%. Nas zonas de confinamento e isolamento das *favelas afro*, não há creches, escolas regulares e muito menos adequadas para uma boa formação.

É essencial diagnosticar como toda essa violência cotidiana altera a vida das crianças em seu desenvolvimento, pois reflete o ambiente no qual foram formadas e educadas. No momento atual, milhões de crianças e jovens afro-brasileiros estão sujeitos a realidades instáveis e violentas. E, paralelamente, o terror do *apartheid* está sendo incutido em suas principais vítimas, que são essas crianças e esses jovens.

A infância é um tempo perigoso para elas, pois estão na dependência total de adultos. No núcleo familiar, as crianças são manipuladas, coagidas e degradadas. É este mesmo núcleo que as inocula com convicções destrutivas e as deixa expostas a riscos de todos os tipos. Repetidas vezes são testemunhas ou vítimas de crimes violentos. Tanto podem presenciar a mãe ser agredida pelo pai ou um namorado quanto serem vítimas de agressão do pai, da mãe ou dos irmãos mais velhos. Mas é importante salientar que, além da violência física, há um elemento destrutivo adicional nessa toxicidade intrafamiliar: a agressão emocional, como humilhação, coerção, degradação, ameaça de abandono ou agressão física.

Qual o impacto dessas experiências para uma criança em desenvolvimento? Como tais vivências na infância contribuem para o muito discutido e pouco compreendido ciclo de violência? Bruce D. Perry defende que a violência em etiologia[87] é heterogênea, em termos de qualidade, quantidade e danos em suas vítimas. A violência física contra o semelhante pode ser o resultado de impulso, reação ou agressão predatória, sem remorso. A violência emocional, a mais destrutiva, não quebra ossos, mas quebra mentes; não resulta na morte do corpo, mas na morte da alma.

Quais as consequências para crianças e adolescentes segregados? Na criança em desenvolvimento, há tipos e padrões reproduzidos a partir da presença ou ausência reguladora nas atitudes dos adultos. A criança, que foi muito cedo negligenciada ou desamparada, durante a sua existência exibirá problemas afetivos e emocionais. Essa negligência emocional exerce papel capital em termos de rejeição no seu entorno familiar e social.

A habilidade para sentir remorso ou empatia decorre de experiências críticas. Se uma criança não sentir nenhuma conexão emocional com qualquer ser humano, que não se espere dela algum remorso caso, mais adiante, matar um semelhante ou mesmo atropelar e abandonar um cachorro. Esses comportamentos não são insensatos e não estão além de nossa compreensão. Eles surgem de crianças que refletem o *status* quo no qual foram criadas. Está comprovado que efeitos devastadores infligidos às crianças afro-brasileiras reverberam de maneira inevitável na sociedade como um todo.

A criança nasce para florescer, desenvolver e expressar desejos e sentimentos. Assim como tem necessidade da autoridade e da proteção dos adultos. Quando é explorada para satisfazer as necessidades dos adultos;

---

[87] Etiologia (do grego *aitia* = causa) é um ramo de apoio à pesquisa científica para analisar a origem e a causa de determinado fenômeno.

quando é maltratada, castigada, manipulada, negligenciada, sofre um dano irreparável. A reação normal seria a raiva e a dor. Mas, na solidão, a experiência da dor é intolerável e a raiva é proibida. Ela não tem outra solução a não ser reprimir sentimentos, conduzir a memória do traumatismo para o esquecimento e idealizar os agressores.

Estes sentimentos de raiva, impotência, desespero, nostalgia, angústia e dor se expressam por atos destrutivos, incontrolados *contra o outro* (mesmo que também seja segregado, excluído, marginalizado) ou contra si mesmo (alcoolismo, prostituição, transtornos psíquicos e suicídio). O drama consiste em que pais que maltratam os filhos estão reproduzindo o que receberam de seus próprios pais. As raízes da violência futura estão sempre no mesmo lugar e com os mesmos autores.

Até agora, a sociedade tem acusado as vítimas: as crianças. Reforça-se a cegueira por meio de doutrinas que veem na criança um ser astuto, um animal com instintos ruins, fabulista, que ataca os pais inocentes ou os quer sexualmente. Mas, na realidade, a criança tende a se sentir culpada devido à truculência dos pais. Recentemente, novas técnicas terapêuticas comprovaram que as experiências traumáticas na infância, retidas, são registradas no organismo e reverberam inconscientemente ao longo de toda a vida do indivíduo. No útero da mãe, o bebê sente e aprende desde o começo de sua vida a ternura, mas também a crueldade.

Sob esta ótica nova, todo comportamento absurdo revela sua conexão, até então escondida, com o momento em que as experiências traumáticas da infância não permanecem mais à sombra. Se não formos sensibilizados para os traumatismos da infância e seus efeitos, nunca será posto um fim à perpetuação da violência de geração em geração. Crianças cuja identidade não foi destruída, que obtiveram dos pais a proteção, o respeito e a sinceridade de que necessitavam, serão adolescentes inteligentes, sensíveis e compreensíveis. Gostarão da vida e não sentirão necessidade de perpetuar a injustiça para seus semelhantes e nem para si mesmas. Usarão a força apenas para se defender. Respeitarão e protegerão os mais fracos e, por conseguinte, seus filhos absorverão estas mesmas qualidades; serão retirados de suas memórias quaisquer registros de crueldade. Essa é a verdadeira convivência entre iguais a partir das diferenças.

Temos que enfatizar que os indivíduos emocionalmente negligenciados na infância não se transformam mecanicamente em seres antissociais e agressivos. A maioria deles não se tornará um adulto violento; a maioria nunca adotará tal comportamento. Estas vítimas levam as suas cicatrizes de outros modos, em relações emocionais destrutivas, movendo-se na vida desconectadas de outros seres humanos. Os efeitos da negligência emocional na infância diminuem a força e o valor de outros seres humanos por não haver empatia em relação a eles.

Crianças expostas à violência crônica do *apartheid* têm maior probabilidade de ser violentas? Isto está relacionado a muitos fatores, sendo um deles que a resposta à agressão é aceitável, preferível e honrada; a solução para todos os problemas. A análise atual dos comportamentos desajustados das crianças e adolescentes revela um grau altíssimo de violência impulsiva. Esta é interpretada, pelos perpetradores, como defensiva. Uma criança que cresce em um ambiente brutal e caótico é hipersensível a estímulos externos, está sempre em vigília e num estado de tensão e resposta à violência contra si permanentemente.

Na maioria dos casos, porém, estas táticas são úteis para casos de mudança de ambiente. Não que os mais jovens tenham uma anormalidade ou inaptidão para dedicar atenção a uma determinada ação, mas porque são hipervigilantes. Eles têm comportamento impetuoso, e as observações clínicas apontam que são inteligentes, mas têm dificuldades cognitivas. São rotulados como deficientes, e as dificuldades com a organização cognitiva contribuem para um estilo mais primitivo e menos maduro de resolver problemas.

Nestes casos, a agressão é empregada como uma ferramenta. Existe a predisposição — infância violenta, hipervigilância contra agressões — aliada a gatilhos irreprimíveis: álcool e drogas. Um homem jovem com estas características vai interpretar um comportamento normal do outro como algo que o ameaça e vai responder de maneira impulsiva e violenta. O vácuo emocional, que é o resultado de negligência, será preenchido pelo prazer temporário que um entorpecente pode prover.

Há caminhos múltiplos para se gerar um comportamento antissocial. Alguns são defensivos, uns são predatórios, outros são impulsivos. Porém, todos esses caminhos são facilitados pelo sistema de convicção particular que, em última análise, demarca previamente os alvos principais de sua violência. Em nenhuma outra ocasião, essa cadeia predatória do *apartheid* fica mais evidente do que na justiça criminal aplicada a esses jovens, na qual a juventude afro-brasileira é vítima ou predadora, sem terceira opção.

O sistema é cruel com eles: as escolas públicas estão desaparelhadas e sem meios pedagógicos e humanos; suas vidas são destituídas de contatos emocionais. A própria mãe, poucos anos mais velha, engravida novamente; a comunidade onde vivia se dissolveu; a polícia os caça e os mata. Nossa sociedade fabrica crianças e jovens violentos a uma taxa mais rápida que podemos tratar, reabilitar ou recuperar.

Nenhuma estratégia de intervenção isolada resolverá esses problemas heterogêneos. A violência contra as crianças segregadas ainda é escamoteada e, na maioria das vezes, subvertida: os agressores viram agredidos. Os contextos envolvendo essas crianças etnicamente maltratadas foram ignorados durante tanto tempo, que a escala pode ser aferida em séculos. Inclusive, ainda há pouca menção sobre o assunto em trabalhos históricos e antropológicos contemporâneos.

O sociólogo alemão Wolfgang Sovsky, por exemplo, escreveu um trabalho sobre formas de violência praticadas por diversos tipos de pessoas, sem fazer uma única alusão à sua dimensão na infância. De onde provêm os extremados espíritos belicosos da sociedade brasileira contra as crianças e os jovens marginalizados? É um procedimento defensivo contra a delinquência infanto-juvenil? O abuso e o estilo destrutivo de que são vítimas as crianças das nossas sociedades são seculares. Em todos os países do mundo foram e ainda são maltratadas como se isso fizesse parte da formação.

Mas de quais crianças e jovens estamos falando? Para milhões delas, pobres, em todo o mundo e aqui também, significa não ter o controle sobre as suas vidas, estar vulnerável à vontade dos outros, humilhar-se para atingir os seus fins. A pobreza é castradora, faz com que as pessoas nessa situação se sintam inferiores e não habilitadas a pertencer a uma comunidade. Expostas à extrema indigência, deparam-se, a cada passo, com muralhas sociais intransponíveis, como a aberração de não ter acesso à escola e sujeitar-se a trabalhos humilhantes ou perigosos para que possam sobreviver. Com pouca ou nenhuma instrução, não conseguem romper o ciclo da miséria. Erradicar a pobreza infantil afrodescendente é o início da desmontagem do Estado-*Apartheid*.

Hoje, com a federalização (material) da segurança pública, há que se tomar cuidado para que os procedimentos democráticos não desapareçam por completo. Todavia, qual será o resultado dessa federalização da segurança pública pretendida com a intervenção militar no Rio de Janeiro e a publicação de um monstrengo batizado de Sistema Único de Segurança Pública? É uma mudança de adensamento da guerra. A atuação direta do Estado a partir do seu núcleo central, conjugado com outras instâncias dele (governos estaduais, polícias civis e militares), desequilibra as comunidades em conflito e aumenta sua ação destrutiva contra os selecionados.

Por fim, cabe lembrar que esta guerra, em termos do mundo globalizado, conta hoje com instrumentos sofisticados, tais como:

- *O acesso ao material bélico está ao alcance de todos os grupos em conflito;*
- *O avanço da tecnologia militar tornou letais as armas leves na capacidade de dano;*
- *A oferta de armamentos é bastante elástica: as economias industriais dependem, em uma porcentagem significativa, das indústrias de guerra para a geração de emprego e obtenção de mudanças tecnológicas e lucros; a oferta crescente de material bélico traduziu-se em uma baixa significativa de preços;*
- *Desenvolvimentos tecnológicos e de estratégia militar têm tornado irrelevantes as fronteiras tradicionais entre guerras convencionais e irregulares, e a capacidade destrutiva já não depende do número de combatentes, mas sim de sua eficiência e eficácia pelo acesso a tecnologias de ponta;*
- *Nos conflitos bélicos modernos, a guerra se livrará, cada vez mais, contra a economia e a infraestrutura do Estado e contra a população civil;*
- *Grupos em conflito não terão maiores problemas a médio prazo para gerar lucros, dado o tamanho da economia subterrânea (uma terceira parte do PIB oficial).*

Capítulo 12

Crime imprescritível

O *apartheid* atual provocou mais lixo humano afrodescendente do que o provocado pela escravidão nos séculos anteriores. Há muito tempo neste país temos conceitos eugenistas no que se refere a marginalizados, pobres, miseráveis e segregados. Além de 120 milhões de afro-brasileiros e interétnicos que pertencem à categoria de lixo humano.

Cidade de Lata, Cidade do Cabo, África do Sul.
Foto: Re-Habitare/UFMG.

Lixo humano

Não é uma metáfora ou conceituação, mas uma constatação. Temos, no Brasil, 80 milhões de pessoas categorizadas e tratadas como lixo humano em termos de direitos sociais, econômicos e políticos. Valem e são tratadas como tal no que diz respeito à renda, ao acesso à educação, habitação, saúde e emancipação social.

São, na acepção de Zigmunt Bauman, pessoas a quem se negou o direito de adotar a identidade de sua escolha (abominada e temida). Há um espaço ainda mais abjeto — abaixo do fundo do poço. Nele caem (ou melhor, são empurradas) as pessoas (no nosso caso só os afro-brasileiros) que têm negado o direito de reivindicar uma identidade distinta da classificação atribuída e imposta a elas.

Pessoas cuja súplica não será aceita e cujos protestos não serão ouvidos, ainda que pleiteiem a anulação do veredito. São as pessoas denominadas de subclasse, exiladas nas profundezas além dos limites da sociedade.

O cenário mundial mudou drasticamente. Agora não se trata mais de globalização escravocrata, mas sim de globalização financeira. O lixo humano tem sido despejado desde o início em todos os lugares onde a economia (capitalista) foi praticada, como nos primórdios da escravidão africana, base da expansão capitalista da Europa. Enquanto as terras brasileiras estavam confinadas a uma parte isolada do globo, a indústria de remoção do lixo humano africano conseguia neutralizar o potencial mais explosivo de sua acumulação. Problemas localmente produzidos exigiam e encontravam uma solução local. Tais soluções não estão mais disponíveis: a expansão da economia capitalista brasileira se emparelhou com a amplitude da globalização econômica do Ocidente, e a produção de pessoas rejeitadas é um fenômeno inaceitável para quem pretende sentar-se à mesa como nação civilizada.

A pobreza, a mais requintada arma do Estado, é utilizada massivamente no país. Mata sem muita pressa, reduz suas vítimas a andrajos e é barata. Uma *guetificação* majoritária dos inferiores gerou, na *supremacia despigmentada*, um asco a esses milhões de pobres, miseráveis, de todas as idades. No Brasil, eles são os mais tiroteados urbanos e rurais, em sua maioria abaixo da linha da pobreza. Além disso, são os mais atingidos pelo desemprego, os mais marginalizados pelo sistema de ensino e as principais vítimas da arbitrariedade dos agentes policiais e do crime ordinário.

Segundo o IPEA, mais de 75% da população mundial vive em países de renda *per capita* inferior à nossa. À luz de alguns indicadores internacionais, não somos um país pobre; em compensação somos dos cinco maiores em desigualdade do mundo. Esse abismo não é decorrente da escassez de recursos, mas da sua infame distribuição. Os 80% mais pobres apresentam, no Brasil, padrão idêntico ao dos Estados Unidos e da Argentina. O contraste com o padrão internacional localiza-se entre os 20% e (mais ainda) os 10% dos países mais ricos. A intensidade singular da pobreza brasileira deve-se à elevadíssima renda média dos mais ricos (em relação aos mais pobres). O determinante da pobreza no Brasil (40% do total da população) corresponde ao acesso (ou falta dele) à educação. Vem, a seguir, o desequilíbrio entre investimento em capital físico e humano. A terceira dimensão expressa a presença no mercado de trabalho de 20% das crianças entre 10 e 14 anos, vergonhoso desempenho mesmo na América Latina, superior apenas ao de Honduras.

Mas quais seriam as ações possíveis para combater a pobreza? Devido à magnitude do déficit social, eliminá-lo com base em transferências é uma demanda sempre presente. Se isso era um grande obstáculo no início da década de 1970, o crescimento econômico acumulado nos últimos 25 anos garante que, no momento, a meta é financeiramente factível. Para erradicar o pauperismo existente no Brasil, seria necessário um volume de transferências anuais de apenas 3,2% da renda das famílias brasileiras. A viabilidade dessa estratégia fica manifesta quando se verifica que isso representaria cerca de 15% dos gastos federais na área social, incluindo a Previdência, cujos gastos somam US$ 75 bilhões por ano (IPEA; BARROS; FOGUEL; HENRIQUES; MENDONÇA).[88]

Há a comprovação sempre presente em nossa história de que aceitamos o descarte de metade da população e permitimos graus de pobreza e de desigualdade (marcados por linhas de pobreza relativa e absoluta). Premissas que contradizem os lastros de sociedades equitativas e sustentáveis. Em 2000, o Banco Mundial publicou o estudo *Vozes dos pobres*, sobre as causas e os efeitos provocadores da indigência global, baseado em depoimentos de mais de 60 mil pessoas, em suas experiências de viver na pobreza e do que precisariam para melhorar as suas vidas.

Estas foram algumas das conclusões:

A pobreza tem muitas dimensões, e a sua persistência está vinculada a uma rede de fatores recorrentes. Não é apenas a falta de uma única coisa, como a fome, eles convivem constantemente com ela. A pobreza tem importantes dimensões psicológicas, tais como a falta de poder de reivindicação, a ausência de direitos, a dependência da vontade alheia, a vergonha e a humilhação permanentes.

Os pobres não têm acesso à infraestrutura básica, tais como transportes públicos de qualidade, saneamento e água potável.

Os marginalizados percebem que a educação proporciona uma saída para a pobreza, mas só se a sua inserção na sociedade em condições razoáveis for uma escolha política de toda a sociedade e não só deles.

Há um grande medo da doença por causa dos custos exorbitantes do atendimento médico e porque ela impede que se trabalhe.

E por último, os pobres raramente falam de renda, mas em geral concentram-se na administração de ativos físicos, humanos, sociais e ambientais — como uma forma de tratar da sua vulnerabilidade.[89]

---

[88] *Documento de Apoio para o Relatório sobre o Desenvolvimento Humano no Brasil*, s/d.
[89] Disponível em: https://www5.pucsp.br/ecopolitica/documentos/direitos/docs/vozes-e-pobres.pdf. Banco Mundial: Brasil, 2000, 113 p.

Diversas correntes sociológicas e econômicas entendem a pobreza dos afro-brasileiros como carência e não questionam os seus geradores, os motores do descarte social. Na medição da pobreza imutável, fazem-se esforços para melhorar os indicadores. A pressão por quantificar e produzir dados comparáveis no tempo e no espaço conduziu à elaboração de medidas primárias, com ênfase no consumo de bens e serviços. A medição da pobreza exige uma posição valorativa e um compromisso político não explícitos. Qualquer exercício de valoração e indexação consiste, em última instância, num exercício de análise e julgamento, e não só de observação, codificação, registro e seguimento. Nessa medição, também se julga a envergadura do Estado para abonar condições de vida dignas para a população, as prioridades do gasto público e os interesses de diferentes grupos.

O Estado brasileiro administra um país cuja população afrodescendente figura entre as mais pobres do mundo. Entretanto, ele está entre o terço mais rico dos Estados organizados mundialmente. Comparado aos países industrializados, não é milionário, mas no contexto dos países em desenvolvimento, sobram-lhe recursos para combater a miséria étnica como principal resultado do *apartheid*.

O grau de pobreza dos afro-brasileiros é superior à média dos países com renda *per capita* similar à nossa. Nessa condição, estão cerca de 40% da nossa população total. Nos países com renda *per capita* similar à brasileira, este valor obedece a menos de 10%. A concentração da renda no Brasil é perversa: à péssima distribuição social de renda soma-se uma péssima distribuição regional. Para uma sociedade que se considera unida e que se constitui em uma só nação, a desigualdade entre pessoas iguais é total.

A fantasia de que a pobreza é igualável à desigualdade tem aceitação automática. A linha que demarca os pobres afro-brasileiros é mensurada pelas rendas per capita da *supremacia despigmentada* em relação a eles. A pobreza fica muito similar à desigualdade entre o grupo mais pobre e o restante da sociedade.

A pobreza pode ser medida por certos índices, mas e quanto aos índices decorrentes deles? Se a sociedade considera impossível tolerar pessoas morrendo de fome ou de frio, terá que aceitar que a pobreza se resume na falta de comida, de teto, de satisfação das necessidades básicas. É mais do que somente o acesso à educação, renda, saúde, mercado de trabalho, lazer ou cultura.

Existem duas barreiras para a erradicação da pobreza em países segregadores como o nosso. A primeira, as ações públicas distributivistas que dependem de diversos fatores, dentre eles a natureza do governo, suas fontes de poder e a vontade política. Tais ações públicas, se direcionadas e postas em prática para eliminar a privação da maioria, em um Estado-*Apartheid* como o nosso (que se pauta por minorias despigmentadas), são uma ameaça ao poder absoluto e grupal da minoria. A segunda, há dificuldades no juízo das demandas reais dos pobres e miseráveis. É a pendência entre a noção de privação (dos pobres) e a ideia de minorias que deveria ser eliminada mediante uma política pública.

A pobreza é uma privação. A mudança recente de enfoque na literatura sociológica — de privação absoluta para privação relativa — oferece um padrão de análise. A privação relativa é incompleta como concepção de pobreza e complementa, mas não substitui, a perspectiva da miséria absoluta. O tão criticado enfoque biológico requer uma reformulação substancial no que diz respeito à privação absoluta, com mortes por inanição e fome resultantes da pobreza. Esta categorização, tão utilizada em vários contextos, é equivocada. Descrever as dificuldades e os padecimentos dos pobres, com base nos índices predominantes de necessidades, envolve ambiguidades inerentes ao conceito de pobreza habitualmente utilizado. Uma descrição ambígua não é o mesmo que uma prescrição. Iniludível arbitrariedade é eleger possíveis interpretações dos índices de pobreza sem dar-lhes um tratamento adequado.

Apartheid corrupto

Há uma elite corrompida e corruptora no seu vértice, que é executora e beneficiária direta do *apartheid*. Antes de ser um crime, é uma atividade de oligopólio e violência econômica contra as instituições, incrustada em todo o aparelho econômico, que atinge a totalidade da população afrodescendente. A corrupção não é mais particular ou grupal, passa a ser sistêmica contra esses segregados. A criminalização do Estado, sustentada pelo *apartheid* — com a negação do acesso material e social para a maioria da população que é afrodescendente — se irradia por todos os seus órgãos e funções, adaptando-se. Inicia-se com o planejamento de ações para a apropriação de recursos públicos, legal ou criminosamente, juntamente com funcionários e administradores públicos, parlamentares, empresas legais ou de fachada, nacionais ou estrangeiras, organizações profissionais, industriais e comerciais. São ações que descaracterizam as fronteiras públicas e os bandos criminosos de todos os tipos, solapam a justiça ordinária e propagam tecnologias criminosas na privatização do Estado pela *supremacia despigmentada*.

As massas afrodescendentes, empobrecidas, confinadas e sob cerco permanente, não participam desse butim. O Estado, ao não querer refrear a decomposição ética de sua estrutura e órgãos, criou e utiliza o genérico, volátil, crime organizado, que serve para o narcotráfico, roubo de cargas, adulteração de alimentos e medicamentos, contrabando de produtos eletrônicos, sequestro de recém-nascidos em maternidades, falsificação doméstica de cachaça, furto de fraldas em supermercados etc.

A criminalidade econômica particular, infiltrada ou associada ao Estado, opera com quadrilhas criminosas na ponta dos seus negócios, nunca no começo. Pelo alto grau de violência ou de indignação causada pelos seus crimes, evitam armas ou vítimas em grande número. As associações criminosas — que se organizam na cadeia, no bairro com armamento pesado — cometem ações traumáticas e espetaculares, sempre com controle externo, seja policial ou privado. E os afro-brasileiros, que servem apenas como mão de obra, não são os principais beneficiários da renda de suas ações, mas, sim, as eminências pardas que os comandam, como chefes policiais, grandes empresários e funcionários públicos de alto escalão.

As atividades da criminalidade econômica não têm fins ideológicos ou políticos. O combate efetivo a elas depende de mecanismos — ainda não existentes — para acompanhamento, monitoramento, prevenção e contra-ataques em áreas diversificadas. Crimes de natureza econômica estão enredados no mercado financeiro, no mercado de valores, na concessão de subsídios, subvenções públicas, isenções na área fiscal. Seu bloqueio e desativação direta e eficaz afetaria o esqueleto econômico-financeiro governamental que, a pretexto de atalhar crises sucessivas, a legaliza para também usufruir. Desse colossal sistema de corrupção institucionalizado, os afro-brasileiros não participam, não são convidados e não servem sequer como bucha de canhão.

A questão atual mais delicada diz respeito às drogas, que antes de ser crime, são um negócio. As ações de guerra que miram combater o narcotráfico não são para penalizar suas atividades, mas para administrar alarmes sociais em torno de sua ação e consequências no cotidiano do país. O Brasil é o maior fornecedor e manufatureiro de matérias químicas utilizadas por laboratórios do narcotráfico na América Latina. Os produtos químicos tomam o rumo dos países vizinhos, cultivadores de forma ilegal, em face da ausência de fiscalização nas estradas fronteiriças. Os criminosos são beneficiados pelo *golpe do seguro*, em que se forja um assalto a uma carga de produtos químicos (segurada), quando, na realidade, já está no país vizinho ou apenas aguardando certo tempo para ser transferida.

Transformaram-se em ponto estratégico de trânsito para os entorpecentes produzidos nos países vizinhos, sobretudo Bolívia e Colômbia. Com a disponibilidade de infraestrutura aeroportuária, imensa rede fluvial e rodoviária, acesso a um extenso litoral, pouquíssima fiscalização e forte intercâmbio com o exterior, é fácil a criação de empresas exportadoras de fachada para transportar o entorpecente até seu destino. Por não serem produtores, esses criminosos fogem da intervenção direta e da repressão internacional ao tráfico de drogas. Seu negócio é cuidar da instalação de pequenos laboratórios que se destinam a misturar a droga, aumentar-lhe volume (batizando-a), bem como providenciar para que sirvam de depósito para posterior remessa ao porto final.

O tráfico de drogas, armas e obras de arte, bem como a prostituição, está entrelaçado e é caudatário de atividades lucrativas e atemorizadoras, como sequestros, assaltos a bancos e estabelecimentos comerciais. O dinheiro retorna ao mercado financeiro para ser lavado, sendo utilizados para isso crimes digitais por sistema informatizado, todo tipo de burla (estelionato), corrupção e muitos outros ainda não detectados. Os crimes dos traficantes de capitais, denominados crimes do colarinho branco (*white collar crimes*) —, são socializados em núcleos de poder público e privado. O tratamento que lhes é atribuído não se enquadra em nenhuma das teorias da pena ora vigentes (retributiva, de prevenção geral e de prevenção específica). Nos casos autuados em flagrante, são aplicadas multas com a teoria do *preço da culpa*, mas com uma diferença: recebe o prêmio alguém que não é vítima, mas sim o Estado, e não os milhares de cidadãos que veem suas vidas aniquiladas com os súbitos e grandiosos abalos nos mercados financeiros.

Há crime organizado no Brasil entre as massas afros, entre as populações faveladas? Não, duas vezes não. No Brasil, o traficante afro-brasileiro, como único responsável pela tragédia das drogas, é um inimigo fabricado no dia a dia para municiar o conflito étnico? Sim. A fixação de crime organizado no Brasil exige que se faça a sua exegese dentro da matriz — confronto étnico, social e econômico — escoamento de uma economia milionária, corrupta e à sombra de um Estado cúmplice. Esse litígio não pode ser mais prismatizado: a não distinção entre microcriminalidade de massas dos afro-brasileiros e crime organizado da *supremacia despigmentada* não permite mais que ignoremos a existência de distintos fatos sociais gerados por ambos os lados.

Originalmente, a expressão *organized crime* foi adotada pela criminologia americana para designar um feixe de fenômenos delituosos, mais ou menos incertos, atribuídos a empresas do mercado ilícito da economia capitalista, criado pela lei seca do *Volstead Act* de 1920. A categoria crime organizado relaciona-se, então, ao aparecimento de crimes definidos como *mala quia prohibita*,[90] em oposição aos crimes *mala in se*.[91] O discurso americano sobre o crime organizado, originário de teorias de desorganização social e subculturas, absorveu o paradigma da conspiração contra o povo e o governo americano. Resulta de organizações secretas nacionais, centralizadas e hierarquizadas, difundidas pelos órgãos de comunicação de massa.

O mercado ilícito e os lucros fabulosos provocados pela criminalização do álcool, nas décadas de 1920 e 1930, criaram o perigo atribuído do *organized crime* ao *american way of life*. Atualmente, esse fenômeno se repete com um novo mercado ilícito com lucros fabulosos, criado pela criminalização das drogas. Na realidade, o conceito de crime organizado norte-americano

---

[90] O termo *mala quia prohibita* refere-se a crimes proibidos do tipo primário.
[91] O termo *mala in se* refere-se a atos criminosos repreensíveis porque violam os princípios naturais, morais ou públicos da sociedade.

é, neste caso, um mito: do ponto de vista da ciência, uma categoria sem conteúdo; do ponto de vista prático, um rótulo desnecessário.

Qual é o gatilho da criminalidade de massas dos afro-brasileiros ? Ela se ramifica e enterra suas profundas raízes em nossa já crônica crise social e econômica. Há um conjunto de oportunidades materiais negadas à maioria da população afrodescendente, conflitos étnico-sociais seculares e uma máquina governamental corrompida (de maneira especial, a polícia). É fácil perceber, então, que o que temos é uma criminalidade de massas que são delas mesmas e estão com elas. Não há qualquer braço (econômico) de grupos criminosos afros com dimensões globais (geográficas), transnacionais (drogas, mercadorias eletrônicas, biopirataria).

O crime organizado, na literatura internacional, é muito mais do que um ato ou uma conduta de um grupo isolado, anêmico e marginal. É uma complexa e dinâmica teia, na qual a sociedade é, tanto vítima de suas demonstrações de força quanto beneficiária de seus artigos e serviços. Ela se ramifica em torno do Estado, o qual se encontra, parcial ou completamente, tácita ou expressamente, conivente com dita criminalidade, permitindo, de fato, sua aptidão operativa. No caso, trata-se de um subproduto direto de um Estado criminoso a serviço da *supremacia despigmentada*.

É forçoso considerar que o seu crescimento e operacionalidade são determinados pela cumplicidade na articulação dos grupos criminosos comandados pela elite econômica e os agentes do Estado, vital para sua arte e alcance. No caso brasileiro, regionalmente, observam-se com nitidez as *criminocracias*, os poderes locais enraizados, camuflados, de corte autoritário, obra da divisão do bolo entre dominantes e dominados.

De novo, a dúvida: há crime organizado no Brasil? Nos últimos anos, tenta-se comprovar, às vezes sem qualquer proveniência, a existência de importantes organizações criminosas, como o PCC. O crime dirigido integralmente por pessoas encarceradas é inédito no mundo. No Brasil, o que mais se aproxima da fixação ortodoxa de crime organizado é econômico: um leque vasto de formas de delinquência muito especializada, com enormes estragos sociais, tanto pública como privadamente. Vale lembrar, uma vez mais, que isso é o resultado, em primeiro lugar, do *apartheid* e sua legalização informal pelo Estado.

Em algumas ocasiões, determinados analistas, interessados no campo da delinquência econômica, juntam a chamada macrodelinquência econômica dos dominantes com a microdelinquência afro na microeconomia. Esse paralelo analítico é inapropriado e supõe um grosseiro erro conceitual que desmantela a compreensão global dentro do sistema de violência e criminalidade existente, onde a maioria não controla e não tem poder de intervenção. A *supremacia branca* dominante a que me refiro faz o quer e como quer, com todos os tipos de cobertura e blindagem por parte do *seu Estado*.

Na maioria das vezes, os macrodelitos econômicos ficam absolvidos em sua relação com o Estado, o qual considera sua consecução um problema menor diante do seu projeto macroeconômico de dominação étnica. A partir desse efeito matrizador, as *organizações criminosas despigmentadas e de outras etnias não afros* se organizam sob a forma de microestados, o que as torna invisíveis e diluídas dentro do poder dominante. Discutir se são ou não partes formais e legais é irrelevante, porque suas ações não conflitam ou agem contra o Estado. São coadjuvantes, agem paralelamente e, quando se enfrentam, há negociações conforme o produto, território ou mercado que esteja em contenda.

A ação criminosa estatal propiciada pelo *apartheid*, em termos de direitos fundamentais e redistribuição de renda, tem como resultado um conflito de massas interétnico. As instituições republicanas — governo, forças armadas, corpos policiais — não dispõem de envergadura humanitária para uma proposta de desarmamento e não violência (étnica). Teriam que neutralizar a criminalidade étnica dentro das próprias paredes e com os grupos externos privados que as sustentam ou são alimentados por elas. Isso quebraria o sistema da dominação despigmentada e os outros sistemas associados (social, territorial, étnico).

A criminalidade econômica, a agressão interpessoal, o terror sistemático em variadas agressões que açoitam a nossa paisagem humana, não são fenômenos isolados. O que o Estado faz é transformá-los em círculos herméticos e dissociados, para que não se chegue a lugar nenhum. Com isso, imuniza-se um conjunto articulado e coerente de proposições, fermenta a ânsia de proteção, e a condição humana culmina num individualismo desesperado, em busca do salvo-conduto ou na feroz luta pela sobrevivência. E então, quando a guerra eclode em toda a sua extensão, quando não mais se obedece a qualquer limite territorial, temporal e muito menos ético, o isolacionismo da população afrodescendente aprofunda-se.

Está sobejamente comprovado que guerrear contra a criminalidade com expedições paramilitares de aniquilamento, arrasamento e extermínio causa o efeito oposto: castigos excessivos exasperam comportamentos desviantes. É nesse contexto que as populações segregadas sofrem o seu mais duro castigo: a batalha será fora das regras legais e democráticas. Ao adotar uma ação extremista etnicamente, o Estado assume um arranjo extrajurídico, leia-se *apartheid*. Os códigos e as técnicas de combate humanizadas não valem para ele, assim como para a *supremacia despigmentada*.

Nesse momento, toma-se a decisão sob a forma de ultimato: as disputas sociais e econômicas — com os pigmentados — serão liquidadas no campo de batalha. É a revelação do modelo de guerra étnica que contém em seu interior seu mais perfeito formato. Faz-se uma guerra instrumental, sem afoiteza, sem grandes valores humanos (em termos de baixas policiais), com êxito assegurado.

O que está fora de controle no atual confronto entre as populações segregadas e o Estado no conflito brasileiro? O fato de o Estado extrapolar em todas as ações fixadas. Para ele, o desafio dessa *criminalidade afro* exige uma ação militar, bélica, ações clandestinas e até assassinatos seletivos. Como não aceita a possibilidade de ser atacado, contraporá com a força em todos os lugares possíveis, mesmo que se torne uma grande tragédia. Por fim, avançará com todos os expedientes bélicos indispensáveis à destruição planejada e ao massacre pretendido.

Apartheid global

O processo de globalização, longe de ter acabado com a dualidade desenvolvimento-subdesenvolvimento, consolidou a lacuna que separa os padrões de vida dos sistemas econômicos desenvolvidos, transformados em cidadelas, e os sistemas econômicos subdesenvolvidos, convertidos em párias no contexto mundial. O *apartheid* global, que confina a maioria da população dos países-guetos, protege uma minoria da população mundial em países-fortalezas, cujo acesso é negado aos cidadãos que habitam tais países-guetos. Essa divisão, que tem se agravado nas duas últimas décadas, desestabiliza o funcionamento do sistema econômico mundial.

Entre suas principais causas estão os fluxos migratórios irregulares dos países-guetos africanos. Milhões de pessoas, incessantemente, competem em termos de renda e serviços públicos com os nativos. Assim, a sustentabilidade do *apartheid* global em longo prazo é frágil, pois os choques gerados por ele podem desestabilizar estruturalmente o sistema econômico mundial.

O atual modelo de globalização contradiz uma das instituições básicas que regulam seu funcionamento: a livre circulação da mão de obra entre os sistemas econômicos nacionais. Esta é uma das principais disfunções da regulação do sistema econômico mundial.

O processo de globalização da economia transformou profundamente muitos dos fenômenos econômicos típicos do funcionamento dos sistemas econômicos capitalistas nacionais quando eram autônomos. Mas como esses fenômenos se manifestam hoje? E como eles afetam a estabilidade do sistema econômico mundial?

Os fenômenos de desenvolvimento e subdesenvolvimento têm sua origem na conformação dos sistemas econômicos imperiais dos séculos XVII, XVIII e XIX. Consolidam-se com a formação dos sistemas econômicos nacionais (desenvolvidos e subdesenvolvidos) após as descolonizações dos séculos XIX e XX.

E tornam-se endógenos ao sistema econômico mundial, que surge como resultado da globalização no fim do século XX. Nesse último estágio de ambos os fenômenos, os sistemas econômicos nacionais desenvolvidos e subdesenvolvidos tornaram-se subsistemas territoriais do sistema econômico mundial: um sistema estruturado internamente com base em um mecanismo global de *apartheid*, no qual sistemas econômicos desenvolvidos se tornaram sistemas econômicos centrais e os sistemas econômicos subdesenvolvidos se tornaram sistemas econômicos de gueto.

Assim, o processo de globalização, longe de encerrar o fenômeno do subdesenvolvimento, incorporou-o como fenômeno interno do sistema econômico mundial, ao lado do desenvolvimento. E foi consolidado em um modelo de segregação global que mantém os cidadãos de sistemas econômicos subdesenvolvidos separados dos cidadãos de sistemas econômicos desenvolvidos.

Podemos chamar esse modelo de *segregação global* no sistema econômico mundial de *apartheid global* (KOHLER, 1978 e 1995; WHEATLEY, 1990; AMIN, 2001; PRITCHETT, 2006). Sob ele, a grande maioria dos cidadãos que compõem o sistema econômico mundial (quase 84%) está confinada em sistemas econômicos de gueto (os subdesenvolvidos), enquanto uma minoria seleta de seres humanos (pouco mais de 16% do total mundial), principalmente despigmentados, goza de um alto padrão de vida nos sistemas econômicos desenvolvidos. Então, no contexto mundial, para analisar a persistência das causas explicativas do desenvolvimento e do subdesenvolvimento, devemos começar pela discussão do *apartheid* global.

Ou, em outras palavras, a defesa das condições de vida privilegiadas dos cidadãos dos sistemas econômicos dos países desenvolvidos é sustentada pelos governos desses sistemas, graças à aplicação de políticas que limitam a entrada neles aos cidadãos dos guetos econômicos, como os africanos, asiáticos, latino-americanos etc.

EXPANSÃO SEGREGADORA

A ocorrência de novos sintomas de opressão étnica na sociedade brasileira, um novo tipo de segregação, é useiro e vezeiro no nosso cotidiano. Considerá-los, à luz de sua atual inserção histórica, nos leva a reconhecer, alarmados, os efeitos de uma *lei de expansão da segregação,* cujos princípios devemos urgentemente *identificar*. As diversas formas em prática parecem ter como gênese o fato de ser uma variável da luta pelo poder. Não se trata de ações dissimuladas, restringidas.

A discriminação e o racismo, como estratégias do poder econômico (ideológico e político), se apresentam na sociedade brasileira, continente que compreende múltiplas etnias e correntes migratórias sob uma conjugação, o que multiplica seus efeitos de alheamento. Reconhece-se nesta proliferação de ideologias da discriminação o sintoma coletivo do monopólio do poder exercido pelo Estado, herdeiro do vice-rei.

A segregação indiscriminada, que toma como base qualquer traço aplicável de identidade, é uma sociedade anônima da morte, como manifestam fatalmente os esquadrões policiais das metrópoles brasileiras. Ela tem, no poder, seu aliado mais seguro. Na relação triangular em que se encontra, entre o poder e a dissociação das etnias, quando o equilíbrio é rompido, ocorre o desencadeamento da luta entre as minorias étnicas.

Depois dos grandes monopólios do poder e suas ideologias etnicidas, o risco de nosso tempo é a dissociação (dissolução social progressiva), decorrente da segregação esquizofrênica entre grupos antagônicos decididos a aniquilarem-se reciprocamente. O poder transcende qualquer ideologia e só se liga a uma enquanto lhe servir; e, se esta deixou de ter validade, transforma-a: o poder monopolista que leva à segregação se traduz na realidade dramática do conflito entre grupos que se discriminam reciprocamente (MACCI G., 1991).

O *apartheid* se aproveita de todos os argumentos ideológicos que derivam dos julgamentos sobre o ideal de um grupo. Esses julgamentos transformam os traços identitários que podem diferenciar um grupo de outros grupos, num sistema de poder persecutório.

Com isso, estabelece uma antítese entre os traços idolátricos (que correspondem ao modelo) e os depreciados. Muito rapidamente organiza-se uma perseguição, baseada na inversão ambivalente do ideal, com uma fórmula para o extermínio. Este aspecto da psicologia das massas se acha pressuposto no fascismo étnico.

Passamos muito rapidamente da repressão colonial/imperial àquela que podemos definir como contemporânea. A sua extensão denuncia, de maneira escancarada, que qualquer etnia *despigmentada* serve de apoio segregador. Esta função lhe outorga a eficiência de um princípio de extermínio em benefício do monopólio do poder. Foi isto que sustentou a solução final do problema judeu: a aniquilação (*vernichtung*). Quanto aos afro-brasileiros e índios, basta caracterizá-los como os outros, pois isto seria consentir implicitamente que há uma razão de Estado, quando, na realidade, responde somente às prerrogativas da *supremacia despigmentada*. Alain Finkielkraut apontou que *a democracia necessita de um corpo*, e Montesquieu descobriu, há mais de dois séculos, que a virtude requer limites geográficos e que, portanto, salvo separações excepcionais e, é óbvio, imperdoáveis, nação e democracia são duas faces da mesma moeda. No nosso caso, a moeda é o *apartheid*: sem nação e democracia para a maioria afrodescendente. No período pós-abolição, a *supremacia despigmentada* manteve uma luta feroz para evitar, em qualquer grau ou acordo, a reconciliação com as populações afro-brasileiras subjugadas. E, por último, a ideia e prática escravocratas pressupunham não haver lugar para o outro, para o semelhante que possuísse uma vontade outra, no sentido que mais tarde adquiriria esta palavra.

Reparação brasileira

O Brasil tem que pagar integralmente a conta da escravidão. Enquanto não houver esse passo, o *apartheid* continuará como necessário para conter, como sempre foi, qualquer emancipação econômica e social da maioria de ascendência africana.

Entre 1804 e 1888, todos os países escravocratas nas Américas aboliram a escravidão, e nunca é demais repetir que o Brasil foi o último. Mesmo em regiões abolicionistas pioneiras, como o norte dos Estados Unidos e México, os primeiros a libertarem seus escravos, entre avanços e retrocessos foi um longo estertor. As elites escravistas clamavam ao céu e à terra que tanto a escravidão como a compra e venda de escravizados eram atividades legais e que os direitos de propriedade se sobrepunham a todos os outros direitos. Não discutiam a liberdade de milhões de seres humanos. Exigiam reparações pela perda de patrimônio financeiro e produtivo.

Após a abolição em suas colônias, em 1834, a Inglaterra indenizou os senhores de escravos. A França seguiu o exemplo inglês e, em 1848, pagou 6 milhões de francos (em vinte prestações com juro anual de 5%) aos franceses proprietários de escravos. O Haiti, em 1804, aboliu a escravidão e tornou-se independente, mas teve que pagar a bilionária quantia à época de 120 milhões de francos para ter sua independência reconhecida pela França.

Nos Estados Unidos, os senhores de escravos não receberam indenização pela abolição, até porque ela provocou uma guerra civil que matou 2% da população do país. Não obstante, os proprietários de escravos de Washington receberam indenizações depois da abolição, em 1862. O período que se seguiu trouxe esperanças de redistribuição de terras para os libertos. Mas a chamada Reconstrução fracassou e, em vez de terra e cidadania plena, a população de ascendência africana do país se viu privada de direitos e vítima do ódio permanente da *supremacia despigmentada*.

Os partidários da reparação financeira apoiam-se em precedentes históricos em que foram pagas compensações para crimes da história.

Lembram que a primeira reparação em relação ao *tráfico humano* africano e à escravidão foi paradoxalmente paga aos proprietários de escravos, com a alegação de que a abolição lhes causara real prejuízo. Como os escravos foram considerados equipamento de trabalho, obtiveram ganho de causa.

No Brasil, a partir da década de 1990, organizações afro-brasileiras lideraram protestos e apresentaram projetos de lei no Congresso Nacional pelas reparações financeiras devidas pelo Estado brasileiro. Em 1993, estudantes e ativistas afro-brasileiros, membros do Grupo *Consciência Negra*, da Universidade de São Paulo, lançaram o Movimento pelas Reparações (MPR).

Em dezembro de 1994, o MPR submeteu uma ação declaratória à Justiça Federal de São Paulo, na qual solicitou que o Estado brasileiro pagasse reparações financeiras aos descendentes de escravos. No documento, pedia-se ao tribunal que reconhecesse que 70 milhões de afro-brasileiros tinham o direito de receber reparações financeiras do Estado por 350 anos de escravidão.[92]

O processo, sem qualquer apoio de alguma parcela despigmentada, e sem qualquer resultado, foi arquivado.

As leis do Ventre Livre (Lei 2.040, de 1871) e a do Sexagenário (Lei 3.270, de 1885) previam indenizações aos proprietários de escravos no Brasil; a abolição da escravatura era irreversível, não importando o quanto tardasse. A do Ventre Livre, em seu art. 1º, §1º, deliberava que os filhos de escravas com até 8 anos incompletos eram propriedade dos donos de suas mães. Chegada à idade de 8 anos, os senhores podiam optar entre libertar a criança e receber uma indenização do Estado, ou utilizar-se dos serviços do menor até a idade de 21 anos completos.

No art. 8º da mesma Lei, determinava-se que todos os escravos fossem cadastrados com nome, sexo, estado, aptidão para o trabalho e filiação. Essa lei foi baseada no parecer apresentado por uma Comissão Especial, reunida na Câmara dos Deputados na sessão de 5 de junho de 1871, para

---

[92] Ana Lucia Araujo. *Reparations for Slavery and the Slave Trade: A Transnational and Comparative History*, Bloomsbury (2017).

discutir sobre a *"Abolição Immediata, ou diferida, sem indemnização"*. No entendimento da Comissão, tal medida seria inconstitucional.

Conforme o parecer:

Acha-se radicalmente inibido de fazer bancarrota da fé pública: nestes termos, o bonâ fide *possuidor de escravos nem mesmo é um cúmplice do legislador; é um cidadão, que se guiou por aquela prescrição constitucional que o desobriga de fazer ou deixar de fazer alguma coisa, a não ser em virtude da lei. A culpa está na fonte; desde que ela despeja as águas, como se lhes há de proibir que ao rio vão cavando o seu alvéo natural. Arrancar, pois, instantaneamente o escravo ao senhor, sem indenizá-lo, ato fora de inqualificável violência.*

A Lei do Sexagenário, em seu art. 1º, §3º, estipulava o valor de cada escravo conforme a idade. O valor das escravas era 25% menor. O §8º do mesmo artigo trata da indenização dos senhores. Caso o cadastro dos escravos não tivesse sido feito, os não cadastrados seriam automaticamente libertos. O art. 3º versa sobre a indenização dos senhores com base no valor de tabela dos escravos. Uma porcentagem do valor seria deduzida de seu preço, de acordo com o tempo que levaria para o escravo ser liberto, a partir de seu cadastro. A dedução variava de 2%, se liberto no primeiro ano, a 12%, se liberto do décimo primeiro ano em diante.

No caso de escravos com idade entre 60 anos completos e 65 anos incompletos, segundo o art. 3º, §10, a indenização aos senhores pela sua alforria se daria pela prestação de serviço por um período de 3 anos. A partir de 65 anos, os escravos seriam libertos de qualquer obrigação para com o senhor, mediante a sua alforria. O art. 4º, §4º, explicitava, no entanto, que a regalia à indenização pela alforria cessaria com a extinção da escravidão, que se deu em 1888.

Em 23 de agosto de 1871, antes da publicação da Lei do Ventre Livre (promulgada no mês seguinte, garantindo a liberdade aos filhos de escravos nascidos no Brasil), o Senado decide autorizar alforria dos escravos da nação, cujos serviços foram dados em usufruto à Coroa, independentemente de indenização.

Os últimos anos que antecederam a abolição foram tumultuados na Câmara dos Deputados. Para acelerar o processo emancipatório, entraram em pauta projetos de lei que incentivavam o fim da escravidão pelo ressarcimento. Em 15 de julho de 1884, o deputado Antônio Felício dos Santos apresenta o Projeto de Lei nº 51 para que fosse providenciada a nova matrícula de todos os escravos até julho de 1885. Ficariam livres os que não fossem inscritos e cujo valor seria arbitrado conforme o processo da lei para a libertação pelo fundo de emancipação.

O fundo de emancipação buscava reunir, de maneira pecuniária, recursos para a obtenção do maior número de cartas de alforria; já a indenização asseguraria a legitimidade da propriedade privada, princípio negado após promulgação da lei da abolição, ao desclassificar o escravo como um objeto, uma propriedade. Esse fundo foi criado pela Lei do Vente Livre, em seu artigo 3º. O projeto de lei proposto pelo deputado Antônio Felício dos Santos tinha como função primordial que, caso não se efetuasse a nova matrícula requerida, o proprietário de escravo perderia a posse sobre o mesmo, restando-lhe apenas a indenização prevista pelo fundo emancipatório.

A batalha entre o movimento abolicionista e a sociedade escravocrata na Câmara dos Deputados foi feroz. Em 3 de setembro de 1884, o deputado e primeiro-secretário, Leopoldo Augusto Diocleciano de Melo e Cunha, defende o Decreto nº 9.270, elaborado pelo então Ministro e Secretário de Estado dos Negócios do Império, Felipe Franco de Sá:

Usando da atribuição que me confere a Constituição Política do Império no art. 101 § 5º, e tendo ouvido o Conselho de Estado, hei por bem dissolver a Câmara dos Deputados e convocar outra, que se reunirá extraordinariamente no dia 1º de março do ano próximo vindouro.

O motivo desta proposta de dissolução seria para barrar o Projeto de Lei nº 48, criando impostos para o aumento do Fundo de Emancipação, que concederia liberdade aos maiores de 60 anos, sem indenização aos seus proprietários. A dissolução da Câmara dos Deputados conviria também para frear os movimentos abolicionistas que estavam se popularizando. Uma última tentativa em assegurar o direito indenizatório após a escravidão foi proposta no dia 24 de maio de 1888: "[...] providências complementares da Lei 3.353, de 13 de maio 1888, que a extinguiu".

O deputado Coelho Rodrigues, por sua vez, enviou à Câmara dos Deputados o Projeto de Lei n° 10, que mandava o governo indenizar, em títulos de dívida pública, os prejuízos resultantes da extinção do elemento servil. Este projeto sequer foi discutido; ia contra o já estabelecido nas Leis Áurea, do Sexagenário e do Ventre Livre.

Paralelamente, o Senado discutia, em 1888, ano da abolição, a criação de bancos rurais. O senador Pedro Leão Velloso defendia que:

> *[...] a proposta sobre bancos agrícolas apresentada pelo governo sustenta que há, nessa proposta, um projeto de indenização disfarçada. Donde concluo que existe, como que um acordo em reconhecer que é justo, por meio de auxílio à lavoura, atenuar os males que lhe causou a lei de 13 de maio.*

Reparação na Namíbia

Foi necessário mais de um século. A Alemanha reconheceu, depois de arrastadas e dificílimas negociações de parte a parte, que duraram cinco anos, ter cometido um *genocídio* contra as populações das etnias *herero* e *nama* da Namíbia, no início do século XX, quando esta era sua colônia.

O massacre dos *nama* e *herero* ocorreu entre 1904 e 1908, quando a Namíbia era a colônia Sudoeste Africana Alemã. A campanha militar levou ao extermínio de homens, mulheres e crianças. Foram dezenas de milhares de vítimas, com a pilhagem de suas terras e bens, e a autorização explícita das autoridades coloniais.

O massacre foi precedido por uma insurreição dos dois grupos étnicos contra os colonos que ocupavam avassaladoramente as terras tribais, precedidas por práticas terroristas introduzidas pela potência colonial.

Berlim concordou em financiar projetos de infraestrutura, saúde e treinamento, no valor de 1,1 bilhão de euros em 30 anos, para compensar seu papel nessa tragédia, uma das piores do colonialismo europeu em solo africano.

E finalmente, reconheceu sua *responsabilidade moral* pelas mortes. Abriu-se uma exceção na omissão europeia de reconhecer os crimes de seu colonialismo. O chanceler Heiko Maas reconheceu que os crimes do período colonial deviam ser expostos *sem acobertamento*.

Nós agora também vamos chamar esses eventos pelo que eles foram de acordo com a perspectiva atual: um genocídio.
Diante da responsabilidade histórica e moral da Alemanha, pedimos desculpas à Namíbia e aos descendentes das vítimas [...].
Não se pode apagar o passado, mas o reconhecimento da falha e o pedido de perdão são um passo importante para superar o passado e construirmos juntos o futuro.

Trégua

A vocação suicida do Estado, a longo prazo, de não desmobilizar o enfrentamento étnico e perseguir a pacificação do país, ainda que com outros nomes, vai levá-lo à confrontação cada vez mais violenta. A máquina estatal extralegal e policial terá que apelar às organizações paramilitares locais.

Neste passo em que estamos, como há séculos, não há sobre a mesa, a proposta da pacificação étnica, vontade confessa de sua terminação (em todas as suas configurações e atos). No limite, ameaçaria com um colapso o Estado etnicista? Estamos ainda muito longe disso, assim como distantes da revolução interétnica e humanista, que ocasionaria a implosão desse fenômeno que mantemos à bala e dentro de campos de concentração modernos, as favelas-quilombos.

A trégua tem um modelo teórico nos conflitos clássicos. Este é o máximo desafio da democracia brasileira: a pacificação da sociedade com o fim do *apartheid*. A primeira parte do processo de trégua e a sua consequente desmontagem exigem que instituições nacionais públicas e privadas sejam, ao mesmo tempo, intercessoras de conflitos e fiadoras de uma nova realidade interétnica.

Além disso, é preciso a reconstrução e a reforma das instituições estatais emaranhadas diretamente no conflito: forças armadas, polícias, sistema judiciário, sistema penitenciário etc. Sua reversão requer um pacote macroeconômico que beneficie diretamente as populações afrodescendentes penalizadas por ele. E que sirva de transição para um desenvolvimento transitivo mais longo, desmantelando-se os crimes de todo tipo aos quais os afrodescendentes estão submetidos.

A passagem para a coexistência pacífica pós-*apartheid* tem de viabilizar a redução global dos riscos a que as populações vitimadas estão submetidas. O primeiro e indispensável passo para empreender este repto é entender a natureza e as características de suas vítimas e perpetradores. Determinadas esferas sociais declaram-se neutras no conflito. Avalizam as estratégias de cerco contra a insurreição, contra as periferias segregadas das cidades, aceitando com isso uma ampliação e uma nova grandeza na guerra.

Com essa omissão, o país se balcaniza cada vez mais e pode se tornar inviável também, cada vez mais, uma saída negociada. Segundo Garalzábal e Vazquez, é preciso ter convicções firmes, controle sobre a situação, ciência dos procedimentos e as estratégias do Estado, e condições para preservar sua autonomia. Um passo imprescindível é reconhecer as vítimas e reparar os danos sofridos.

A pacificação da sociedade brasileira começa pelo Estado refundado, pacificado. Dele sairá a política de construção de uma trégua pactuada para a implosão desse sistema. Sua descontinuidade como processo de enfrentamento étnico e social não pode ser feita sem política e à margem do Estado, ou sem considerá-lo o principal agressor. Ele tem todas as armas e reservas de poder para desencadear, unilateralmente, ataques e recuos. As decisões que promoverão a pacificação só serão legítimas se partirem da institucionalidade política do país e expressarem as capacidades do Estado de controlar seu poder e pressão: organização, influência, projetos e lideranças.

Por que negociar o armistício? Entendido como trégua pactuada, o Estado teria que cessar suas ações hostis contra as populações afrodescendentes, passando a agir como força protetora e preventiva para as populações. O principal obstáculo é o veto estatal à distribuição horizontal dos direitos fundamentais. Sem ele, será possível desmontar a arquitetura de ataques contínuos, adotar soluções comuns, aceitar os indivíduos de diferentes etnias, culturas, populações e comunidades, que merecem ser escutados e considerados como semelhantes. Sem esse desarmamento simultâneo da máquina de guerra antissocial e supremacista, é dificílima uma saída pacificadora para nosso conflito.

A mesa de negociação para a resolução não violenta dos conflitos étnicos exige, acima de tudo, uma atitude recíproca. Não basta só uma das partes querer. Onde começa o armistício? Para um conflito irregular, como o que temos, o cessar-fogo do Estado não abole o *estado de guerra*, somente os seus efeitos. Uma trégua geral não se transforma em definitiva, a não ser que fique latente o motivo que gerou a guerra e seja neutralizada pelas partes em luta. Tem de ser acatada por todos e não pode ser sublimada por nenhuma das partes.

Se um particular ou um civil transgredi-la, tendo-a aceitado, terá de reparar todos os danos provocados e ser castigado. A transgressão autoriza, a quem a acata, hostilizar aquele que a rompeu. Essa suspensão tem de ser celebrada com as forças policiais e militares e as populações afros, para que se possa desmontar a máquina de morte e extermínio. Isso exige determinar seu alcance e duração com exatidão. Se o armistício for limitado, será um ato de má-fé.

E quem arbitrará a negociação da trégua? Tem que ser o Estado, exige vontade política para que cessem as hostilidades e competências legais para consolidá-la. Mas o Estado quer realmente o fim do conflito? Para isso é fundamental que abdique das respostas policial-militares a favor das demandas por justiça social, educação, saúde, renda e trabalho, para a maioria da população afrodescendente. Ela tem sido secularmente sufocada e oprimida por uma matriz escravocrata no seu interior e atualmente sucedida pelo *apartheid*. Restaurar a cooperação entre as etnias enfrentadas exige mais do que a mera trégua nas hostilidades. Num primeiro movimento para a reconciliação, é vital desmobilizar, desarmar e desmilitarizar os grupos criminosos dentro e fora do Estado. Sem isso, corre-se o risco de serem aceitos como uma necessidade de perpetuação diante da desagregação social e delinquência menor.

Como iniciar a trégua? Por que o Estado (e parte da sociedade) não considera a pacificação uma prioridade? Porque teria de enfrentar, ao mesmo tempo, seus efeitos catastróficos e a pobreza de milhões de penalizados por ele nos centros urbanos, em termos de renda, moradia e qualidade de vida, fruto do desenho étnico, social e econômico que temos considerado secularmente como imutável. A reconciliação deve ser tentada e realizada com o máximo empenho, para desarmar a principal indutora do conflito étnico: a desigualdade social. Os atuais intentos de sua desmobilização não são iniciativas reais, não eliminam as causas. São eleitos ao acaso, numa segunda agressão física e moral contra a população segregada.

Para haver uma trégua, há um modelo clássico, e não podemos ignorar que as guerras étnicas estão fora desse padrão. Somente se o Estado colocá-la no lugar central dos seus esforços, com o objetivo de construir uma ordem democrática e pactuada, é que haverá a sua consecução. Este é o maior desafio atual da democracia brasileira: neutralizar a máquina de guerra estatal/privada do *apartheid*. Além da reconstrução e reforma das instituições estatais envolvidas — forças armadas, polícias, Judiciário, sistema penitenciário etc. —, a reversão do conflito requer um pacote macroeconômico para as populações penalizadas pela guerra étnica.

Para o Estado, ainda é rendição ou derrota; já para as vítimas, é acabar com a ameaça cotidiana contra suas vidas. E quais seriam os protagonistas da pacificação? O Estado é apropriado para isso, uma vez que tudo começa no seu interior, mas rejeita qualquer tipo de promoção social e partilha de poder. Temos aí o eixo central do aprofundamento da guerra, pelo dissenso civil, nada mais que a afirmação sectária de interesses particulares. Desaparecem dentro dela as dimensões fundamentais para a negociação e pactuação de uma vida comum republicana: o Estado privado, como instrumento de força e poder privados, que pode deter a guerra.

O filósofo político norte-americano Michael Walzer combate o idealismo do pacifismo com demasiado otimismo, faltando-lhe o realismo necessário. Já os patronos da guerra de alta intensidade contra a rebelião social dos afro-brasileiros — uma premissa falsa — afirmam que combatê-la, por meios os mais cruéis e destrutivos que possam utilizar, acaba sendo recompensador, ainda que penalize pessoas inocentes. Para eles, o custo é aceitável. O pacifismo é nada mais do que uma forma disfarçada de rendição. Uma sociedade, para manter sua integridade em condições limite, segundo Garalzábal e Vazquez, deve ter: persuasões firmes; controle da situação real; ciência das táticas do agressor; além de condições para preservar sua autonomia.

As sociedades se acautelam contra a violência com vários tipos de reações:

- *Tomada de consciência de sua condição;*
- *Conhecimento real da circunstância e o porquê;*
- *Papel que cada um deve ter e a sua importância social;*
- *Sentimento de identidade que proporciona sensação de segurança e que conecta a pessoa e os objetivos do seu grupo e sua nação;*
- *Nova moral com valores que permitam superar os conflitos.*

Conclusão

As estruturas de poder que, por séculos, imperaram no Brasil refletem, como todas, superpostas umas às outras, o domínio direto ou indireto da *supremacia despigmentada*. Suas características permitiram que permanecessem intocadas e invencíveis. Derrotaram todas as rebeliões e experiências afrodescendentes que pretenderam colocar abaixo tal domínio.

O Estado quer o fim do *apartheid*? A existência de uma sociedade civil multiétnica que derroque a velha ordem e o seu maior mantenedor, o Estado segregador, é possível? Para Michael Walzer, a sociedade civil é um corretivo imprescindível das atribuições de uma sociedade democrática. A partir de uma visão não igualitarista de igualdade e de novas formas de ação estatal que assegurem a associação democrática das etnias, surge a possibilidade maximalista de essa nova sociedade civil superar outras construções sociais ainda em uso: a comunidade política (Rousseau *et al*), a economia comunista (utopia de Marx), o mercado (utopias liberais) e a nação (Maurras).

Qual papel ela deveria desempenhar no contexto de uma nova moldagem social e econômica interétnica? Os grupos predominantes no seu interior profundo não conseguiram desenvolver saídas para esse *status quo*. Dentre os vários obstáculos, um é criminoso: as segregações praticadas pelas instituições públicas e privadas.

As cidades foram se decompondo, e as panelas de pressão alimentadas por pobreza e confronto permanente. As áreas periféricas e segregadas das principais aglomerações urbanas continuam submetidas a um cerco de cunho bélico e letal. O país está mais complexo econômica e tecnologicamente, somente para as minorias.

Mas, de início, pode-se analisar sua dualidade: as dimensões étnicas e econômicas e seu passivo humano são ignoradas; e a *supremacia despigmentada* perdeu, durante a sua história passada e atual, oportunidades significativas para promover a pacificação interétnica que vem sendo adiada desde que o primeiro nativo foi martirizado e o primeiro africano desembarcou para ser vendido como mercadoria. São mais do que muitos anos, são séculos de barbárie, ganância, terrorismo estatal e tudo o mais que se sabe.

No que se diferencia o atual enfrentamento das lutas étnicas passadas? Produziu-se uma ampliação do círculo de atores coletivos violentos. A população afrodescendente ficou refém dos assaltos das organizações criminosas, estatais e privadas, em uma escala total. Formou-se uma sociedade que nunca chegou a um grau aceitável de integração, no passado, no presente e não garante seu futuro. Para a *supremacia despigmentada*, os problemas basilares serão resolvidos matando-se os *outros*. A prática cotidiana do Estado ratifica esse procedimento todas as vezes que o nosso olhar ou consciência se aproxima dele. É o desequilíbrio social existente desde a nossa fundação, jamais superado.

Negociação negacionista

A feição da confrontação em andamento permite pensar que marchamos rumo a um cenário cada vez mais conflagrado. Com a implosão da fantasia etnicista de miscigenação e cordialidade interétnica, as maiorias foram categorizadas pelo que custam e o que produzem. O paradoxo dá-se, então, porque estes confrontos entre dois ou mais grupos que concorrem a territórios e rendas — Estado e afro-brasileiros — provocam uma nova geografia urbana, novos espaços vitais, regidos e controlados pela dinâmica policial-militar.

CAPÍTULO 12 – CRIME IMPRESCRITÍVEL | 369

Batalhão de Operações Especiais da PM. Força preferencial a serviço do *apartheid*.
Foto: Divulgação

O Estado não está propenso a produzir soluções pacíficas, e a população despigmentada esquiva-se com a pior atitude possível. O massacre é recorrente, o sistema judicial o legitima e a segurança pública o executa com elevada mortalidade de vítimas. As instituições que deveriam zelar pela paz do cidadão são instituições que incentivam a guerra social-étnica. O exército, ao intervir, não controla os danos, por sua natureza e violência próprias.

As inúmeras transgressões aos direitos fundamentais justificam as razões humanitárias clamadas pelas populações afrodescendentes, atingidas pelo emprego sistemático de violência gratuita, atos de terrorismo, tomada de reféns, ignorados por bandos organizados, assim como pelo Estado, desaparecimentos forçados, condições desumanas de detenção, tortura etc. Ele não planeja *nenhuma baixa* como modelo de combatividade. Arrasa suas vítimas a uma distância ideal, com os atacantes fora do alcance legalístico.

Outra feição dramática diz respeito aos enfrentamentos que não são conduzidos unicamente pelas mãos do Estado e não se atêm a locais determinados por ele. O pavor infundido pelas hostilidades da máquina privada de segurança contra os afrodescendentes também é aceito. São os mesmos inimigos utilitários que devem ser eliminados. E a decorrência desta bestialidade é a sua institucionalização. Cultiva-se uma burocracia gigantesca, uma máquina cúmplice de circunscrição e extermínio.

A crítica à simetria do conflito provocado exige a crítica das instituições — governo central, o sistema judicial etc. — e os resultados pretendidos. Esse mergulho orgânico propiciaria o desvendamento de todas as suas facetas, o que nunca foi possível, embora as tentativas tenham sido recorrentes. Teríamos então o pacifismo ansiado pela sociedade, paralelamente ao terror estatal? Georg Wilhelm Friedrich Hegel (1770-1831) decifra essa equação humana em sua célebre alegoria do senhor e o servo: uma parte dos homens é dominada pelo temor, enquanto a outra parte se converte em senhores dos medrosos. O receio que se apodera dos homens comuns não se refere a um improvável estado de natureza, mas ao temor que se impõe.

Sociedade omissa

A sociedade civil é apenas um arquétipo para o Estado e sua política, uma expressão de grupos abrigados ou influentes junto a ele. Com a proeminência e a preeminência das etnias dominantes nesta presumida disposição civil, ela se autoconvocaria para a negociação de trégua de uma guerra étnica, social e econômica, na qual teriam que conceder, transigir e pactuar com seus *inimigos* há séculos? E dentro desta organização, corpo, agrupamento humano difuso, etéreo, às vezes fantasmagórico, denominado Estado, quais seriam os atores à frente da trégua e da pacificação com as massas segregadas? O Estado é capaz disso, uma vez que tudo começa no seu interior, mas tem que acabar fora dele? É possível uma sociedade civil brasileira, multiétnica, multicultural, integradora e emancipadora? Ela apoiará o fim do *apartheid* ou é, e quer ser, apenas uma força auxiliar do sistema?

A sociedade civil das etnias dominantes é o eixo central do agravamento e o aprofundamento da guerra pelo dissenso étnico. Nada mais é do que a afirmação sectária de interesses particulares. Desaparecem dentro dela as dimensões mais importantes da pactuação de projeto comum: o Estado, como aparato de governo, instrumento de força e poder, que poderia desmontar a segregação, é tão-somente um instrumento particular de amparo a interesses privados.

Com essa abdicação da sociedade civil na pacificação do país, o Estado arma uma política e uma cultura avessas à política de reconciliação. Com toda a dimensão do seu aparato, suas organizações, seus funcionários e suas ferramentas de operação, o Estado mantém a agressão contra as massas segregadas. Uma sociedade civil multiétnica só poderá propor a desmobilização da guerra social étnica gerada se o Estado adotar a construção da trégua, contrariando interesses de uma etnia em particular. A pacificação seria uma revolução nas relações entre o Estado e a maioria afro-brasileira, sem aspas. Só acontecerá a partir da centralidade da política e dos vínculos entre as instituições, os indivíduos, entre todas as populações do país.

Essa batalha pela construção da trégua dentro do Estado é, também, pelo próprio Estado. Trata-se de propostas e projetos acerca de como poderíamos integrar-nos e sepultar séculos de violência sobre os afro-brasileiros. A pacificação do país começa a partir do Estado, em toda sua extensão, para a construção de uma sociedade e uma reforma democrática e social radical. Não há alternativas fora das instituições controladas ou reguladas pelo Estado, sejam internas ou externas ao seu núcleo central. Uma sociedade civil multiétnica só surgirá e poderá propor, de forma explícita e radical, se houver um cessar-fogo do Estado e ele contrariar frontalmente seus interesses.

A urgência de transformar as cidades balcanizadas em regiões urbanas pacificadas está relacionada com a veemência do desejo de adesão e do sentimento de pertencimento de todas as etnias a um destino social e econômico mais equilibrado. As clivagens étnicas continuam com um peso demasiado dominante para permitir uma cooperação interétnica. Sem identidade comum, as etnias funcionam como formações que não compartilham entre si nada no plano das ideias e dos projetos racionais. Como uma sociedade particular, seus integrantes correspondem-se exclusivamente num perímetro interno: as etnias se comportam e são entidades homogêneas, voltadas para si mesmas, irredutíveis às outras.

Por sua vez, as massas vitimadas carecem de poder jurídico e político que proteja as liberdades fundamentais e as resguardem do poder do Estado, por meio de uma cidadania democrática, multiétnica e multicultural. A autonomia dessa sociedade multiétnica necessita de uma reforma institucional profunda, com a consolidação do regime democrático e a dignificação da pessoa humana.

A biografia comum sofre uma total descontinuidade. A visão ortodoxa de uma história contínua e linear é diretamente posta em causa pelo *apartheid*. A civilização brasileira, então, deixa de ser o destino inevitável de todas as etnias. Cada sociedade nasce sob a égide de uma cultura, depois se organiza sob a forma de uma civilização. Se as sociedades devem percorrer um ciclo violento para a sua fundação e consolidação como nação, a civilização brasileira, em sua atual configuração, não tem um espírito comum e muito menos uma unidade de esforços e de sentimentos nas massas de populações que a compõem.

Glossário
Genômica e evolução

Ciência, nada mais que ciência,
somente ciência

Fruto de uma evolução de partículas atômicas e subatômicas, que se organizaram em moléculas bioquímicas como o DNA — e seus genes —, que consiste em uma sequência de três bases que codificam um aminoácido (as unidades de construção das proteínas), esse ser vivo a bordo de uma falsa ciência e uma suposta *cor da pele*, criou a escravidão moderna a partir do século XV.

E durante cerca de quatro séculos, tivemos a negação de que todos somos iguais, da mesma espécie, fruto da mesma evolução atômica, química, biológica e genética. Com o mesmo DNA, a molécula que contém o manual de instruções para construir com proteínas o que somos, o venerável e venerado *Homo sapiens* continua a renegar ser a maior obra da evolução aqui na Terra.

Com o fim da escravidão, até agora nunca totalmente erradicada — o holocausto africano —, criamos o *apartheid* como seu substituto natural e imediato. Renovaram-se as adjetivações em torno de pessoas diferentes, inferiores em inteligência, aptidões e habilidades. Mas há distinções entre o extermínio final dos judeus pelo nazismo e a escravidão. A Europa medieval deu início ao crime humanitário imprescritível — a escravização de um continente inteiro —, como uma empreitada de exploração do Novo Mundo. Nunca lhe importou a sorte de milhões de pessoas, tanto nos campos agrícolas das Américas, como a morte de milhões nas pavorosas travessias atlânticas. Os nazistas, por sua vez, tinham a ambição de destruir, exterminar, varrer da face da Terra um povo milenar, identitário, até o último vivente deles.

Este guia visual e documental resumido oferece, como informação primária, alguns *sites* de informação científica (multidisciplinares) sobre nossa espécie, o que somos, origem da vida e de onde viemos e para onde queremos ir. Pretendemos chegar às estrelas para confirmar a origem dos elementos que nos compõem — e faremos isso.

Ancorado pela genômica, a ciência mãe da genética de populações, pude trilhar a jornada genômica-evolutiva da conquista do planeta, todos nós originários e migrados da África. Toda essa informação virtual escolhida tem um objetivo único: anular, exprobar e banir as *falsas ciências* e seus falsos *postulados científicos*, como a existência biológica de *raças*, *seres inferiores e cor da pele*. E combater a sua continuação, o *apartheid*, seus preconceitos e violências universais, que resistem aparentemente indestrutíveis.

Por isso, afirmo que a Genômica não tem preconceitos étnicos, *cores sociais* de pele, diferenças de gênero, guetos ou muros separatistas, contradições de classe, interesses econômicos. Ela é universal, está em todos nós, nossa origem, adaptações e fenótipos. E começou no Big Bang.

O desafio é evitar o que alguns países, empresas e cientistas querem fazer com ela: uma nova *escravidão*, e com a genômica, produzirmos finalmente os seres superiores, acima da escala humana atual. É preciso impedir isso. Espero que não levem três séculos e meio, como ocorreu com o tempo necessário para acabar — farsescamente — com a escravidão.

Finalmente, um esclarecimento fundamental: o que me enfurece é constatar que, mesmo nos campos científicos mais variados, conceitos como *raça* e *racismo* continuam inabaláveis. Assim como os afro-brasileiros continuam vistos, por eles mesmos, tão-somente como *negros*, e não fotoprotegidos privilegiados da radiação solar e de danos ao DNA, por alta concentração de melanina (em vários graus, não existe uma única medida). Por sua vez, os despigmentados se acreditam *brancos*, e não despigmentados, resultado da produção deficitária de melanina, que os coloca à mercê de vários tipos de cânceres. E associam a falta de melanina protetora a uma *condição racial superior*. Coitados...

Glossário

Abiótico: relativo a fatores físicos e químicos do ambiente, como água, temperatura, solo etc.

Ácido nucleico: uma macromolécula que consiste em um polímero de nucleotídeos. É encontrado sob duas formas: DNA e RNA. Os ácidos nucleicos podem ser lineares ou circulares, em fita simples ou fita dupla. Veja: DNA, RNA, dupla hélice.

Ácido ribonucleico: um polímero de ácido orgânico composto de ribonucleotídeos: adenosina, guanosina, citidina e uridina. É o material genético de alguns vírus, mas geralmente é uma molécula derivada do DNA através de transcrição para o transporte de informação genética (RNA mensageiro). Participa de estruturas celulares (RNA ribossômico), transporta aminoácidos (RNA transportador) ou atua na modificação bioquímica dela mesma ou de outras moléculas de RNA.

Aclimatização: adaptação de um organismo vivo (planta, animal ou micro-organismo) a alterações no meio ambiente que causaram um estresse fisiológico. A aclimatização não deve ser confundida com adaptação.

Adaptação: mudança comportamental, fisiológica ou anatômica de determinado organismo ao longo do tempo, para sobrevivência em determinadas condições de ambiente, resultante do processo de seleção natural.

Adenina (A): uma das bases purinas dos ácidos nucleicos e que se pareia com a timina no DNA ou com a uracila no RNA, nas moléculas de fita dupla.

Adenosina: o (ribo)nucleosídeo resultante da combinação da base adenina (A) com o açúcar D-ribose. O desoxirribonucleosídeo correspondente é chamado de desoxiadenosina.

Albino: (1) um organismo que não apresenta pigmentação devido a fatores genéticos. A condição é chamada de albinismo; (2) um plastídio mutante evidente envolvendo perda de clorofila.

Alcalose: estado no qual há deficiência real ou relativa de ácido em relação ao álcali.

Aleatoriedade: refere-se às consequências fenotípicas. O ambiente influencia a taxa e o tipo de mutação no grau molecular. Mutação cria variação e destrói identidade por descendência.

Alelo: uma das formas alternativas de um gene e que ocupa o mesmo *locus* nos cromossomos homólogos e, por isso, se separam durante a meiose. Cada uma das duas cópias de um mesmo gene (oriundas do pai e da mãe) que ocupa determinada posição no cromossomo.

Alelo letal: uma forma mutante de um gene que, quando em homozigose, é fatal.

Alelo mutante: alelo que difere daquele originalmente descrito e que é considerado como padrão ou tipo selvagem.

Alelo neutro: alelo que não está sob a ação da seleção natural e, portanto, não interfere no valor adaptativo do indivíduo portador.

Alelo nulo: é aquele originado por mutação e cujo produto não é detectado ou não é expresso.

Alelo raro: é aquele que aparece na população em uma frequência inferior a 1%.

Alelo recessivo: estado alélico de um gene quando a homozigose é necessária para a expressão de um fenótipo relevante.

Alelos codominantes: alelos expressos em heterozigose, porém sem a dominância de um sobre o outro; decorrem do tipo de ação gênica em que ambos os alelos contribuem na manifestação do fenótipo.

Alelos letais: alguns genes têm alelos que impedem a sobrevivência em organismos homozigotos ou heterozigotos.

Alelos múltiplos: Mendel estudou apenas dois alelos dos genes de suas ervilhas, mas populações reais muitas vezes têm alelos múltiplos de determinado gene. Os alelos múltiplos: são os vários alelos de um mesmo *locus* em decorrência de mutações em um gene; o seu conjunto é chamado de série alélica.

Alinhamento: forma de dispor duas sequências de DNA, RNA, ou proteína, uma em relação à outra, de modo a estabelecer uma correspondência entre cada base ou resíduo de uma sequência e cada base ou resíduo da outra sequência. Em geral, é o resultado de um algoritmo de comparação de sequências. Alinhamento global é aquele que inclui a totalidade das sequências que foram comparadas; alinhamento local é aquele que inclui apenas os trechos mais semelhantes entre si das sequências que foram comparadas.

Alopatria: diz-se de duas espécies, com origem comum, que habitam regiões geográficas distintas.

Alteração cromossômica: uma alteração na estrutura ou no número de cromossomos. Inclui perda de segmentos, duplicação, inversão, translocação, aneuploidia, poliploidia ou qualquer outra modificação do padrão normal. Embora seja um mecanismo para aumentar a diversidade genética, a maioria das alterações cromossômicas é debilitante ou fatal, especialmente em animais.

Ambiente: a soma total de todas as condições externas, consistindo em fatores bióticos e abióticos, que afetam o crescimento e o desenvolvimento de um organismo.

Aminoácidos: compostos carbonados que contêm grupos amino (NH_2) e ácido carboxílico (COOH) e que compõem os polipeptídeos. Cada uma das 20 diferentes moléculas que se combinam para formar proteínas nos seres vivos. A sequência de aminoácidos numa proteína e, portanto, a função proteica, é determinada pela sequência do gene.

Anaeróbio: que vive na ausência de oxigênio. *Anaeróbios obrigatórios* são organismos, como a bactéria do tétano, que não sobrevivem na presença de oxigênio; *anaeróbios facultativos* são aqueles, como a levedura de cerveja, que podem sobreviver na presença ou na ausência de oxigênio.

Análogo: característica de organismos ou moléculas que são superficial ou funcionalmente similares, mas evoluíram de forma diferente ou, no caso de moléculas análogas, contêm compostos diferentes.

Anelamento (*annealing*): alinhamento espontâneo de duas fitas simples de DNA para formar uma dupla.

Aneuploide: indivíduo, organismo, cepa ou célula com um número de cromossomos que não é um múltiplo exato do número haploide característico da espécie. Os exemplos mais comuns em humanos são as trissomias *(2n+1)* e as monossomias *(2n−1)*.

Aneuploidia: alteração cromossômica numérica que afeta um ou mais tipos de cromossomos. O tipo mais comum de aneuploidia é a trissomia, em que há um cromossomo extra, ou seja, a pessoa apresenta 47 cromossomos, mas o padrão é 46.

Anotação de genoma: processo pelo qual os diversos componentes e características de um genoma são identificados, analisados e documentados. O principal componente a ser anotado são os genes.

Aptidão genética (=valor adaptativo ou valor seletivo): a qualidade de adaptação de um indivíduo em relação à de outros indivíduos é medida pelo seu valor adaptativo, que é definido como a contribuição dos seus genes para a próxima geração, com relação à contribuição de outros indivíduos. Em geral, isto é estimado pelo número de descendentes criados.

Arquitetura genética: número de *loci* e localização genômica; número de alelos por *locus*; taxa e modo de mutação; regras de herança dos elementos genéticos. As bases nitrogenadas U, C, A e G são capazes de formar, 3 a 3, 64 combinações, ou seja, códons, que se transformarão em 20 diferentes tipos de aminoácidos utilizados na produção de proteínas. A expressão deste sequenciamento é feita por meio de símbolos, constituídos de letras, que representam as regras para a união das informações que formam o sistema. Foi decifrada por volta de 1960 pelos bioquímicos americanos Marshall W. Nirenberg, Robert W. Holley e Har Gobind Khorana, o que lhes concedeu o Prêmio Nobel de Medicina em 1968 por interpretá-lo e descrever sua função na síntese proteica.

Associação: em uma população, a ocorrência simultânea de duas ou mais características fenotípicas com maior frequência do que o esperado ao acaso.

Átomo: partícula que forma toda a matéria existente. Composto por prótons, elétrons e nêutrons. No corpo humano, temos átomos de carbono, oxigênio, hidrogênio, fósforo etc.

Autossômico dominante: gene em um dos cromossomos não sexuais, cujas características se manifestam mesmo que apenas uma cópia esteja presente. A chance de passar o gene para os filhos é de 50% em cada gravidez.

Autossômico recessivo: genes que, como no caso da doença de Gaucher, precisam de duas cópias (no cromossomo paterno e materno) para manifestarem determinada característica.

Autossomo: qualquer cromossomo que não seja o cromossomo sexual. Na espécie humana, os cromossomos sexuais são chamados de X e Y.

Bancos de dados: conjuntos de registros (genes, proteínas, dentre outros) dispostos em uma estrutura regular que resulta na produção de informação. Um banco de dados normalmente agrupa registros utilizáveis para um mesmo fim.

Base genética da evolução: DNA é passivo do processo mutacional. DNA codifica informação que interage com o ambiente para influenciar o fenótipo.

Base, análogo de: purina ou pirimidina ligeiramente modificada que pode substituir uma base normal em uma molécula do DNA.

Base: um dos componentes dos nucleosídeos, nucleotídeos e ácidos nucleicos. São encontradas quatro bases no DNA: as purinas A (adenina) e G (guanina); e as pirimidinas C (citosina) e T (timina, o nome comum para 5-metiluracila). No RNA, a T é substituída pela U (uracila). Cada sequência de três bases, chamada códon, irá determinar um aminoácido (unidade de uma proteína). O arranjo dos aminoácidos, por sua vez, irá determinar a estrutura e a função de uma proteína. Veja *pares de bases*.

Base genética: total da variação genética presente em um material genético. Em princípio, quanto maior for a sua amplitude, maior será a capacidade de a população fazer frente às flutuações ambientais, em benefício de sua perpetuação.

Biblioteca de cDNA (DNA complementar): biblioteca composta por cDNAs não representa necessariamente todos os mRNAs expressos na célula ou tecido original.

Biblioteca de expressão: biblioteca na qual cDNAs são clonados em vetores que permitem a expressão em um hospedeiro heterólogo.

Biblioteca genômica: coleção de fragmentos de DNA clonados que, idealmente, representam todas as sequências de um genoma.

Biodiversidade: no sentido mais geral, é o somatório de formas de vida que habitam o planeta.

Biosfera: significa esfera da vida. São as condições ambientais em que se processa a vida animal e vegetal da Terra. É a camada do globo terrestre habitada pelos seres vivos. Contém o solo, o ar, a água, a luz, o calor e os alimentos que fornecem as condições necessárias para o desenvolvimento da vida. A camada da biosfera é mantida por elementos encontrados na atmosfera, na litosfera e na hidrosfera. Essas camadas, formadas por elementos sólidos, líquidos, gasosos e biológicos, constituem as quatro camadas da Terra. São interdependentes. O colapso de uma provoca alterações em todas as outras componentes.

Biotecnologia: conjunto de tecnologias habilitadoras que possibilitam utilizar, alterar e otimizar organismos vivos ou suas partes funcionantes, células, organelas e moléculas para gerar produtos, processos e serviços especializados com aplicações diversas nas áreas da saúde, agropecuária e meio ambiente. É o emprego em escala industrial do DNA recombinante e da fusão celular ou tecnologias que usam seres vivos.

Biótico: relativo ou pertencente aos organismos vivos e orgânicos componentes da biosfera.

Blot: transferir o DNA, RNA ou proteína para uma matriz imobilizante para subsequente análise (verbo). A matriz imobilizante que carrega o DNA, RNA, ou proteína (substantivo). Os vários tipos de *blot* são nomeados de acordo com o tipo de sonda utilizado: *Southern blot* (DNA/DNA), *northern blot* (DNA/mRNA), *western blot* (anticorpo/proteína), *southwestern blot* (DNA/proteína). Apenas *Southern* é escrito com a letra inicial maiúscula por ter recebido o nome do inventor da técnica, Ed Southern.

Blunt end **(ou abrupto):** o final da molécula de hélice dupla do DNA, no qual nenhuma outra molécula pode se ligar e estender a fita.

Caráter adquirido: modificação ocasionada em um indivíduo por influências ambientais durante o desenvolvimento.

Caráter qualitativo: caráter em que a variação é descontínua.

Caráter quantitativo: caráter em que a variação é contínua, de tal forma que não é possível sua classificação em categorias discretas.

Caráter: atributo de um organismo, resultante da interação de um gene ou mais com o ambiente.

Carga genética: a fração da população que deixa de se reproduzir por uma causa de natureza genética. Qualquer redução da adaptabilidade média de uma população, devido à existência de genótipos com adaptabilidade menor que a do genótipo mais adaptado.

Cariótipo: conjunto completo de cromossomos de um indivíduo ou uma célula, determinado geralmente durante a metáfase, organizado de acordo com o tamanho, forma e número.

cDNA (DNA complementar): funciona como uma cópia do DNA, gerada a partir do RNA, contém apenas DNA que codifica genes. O cDNA é formado pela ação da enzima transcriptase reversa sobre uma molécula de RNA-molde. Após a conversão em fita-dupla, o cDNA pode ser usado em técnicas de clonagem ou para estudos de hibridação.

Célula: é a menor unidade funcional de um organismo. É composta por moléculas e organelas (no caso dos eucariontes) diferentes. Há organismos compostos por uma única célula assim como compostos por várias células. Neste último caso, cada célula desempenha funções diferentes.

Centro de origem: região onde o ancestral silvestre de uma espécie distribui-se em estado nativo. Na concepção de Vavilov, o centro de origem de uma espécie equivalia à região onde o ancestral silvestre exibia a maior diversidade genética para um número seleto de características. Diminuía a variabilidade à medida que se deslocava para a periferia da distribuição.

Citidina: o (ribo)nucleosídeo resultante da combinação da base citosina (C) com o açúcar D-ribose. O desoxirribonucleosídeo correspondente é chamado de desoxicitidina.

Citosina: base pirimidínica que ocorre no DNA e no RNA. No DNA pareia com a guanina nas moléculas de fita dupla.

Clado: Grupo monofilético de taxa.

Código genético: é o mesmo para quase todos os seres vivos. É a organização responsável pela ordem dos nucleotídeos que formam o DNA e a sequência dos aminoácidos que compõem as proteínas. Formado por quatro bases: adenina (A), citosina (C), guanina (G) e uracila (U).

A combinação destas bases faz com que seja determinado o aminoácido necessário para formação de uma proteína.

Codominância: dois alelos podem ser simultaneamente expressos quando ambos estão presentes, em vez de apenas um determinar o fenótipo.

Códon: sequência de três nucleotídeos que transporta a mensagem codificadora de uma proteína e determina o sequenciamento dos aminoácidos que a formam.

Coeficiente de parentesco: medida da distância genética entre dois indivíduos ou variedades.

Competência: é a capacidade das células reagirem a sinais específicos que podem ser substâncias reguladoras de crescimento, luz, temperatura etc.

Consanguíneo: descendente de um ancestral comum.

Cromatina: complexo de DNA e proteínas histonas, encontrado no núcleo de uma célula eucariótica. O material do qual os cromossomos são feitos.

Cromossomo sexual: diferenciado, é responsável pela determinação do sexo nos indivíduos. Para todos os mamíferos, um pequeno número de plantas floríferas e muitos insetos, as fêmeas apresentam um par de cromossomos X e os machos apresentam um cromossomo X e um cromossomo Y. Para pássaros, répteis e a maioria dos anfíbios, os machos possuem um par de cromossomos W e as fêmeas possuem um cromossomo W e outro Z. Em alguns insetos existe apenas um cromossomo X e o sexo é determinado pelo número desse cromossomo presente. Oposto: autossomo.

Cromossomo: material hereditário, composto de DNA e proteínas, cuja principal função é conservar, transmitir e expressar a informação genética. São os que definem, por exemplo, a cor dos olhos e a ocorrência de algumas doenças. Na espécie humana, 46 cromossomos (22 pares e os cromossomos sexuais X e Y) estão presentes em todas as 100 trilhões de células do organismo, à exceção das células sexuais (só têm a metade) e das hemácias (não têm nenhum).

Cromossomos homólogos: formam pares durante a meiose e apresentam formato e tamanho similares e mesmo *loci*.

Deme: população local de indivíduos que se reproduzem e têm continuidade física no tempo e no espaço.

Demes: regras comuns que indivíduos usam para o acasalamento (reprodução sexual).

Demes e pools gênicos: pode-se prever o deme (frequências genotípicas) a partir do *pool* gênico. Pelas Leis de Mendel, em uma meiose normal, pode-se calcular as frequências alélicas no pool gênico a partir das frequências genotípicas do deme.

Deriva genética: processo ao acaso e cumulativo que envolve a perda de alguns genes e a replicação excessiva de outros, ao longo de sucessivas gerações numa população pequena, alterando assim a sua frequência genética. Este processo pode dar origem a uma população genética e fenotipicamente diferente da que lhe deu origem.

Descendência: grupos de células ou indivíduos que têm uma ascendência comum.

Desenvolvimento fenotípico: descreve como zigotos adquirem fenótipos no contexto ambiental.

Desoxirribose: açúcar componente da estrutura dos ácidos desoxirribonucleicos (fórmula: $C_5H_{10}O_4$).

Diagnóstico molecular: feito por técnicas de biologia molecular tais como PCR, digestão por enzimas de restrição e sequência de DNA.

Distância genética: estatísticas para medir a *distância genética* entre os subgrupos ou populações.

Diversidade biológica: soma total da variedade e variabilidade da vida terrestre. Engloba todas as espécies de plantas, animais e micro-organismos, além dos ecossistemas e processos ecológicos dos quais fazem parte.

Diversidade gênica (heterozigosidade esperada): medida da variação genética em uma população. É calculada a partir do gene quadrado (alelo) e frequências.

Diversidade: variabilidade; existência de diferentes formas em qualquer grau ou categoria. Há uma tendência de associar diversidade com o grau macro (exemplo: diversidade de espécies ou diversidade de flores).

Divisão celular: responsável pela reprodução das células como parte do ciclo celular, o ciclo de vida de uma célula. Inicia-se na sua formação por meio da divisão da célula-mãe até a sua própria divisão, com a formação das células-filhas. O processo apresenta diversas funções importantes nos organismos, como originar um novo indivíduo e renovar as células mortas.

Divisão reducional: divisão celular em que se produzem núcleos com o número de cromossomos reduzidos à metade do número de células originais.

DNA (ácido desoxirribonucleico): as informações genéticas dos indivíduos ficam armazenadas numa molécula chamada DNA ou ADN (ácido desoxirribonucleico). Essa molécula tem a forma de uma espiral dupla enrolada sobre si mesma, semelhante a uma escada em caracol. Chamada de dupla-hélice, proposta inicialmente por Watson e Crick (1953), na qual as duas fitas são unidas por pontes de hidrogênio entre as bases nitrogenadas pareadas (A:T; C:G). Nela, dois ramos compostos por moléculas de açúcar (desoxirribose) e de fosfatos ligam-se devido ao pareamento de quatro moléculas denominadas bases nitrogenadas, que formam os degraus da escada. Nos degraus, a adenina (A) fica pareada com a timina (T) e a guanina (G) com a citosina (C). E cada par de bases está unido por pontes de hidrogênio. Esta disposição constitui as chamadas *quatro letras do código genético*. Tem a capacidade de reconstruir novas células e de se reproduzir a si mesma. Transcrita em RNA, tem a capacidade de codificar proteínas.

DNA mitocondrial: presente no cromossomo circular das mitocôndrias. É herdado maternalmente, ocorre em muitas cópias por células e desenvolve-se cinco a dez vezes mais rapidamente que o DNA genômico.

DNA polimerase: enzimas que catalisam a síntese de moléculas de DNA a partir de desoxirribonucleotídeos. Desempenham um papel fundamental na replicação do DNA, permitindo a passagem de informações genéticas para células-filhas de geração em geração, decisivo na reprodução e procriação dos organismos vivos; desempenham um papel importante nos processos associados ao reparo do DNA e seu sequenciamento.

Dominância incompleta: dois alelos podem produzir um fenótipo intermediário quando ambos estão presentes, em vez de haver um que determine o fenótipo completamente.

Dominância: gene que exerce dominância e se expressa mesmo que em dose simples, ou seja, em heterozigose.

Ecologia: ciência que estuda as relações dos seres vivos entre si e com o ambiente.

Ecossistema: qualquer unidade que abrange todos os organismos que funcionam em conjunto numa área. Interage com o ambiente físico de tal forma que o fluxo de energia produza estruturas bióticas claramente definidas e uma ciclagem de materiais entre as partes vivas e não vivas.

Ecótipo: um fenótipo de uma espécie, encontrado como variante local e que está associado a certas condições ecológicas.

Efeito fundador: refere-se à evolução e designa a modificação na estrutura da variabilidade genética. Alguns indivíduos deixam a população original e formam outra. Esses indivíduos, portadores de parte da variabilidade genética original, continuam o processo de evolução de forma diferente da original.

Endemismo: ocorre em apenas uma localidade restrita. Espécies insulares são muitas vezes endêmicas (não encontradas no continente adjacente). Altos níveis de endemismo (por exemplo, plantas e invertebrados em certos *habitats* como o pinheiro-esfrega na Flórida) sugerem uma história de isolamento geográfico. Cadeias de montanhas da América do Sul, por exemplo, têm taxas muito elevadas de endemismo para plantas e animais.

Endogamia: cruzamento entre indivíduos aparentados.

Engenharia genética: compreende a adição de uma ou mais características novas em determinada espécie.

Epistasia: condição em que um alelo de um gene bloqueia a expressão dos alelos de outro gene.

Equilíbrio de Hardy-Weinberg: numa grande população, com acasalamentos ao acaso e na ausência de seleção, mutação ou migração, tanto as frequências gênicas como as genotípicas se mantêm constantes ao longo das gerações.

Equilíbrio genético: gerações sucessivas de uma população contêm as mesmas frequências genotípicas, nas mesmas proporções ou combinações de genes.

Era geológica: uma ampla divisão do tempo geológico que engloba um ou mais períodos. As eras atualmente reconhecidas são *Arqueozoica*, *Proterozoica*, *Paleozoica*, *Mesozoica* e *Cenozoica*.

Erosão genética: perda da variabilidade genética de uma espécie. A perda pode atingir populações ou um genótipo particular, com a supressão de genes e/ou séries alélicas do reservatório gênico da espécie.

Especiação: diversificação genética de populações e multiplicação de espécies. Na prática, é usada para monitorar o fenômeno da evolução. Há várias modalidades de especiação, com destaque para a simpátrica e a alopátrica.

Estabilidade genética: (1) manutenção de determinado índice de equilíbrio genético no indivíduo ou na população; (2) capacidade dos organismos de se reproduzirem ou modificarem sem grandes alterações.

Estrutura populacional: sistema de acasalamento da população; tamanho populacional; presença, quantidade e padrão de troca genética com outras populações; estrutura etária de indivíduos na população.

Eucarionte: um membro de um grande grupo de organismos com núcleos envolvidos por uma membrana dentro de suas células.

Eucarioto: organismo cujas células apresentam núcleo bem caracterizado, separado do citoplasma pela membrana nuclear. Todos os animais, plantas e fungos são eucariotos.

Eucromatina: região do genoma rica em genes. Porção menos condensada da cromatina; é uma região geneticamente ativa. Veja *heterocromatina*.

Eugenia: ciência que ganhou importância no início do século XX, a qual advogava a manipulação do genoma humano por meio da seleção artificial, visando identificar indivíduos com características consideradas superiores.

Euploide: indivíduo, organismo, cepa ou célula com um número de cromossomos que é um múltiplo exato do número haploide característico da espécie. Em humanos, qualquer número de cromossomos múltiplo de 23.

Euploidia: alteração cromossômica numérica em que todo o conjunto cromossômico é alterado.

Evolução: processo de diversificação genética e morfológica de organismos na natureza. Expressa a quantidade de diversificação orgânica que ocorre na biosfera e é idealmente medida pelo fenômeno de especiação. O conceito de evolução está intimamente ligado à ocorrência de mudanças nas frequências gênicas das populações.

Evolução: processo de diversificação genética e morfológica de organismos na natureza. Expressa a quantidade de diversificação orgânica que ocorre na biosfera e é idealmente medida pelo fenômeno de especiação. O conceito de evolução está intimamente ligado à ocorrência de mudanças nas frequências gênicas das populações.

Exon: sequência genômica codificadora de um gene.

Expressão gênica: processo pelo qual a informação codificada de um gene é convertida em estruturas operacionais na célula. Genes expressos incluem aqueles que são transcritos em mRNA e são traduzidos em proteínas; e aqueles que são transcritos em RNA mas não são traduzidos em proteínas (tRNA e RNAs ribossomais).

Fenocópia: um fenótipo induzido pelo meio ambiente e que se assemelha a um fenótipo produzido por uma mutação.

Fenoma: identificação qualitativa da forma e função derivada dos genes, em estados de saúde e de doença.

Fenótipo: característica física observável de uma célula ou organismo. Aspecto de um organismo resultante da interação do seu genótipo (constituição genética) com o meio ambiente em que se desenvolveu esse organismo; conjunto de características físicas e comportamentais que se manifestam como resultado do genótipo em interação com o meio.

Fluxo gênico horizontal: migração de genes entre indivíduos de espécies diferentes.

Fluxo gênico recorrente: migração de alelos e/ou genes que ocorre em gerações sucessivas.

Fluxo gênico vertical: migração entre gerações de alelos e/ou genes entre indivíduos da mesma espécie.

Fluxo gênico: troca de informações genéticas entre indivíduos, populações ou espécies com a preservação da informação genética nas populações subsequentes. O fluxo gênico só se estabelece quando não há isolamento reprodutivo entre as espécies consideradas e o cruzamento entre elas ocorre.

Forças evolutivas: cinco forças principais podem causar a mudança evolutiva: seleção natural, a deriva genética (ou tamanho da população), mutação, acasalamento preferencial e migrações (no sentido genético do movimento permanente de genes de um local para outro).

Fotoproteção: Conjunto de mecanismos que protegem os seres vivos dos danos moleculares causados pela luz solar. Os humanos e os animais desenvolveram mecanismos fotoprotetores para evitar danos na pele, causados pela radiação ultravioleta, prevenindo tanto o dano direto no DNA quanto minimizando os danos indiretos causados pelo estresse oxidativo.

Frequência alélica: também chamada de *frequência gênica*. Uma medida da ocorrência de um alelo em uma população; a proporção de todos os alelos de um determinado gene em uma determinada população.

Frequência genotípica: proporção em que aparecem na população os genótipos com relação a um determinado *locus*.

Frequências gênicas: termo utilizado em genética de populações para as frequências alélicas.

Gameta feminino: óvulo.

Gameta masculino: espermatozoide.

Gameta: célula madura de caráter reprodutivo. Cada óvulo ou espermatozoide recebe apenas uma das duas cópias do gene presente no organismo, e a cópia alocada em cada gameta é aleatória (lei da separação).

Gargalo: redução no tamanho da população que pode ter grande influência sobre a variação genética, devido ao relacionamento entre deriva genética e tamanho da população.

Gene: unidade fundamental da hereditariedade. Sequência de DNA que codifica e determina as características dos organismos, codifica a síntese de uma proteína funcional ou uma molécula de RNA. Com determinado número de nucleótidos, é responsável pela transmissão das características hereditárias de uma geração para a seguinte. Em adição às regiões codificadoras (exons), a maioria dos genes também contém sequências não codificadoras (introns).

Genes: para os diferentes traços, são herdados independentemente uns dos outros (lei da variação independente). Os genes possuem diferentes versões, chamadas hoje de alelos. Quando um organismo tem dois alelos diferentes no mesmo gene, um (o alelo dominante) pode ser metilado e o outro será o único ativo (com impacto nas Leis de Mendel).

Genes no espaço e no tempo: manifestam-se no grau da população que está se reproduzindo. Fornece a continuidade espacial e temporal necessária à evolução.

Genética clínica: auxilia no diagnóstico, controle, aconselhamento e tratamento de doenças, como desordens genéticas, câncer e malformações congênitas.

Genética comportamental: envolve pesquisas sobre como o mapeamento do genoma humano se relaciona com características comportamentais.

Genética de populações: inclui o estudo da variação genética dentro das populações. Envolve a análise e modelagem de mudanças nas frequências de genes e alelos em populações, conforme espaço e tempo, e as forças capazes de alterá-las ao longo das gerações. Um indivíduo recebe uma porção dos genes de cada um dos seus progenitores, contidos nos gametas que lhe deram origem. Os processos de segregação e recombinação apresentam, como a base biológica, a meiose. O que se herda são novas combinações de genes.

Genética do desenvolvimento: aborda o controle dos genes sobre os processos de desenvolvimento; busca respostas para a formação das estruturas complexas de organismos multicelulares.

Genética evolutiva: estuda a evolução em termos de mudanças nos genes, frequências genotípicas dentro de populações e processos que causam a variação genética nas espécies.

Genética Mendeliana: permite predizer a distribuição genotípica e a fenotípica da progênie resultante de um acasalamento.

Genética molecular: abrange os mecanismos de expressão e regulação dos genes em grau molecular, com uma abordagem de investigação aplicada à teoria básica sobre os genes.

Genoma: todo o material genético contido nos cromossomos de um organismo, a sequência de DNA completa de um organismo.

Genômica comparativa: uma comparação do número, localização e funções biológicas dos genes nos genomas de diversos organismos.

Genômica estrutural: estudo sistemático da estrutura atômica tridimensional de todas as proteínas de um genoma e da correlação entre sua estrutura e função.

Genômica funcional: estudo sistemático que visa identificar a função de cada um dos genes de uma dada espécie. Tipicamente, é a atividade que se segue após o sequenciamento genômico e que emprega um amplo espectro de técnicas experimentais de biologia molecular, celular, estrutural e fisiologia.

Genômica vertical: estudo de todos os parâmetros moleculares que podem afetar os fenômenos celulares e teciduais de um organismo.

Genômica: estudo da estrutura, função e evolução de genomas completos e genes específicos, com tecnologias de alto desempenho para a análise de ácidos nucleicos, tais como sequenciamento de DNA, mapeamento genético e físico, e expressão gênica diferencial.

Genótipo: constituição genética de um organismo; constituição alélica para determinado *locus* ou o conjunto gênico de um indivíduo ou espécie.

Guanina: base purínica que ocorre no DNA e no RNA. No DNA pareia com a citosina.

Guanosina: o (ribo)nucleosídeo resultante da combinação da base guanina (G) com o açúcar D-ribose. O desoxirribonucleosídeo correspondente é chamado de desoxiguanosina.

***Habitat*:** local com características e componentes ecológicos específicos, onde as espécies estão adaptadas e completam naturalmente seu ciclo biológico. Florestas, savanas, lagos, dentre outros, são exemplos de *habitats*.

Haploide: ter um complemento único de cromossomos.

Hardy-Weinberg: frequências iguais em ambos os sexos.

Hemizigoto: indivíduo ou alelo presente em dose simples.

Herança complexa: um padrão de herança que não é mendeliana. Uma característica com herança complexa, em geral, resulta de alelos em mais de um *loci* que interage com fatores ambientais.

Herança ligada ao sexo: os genes carregados pelos cromossomos sexuais, como o cromossomo X em seres humanos, apresentam padrões de herança diferentes dos genes em cromossomos autossômicos (não sexuais).

Herança mitocondrial: a herança de uma característica codificada no genoma mitocondrial. Como o genoma mitocondrial é de herança estritamente materna, a herança mitocondrial ocorre apenas pela linhagem feminina.

Herança: a transmissão de genes (e de fenótipos) de geração em geração.

Hereditariedade: totalidade das características e comportamentos biologicamente transmitidos pelos pais à sua descendência. Herdamos capacidades que interagem com o meio.

Heterozigosidade: medida da variação genética em uma população. Em relação a um *locus*, determina-se como a frequência de heterozigotos para o mesmo.

Heterozigoto: célula diploide ou indivíduo que possui dois alelos diferentes para um ou mais genes específicos.

Heterozigotos (detecção de): identificação de indivíduos que são portadores de mutações em determinados genes.

Hibridização: pareamento de fitas complementares de DNA ou RNA para produzir hélices duplas do tipo DNA-DNA ou DNA-RNA.

Hipervariabilidade: alto grau de variação entre indivíduos dentro das populações locais em um marcador genético determinado. Exemplos de marcadores hipervariáveis incluem minissatélites e microssatélites.

Homologia: com a mesma origem (usado para genes ou caracteres derivados de um ancestral comum).

Homozigoto: indivíduo que apresenta o mesmo alelo em um mesmo *locus* em cromossomos homólogos.

Identidade por descendência: alguns alelos são idênticos porque são descendentes replicados de um único alelo ancestral.

Intrón: sequência envolvida na regulação da expressão de um gene.

Isolamento geográfico: previne o intercruzamento entre populações alopátricas por estarem fisicamente separadas. Persistindo por muito tempo, poderá conduzir as populações a se diferenciarem morfologicamente como resposta à seleção para diferentes ambientes, bem como as populações poderão se diferenciar de tal maneira que o intercruzamento entre elas não mais será possível, gerando o isolamento reprodutivo. Se a barreira geográfica desaparecer, as populações poderão voltar a se intercruzarem, formando assim uma única população.

Isolamento reprodutivo: as espécies mantêm a sua individualidade e permanecem distintas uma das outras, sem haver intercâmbio gênico. Existem dois tipos de mecanismos: (i) mecanismos pré-zigóticos, em que a fertilização e a formação do zigoto são prevenidas pela ocupação de diferentes *habitats* pelas populações que vivem em uma mesma região; pelo fator temporal ou estacional em que as populações são sexualmente funcionais em diferentes épocas do ano; pelo processo mecânico em que a fecundação cruzada é prevenida ou restringida por diferenças na estrutura dos órgãos reprodutivos; além da incompatibilidade e do isoladamente gamético; (ii) mecanismos pós-zigóticos, onde ocorrem a fertilização e formação de zigotos, porém são inviáveis ou originam híbridos fracos ou estéreis. Destacam-se a inviabilidade ou deficiência do híbrido, esterilidade no desenvolvimento do híbrido, esterilidade híbrida segregacional e desintegração da geração F2.

Linhagem genômica: segmento de DNA cromossômico que é passado ao longo das gerações sem interferência da recombinação. A variação resultante é proveniente apenas do acúmulo de mutações.

***Locus* gênico (plural *loci*):** posição que um gene ocupa em um cromossomo.

Mapa genético: representação gráfica da ordem relativa e distância, estimada em termos de probabilidade de recombinação, entre genes e/ou marcadores de DNA ao longo dos grupos de ligação que correspondem aos cromossomos de um organismo.

Marcador biparental: segmento de DNA herdado mendelianamente, por meio do pai e da mãe. Exemplo: todos os segmentos dos cromossomos humanos do 1 ao 22.

Marcador genético: alelos usados como sondas para identificar um indivíduo, uma doença, um tecido, uma célula, uma organela celular, um cromossomo ou um gene. Um marcador genético ideal deve apresentar uma série de atributos: (i) alto grau de polimorfismo, (ii) estabilidade em diferentes ambientes e (iii) herança simples.

Marcador uniparental: segmento de DNA herdado por apenas um dos pais. Exemplo: o cromossomo Y é herdado apenas do pai, e o DNA mitocondrial é herdado apenas da mãe.

Matrilinhagens: linhagens genômicas traçadas pela análise de marcadores do citoplasma materno, como o DNA mitocondrial em humanos.

Meiose: processo de divisão celular que ocorre nos órgãos reprodutores masculinos e femininos de plantas e animais, que leva à formação de esporos e gametas, respectivamente.

Metilação: a adição de um grupo metil (-CH3) a uma molécula, mais comumente o DNA, onde a citosina e, menos frequentemente, a adenina podem ser modificadas. Isso resulta, algumas vezes, em alteração na transcrição.

Migração: em genética populacional, a migração é o movimento (permanente) de genes para dentro ou fora de uma população.

Minissatélites: segmentos de DNA repetido muitas vezes, utilizados como marcadores genéticos para identificação individual ou análises de parentesco. Pode ser de um único *locus* ou de múltiplos *loci*.

Molécula: formada a partir da junção dos átomos por ligações químicas, garante suas características químicas e forma substâncias constituintes do corpo humano, como água (H2O), fosfato (PO43-), metano (CH4), proteínas, carboidratos etc.

Mutação: (1) ocorre em grau molecular antes que a informação contida no DNA seja expressa. Mutações são aleatórias e ocorrem de modo independente das necessidades dos indivíduos em relação ao meio ambiente; (2) alteração permanente e transmissível na sequência ou composição de nucleotídeos de um cromossomo, usualmente em um único gene, que causa uma alteração ou perda de sua função normal. As mutações não têm necessariamente um efeito deletério. Ocorrem durante o processo de duplicação de um gene.

Mutação não recorrente: evento raro; uma população constituída apenas por indivíduos AA. Supondo que o gene A sofra uma mutação para o alelo a, haverá, portanto, apenas um indivíduo *Aa* na população. Se este não se acasalar, o alelo a se perde. Se acasalar e produzir um descendente, a probabilidade de que o alelo desapareça é 1/2; para 2 descendentes 1/4; para 3 descendentes 1/8 e assim sucessivamente.

Ne: tamanho efetivo da população.

Neurônio: célula altamente especializada na transmissão de informações na forma de impulsos nervosos. Fenômenos eletroquímicos, que utilizam propriedades e substâncias da membrana plasmática, permitem que sejam criados e transmitidos impulsos elétricos.

Nucleico: ácido orgânico constituído de nucleotídeos; compreende o ácido desoxirribonucleico (DNA) e o ribonucleico (RNA).

Nucleosídeo: composto de base nitrogenada–açúcar que é o precursor de um nucleotídeo. Cada nucleosídeo é representado por uma letra que faz alusão à base que ele contém: A (adenina), G (guanina), C (citosina), T (timina) e U (uracila).

Nucleossomo: unidade estrutural de um cromossomo eucariótico composto por um pequeno segmento de DNA enrolado ao redor de um núcleo de histonas: é a subunidade fundamental da cromatina.

Nucleotídeo: unidade que se polimeriza em ácidos nucleicos (DNA ou RNA). Cada nucleotídeo consiste em uma base nitrogenada, um açúcar e de um a três grupos fosfatos. Um par de nucleotídeos complementares (um em cada fita do DNA) é unido através de pontes de hidrogênio.

Organoide (ou Organela Celular): estruturas que desempenham funções específicas no interior celular, principalmente em células eucarióticas. Formam compartimentos que garantem uma maior organização intracelular e são formadas pela união de várias moléculas. Exemplos: ribossomos, presentes em seres eucarióticos e procariontes, são responsáveis pela síntese proteica; mitocôndrias, presentes em eucariotos, realizam a respiração celular.

Órgão: constituído por tecidos, um órgão realiza funções específicas que garantem o funcionamento do organismo, como o estômago, que auxilia na digestão, e o coração, que bombeia sangue pelo corpo.

Paleoantropologia: ramo da ciência que estuda fósseis relacionados à linhagem ancestral humana.

Patrimônio genético: *pool* de genes que passam de uma geração à seguinte e se encontram nos cromossomos de todos os indivíduos de uma população. A possibilidade de acasalamento entre os indivíduos é um aspecto importante.

Perturbações: todas as alterações de natureza genética, ambientais, da natureza intrínseca da dinâmica celular (como o ciclo celular) ou pela administração de drogas que modificam o comportamento fisiológico de um sistema.

Pleiotropia: alguns genes afetam muitas características, e não apenas uma.

Poligenes: genes cujos efeitos, em geral, são demasiadamente pequenos para serem identificados individualmente. Com efeitos semelhantes e suplementares, podem ter importância na variabilidade total.

Poligênica: característica causada pelo efeito combinado de múltiplos genes.

Polimorfismo: ocorrência em uma população (ou entre populações) de várias formas fenotípicas associadas a alelos de um gene ou homólogos de um cromossomo.

Polimorfismo genético: ocorrência simultânea, na população, de genomas que apresentam variações nos alelos de um mesmo *locus*, resultando em diferentes genótipos.

Pool gênico: população de cópias gênicas que são coletivamente mantidas pelos indivíduos de um deme.

População: conjunto de indivíduos que se originam de um mesmo conjunto genético (*gene pool*), tendo em comum a origem. Podem ser naturais ou artificiais. Coexistem em uma área e tempo comuns e são capazes de se reproduzir e gerar descendentes.

População heterogênea: constituída por indivíduos com diferentes constituições genéticas.

População homogênea: constituída por indivíduos com mesmo genótipo; estes podem estar em homozigose ou heterozigose.

População não selecionada: é estudada sem sofrer nenhuma espécie de seleção prévia, usualmente por meio de testes de triagem em massa.

População segregante: descendentes, em geral derivados de um cruzamento específico entre dois genitores, que apresentam ampla variabilidade genética e fenotípica, e são utilizados para experimentos de mapeamento genético e seleção direcional.

Procarionte: organismo que não apresenta um núcleo organizado. Nos procariontes, o material genético não está encerrado num envoltório nuclear, mas está compactado e enovelado numa região do citoplasma chamada de nucleoide.

Progênie: descendência, geração, prole.

Proteína: principal constituinte estrutural dos seres vivos, macromoléculas formadas pela união de aminoácidos, denominadas de peptídeos. Apresentam quatro níveis estruturais: estrutura primária, secundária, terciária e quaternária. São formadas obrigatoriamente pelos elementos carbono (C), hidrogênio (H), oxigênio (O) e nitrogênio (N) e, eventualmente, por enxofre (S), fósforo (P), cobre e outros elementos. Existem apenas 20 aminoácidos, que se combinam de maneira diferente e formam todas as proteínas conhecidas. São constituintes básicos dos organismos e fazem parte da maquinaria celular responsável pelo funcionamento da célula. Muitas proteínas são enzimas e têm capacidade de catalisar reações bioquímicas. Outras têm um papel estrutural ou mecânico, como as que fazem parte do citoesqueleto ou de poros em membranas.

Purina: tipo de base nitrogenada; as bases purinas no DNA e no RNA são a adenina (A) e a guanina (G).

Recessividade: gene recessivo que só se expressa em homozigose.

Reparo de DNA: mecanismos que reparam erros que ocorrem naturalmente durante a duplicação do DNA, tais como a incorporação de nucleotídeos não complementares.

Replicação: característica essencial à continuidade da vida em nosso planeta; é a capacidade que os organismos têm de fazer cópias de si mesmos por duplicação do material hereditário, ou seja, do DNA.

Ribossomo: organela citoplasmática visível ao microscópio eletrônico sob a forma de grânulos escuros, composta essencialmente de ácidos ribonucleicos e proteínas, na qual ocorre a síntese de proteínas; também chamado de ribossoma.

RNA (ácido ribonucleico): ácido nucleico de fita única, similar ao DNA, mas apresenta uma ribose no lugar da desoxirribose (açúcar presente no DNA) e uracila (U) em vez da timina (T) como uma das quatro bases. Tem inúmeras funções na célula, sendo pela síntese de proteínas das células do corpo. Por meio da molécula de DNA, o RNA é produzido no núcleo celular e encontrado também no citoplasma da célula. A sigla de RNA vem da língua inglesa: *RiboNucleic Acid*.

RNA mensageiro (mRNA): as proteínas não são sintetizadas diretamente do DNA genômico. Inicialmente, ocorre a transcrição de uma molécula de RNA (um precursor do mRNA) a partir da sequência de DNA de um gene. Este RNA é então processado de várias formas.

Segregação alélica: primeira lei de Mendel, pela qual alelos do mesmo gene se separam na meiose, cada um passando para um gameta diferente.

Segregação: (1) distribuição de diferentes combinações dos cromossomos dos pais nos gametas. Os genes não alélicos segregam-se independentemente nos gametas, a não ser que estejam ligados; (2) a separação dos genes alélicos na meiose. Como os alelos ocupam o mesmo *locus* em cromossomos homólogos, passam para diferentes gametas, isto é, sofrem segregação.

Seleção natural: é o principal fator evolutivo que atua sobre a variabilidade genética da população. Pode-se dizer, simplificadamente, que a evolução é o resultado da atuação da seleção natural sobre a variabilidade genética de uma população. A ação da seleção natural consiste em selecionar genótipos mais bem adaptados a uma determinada condição ecológica e eliminar aqueles desvantajosos para essa mesma condição. A expressão *mais bem adaptado* refere-se à maior probabilidade de, em um determinado ambiente, um determinado indivíduo deixar descendentes. Os indivíduos mais bem adaptados a um ambiente têm maiores chances de sobreviver e de deixar descendentes.

Seleção: sobrevivência diferencial ou reprodução não aleatória de classes de entidades fenotipicamente diferentes.

Sequência conservada: sequência de bases em uma molécula de DNA (ou sequência de aminoácidos em uma proteína) que permaneceu essencialmente sem se alterar durante o processo de evolução.

Sequenciamento (de DNA, ou genoma): é a técnica usada para determinar em que ordem as bases nitrogenadas (Adenina, Timina, Citosina, Guanina) se encontram no DNA. Sequenciar um genoma significa determinar a ordem em que as informações, ou seja, os genes, estão colocados no genoma. Isso permite obter informações sobre a linha evolutiva dos organismos, trazer novos métodos para diagnosticar doenças ou formular medicamentos e vacinas.

Simplex: em genética humana é o termo usado para descrever uma história familiar com apenas um membro afetado por um distúrbio genético.

Sistema: conjunto de órgãos que, ligados entre si, exercem uma função vital específica, garantem o equilíbrio do organismo e a manutenção da vida. Exemplos são o Sistema Respiratório, que garante as trocas gasosas e a obtenção de oxigênio; e o Sistema Nervoso, responsável por analisar e estabelecer uma rede de comunicação dentro do organismo por meio de estímulos.

SNP (*Single Nucleotide Polymorphism*): polimorfismo de nucleotídeo único, uma posição de base na qual dois nucleotídeos alternativos ocorrem a uma frequência significativa (>1%) na população. Os SNPs são responsáveis pela maior parte da variação genética entre os indivíduos.

Tecido: várias células semelhantes interagem entre si e formam os tecidos que desempenham uma função específica no organismo. Os tecidos são visíveis e presentes em organismos vegetais e animais, como a epiderme (camada da pele), por exemplo.

Timidina (mais corretamente desoxitimidina): molécula, também conhecida como nucleosídeo, é formada quando uma timina é ligada a um anel de desoxirribose (também conhecido como desoxirribofuranose) via uma β-N_1 — ligação glicosídica.

Timina: uma das quatro bases nitrogenadas principais encontradas no DNA, juntamente com adenina, citosina e guanina.

Tradução: processo fundamental em todas as formas de vida. Transforma a informação genética contida no DNA, e depois no RNA, nas proteínas necessárias à vida celular. Este processo dá-se nos ribossomos.

Traços hereditários: são determinados por genes. Os genes vêm em pares (ou seja, estão presentes em duas cópias em um organismo).

Transferência gênica vertical: transferência gênica entre gerações.

Transformação gênica: transferência de material genético entre organismos da mesma espécie ou de espécies diferentes. Isso leva, geralmente, à obtenção de novas características. Tal processo pode ocorrer natural ou artificialmente.

Variabilidade: estado de ser variável em qualquer categoria considerada.

Variação: diferenças entre indivíduos devidas ao polimorfismo em sua composição genética ou ao meio em que se desenvolvem.

Variação contínua: ocorrência de variabilidade caracterizada pela presença de indivíduos que apresentam determinada(s) característica(s) na forma contínua, ou seja, com tipos intermediários conectados aos extremos. Essa expressão é típica da variabilidade intraespecífica e não permite a categorização em classes. Ver também *genética quantitativa e poligenes*.

Variação descontínua: ocorrência de variabilidade em fenótipos, de tal dimensão e padrões que enseja o delineamento de grupos taxonômicos. Essa expressão é típica da variabilidade interespecífica e permite a separação dos indivíduos em classes distintas.

Variação epigenética: variação transitória induzida pelo ambiente no fenótipo; é perpetuada por propagação assexuada, sem envolver mudanças permanentes (herdáveis) no genótipo.

Variação fisiológica: variação entre indivíduos em virtude dos estímulos de ambiente; desaparece com a remoção da causa. Variação não persistente (não herdável).

Variação genética: cada indivíduo é único devido a processos de recombinação na formação dos gametas e mutações subsequentes. Essa variação é de natureza herdável e se perpetua com a reprodução sexuada nas gerações subsequentes.

Variação somaclonal: variação entre indivíduos regenerados, a partir de cultura de tecidos; pode ser fisiológica, epigenética ou genética.

Variância ambiental: parte da variância fenotípica devido a efeitos do meio ambiente ao qual os indivíduos de uma população estão expostos.

Variância fenotípica: variância total que engloba a variância genética e a variância ambiental, exteriorizada por indivíduos de uma população para um determinado caráter.

Variância genética: parte da variância fenotípica devido às diferenças na constituição genética dos indivíduos de uma população. Pode ser decomposta em aditiva (sem interação alélica), dominante (com interação entre genes alelos) e epistática (com interação entre genes não alelos).

Whole genome scan: inspeção de genoma completo; termo utilizado para a análise rápida de genomas completos pela tipagem de polimorfismos de centenas de marcadores de DNA, tipicamente microssatélites.

Zigoto (ou célula-ovo): é a célula formada após a união do espermatozoide (gameta masculino) com o ovócito (gameta feminino). Esta célula é responsável por formar todo o nosso organismo. É formada no processo de fecundação, em que o gameta masculino funde-se ao gameta feminino na tuba uterina. O espermatozoide depositado na vagina da mulher entra no colo do útero e segue em direção às tubas. Até chegar à tuba, o espermatozoide nada por cerca de 2 a 7 horas. Na tuba uterina, os espermatozoides podem encontrar o ovócito, ao qual são atraídos pelos indutores de quimiotaxia.

Bibliografia científica

ALBERT, Jacquard. *Éloge de la différence*. La génétique et les hommes. Seuil. 1981.

_____. *La Science à l'usage des non-scientifiques*, 2003.

ALEXANDER, D. H.; NOVEMBRE, J.; LANGE, K. *Fast model-based estimation of ancestry in unrelated individuals. Genome Res.*19, 1655-1664, 2009.

ALLEN, G. E. *Was Nazi eugenics created in the US?*. EMBO Reports. 5 (5), 2004.

ANTUNES, P. C. A. *Eugenia e immigração*. Tese de doutorado em Medicina. — Faculdade de Medicina da Universidade de São Paulo, São Paulo, 1926.

BACELLAR, A. O. *A surdo mudez no Brasil*. Tese de doutorado em Medicina — Faculdade de Medicina da Universidade de São Paulo, São Paulo, 1926.

BAMSHAD, Michael; WOODING, Stephen; SALISBURY, Benjamin A.; STEPHENS, J. Claiborne *Deconstructing T Relationship Between Genetics And Race*. Nature Reviews Genetics 5, 2004.

BIZZO, N. M. V. *O paradoxo social-eugênico, genes e ética*. Revista USP, n. 24, 1994 — 1995.

BLACK, E. *Eugenics and the Nazis* — The California connection, San Francisco Chronicle, 2003.

BLEENHEN, S.S.; ANSTEY, A.V. *Disorders of skin colour*, Burns T,

Breathnach1. S, Cox N, Griffiths C, editors. Rook's textbook of dermatology. 7th ed. New York: Blackwell Science; 2004.

BOIVIN A.; VENDRELY, R.; VENDRELY, C. *L'acide désoxyribonucléique du noyau cellulaire dépositaire des caractères héréditaires; arguments d'ordre analytique*. C. R. Acad. Sci. 226, 1948.

BOWLER, P. J. *Evolution, the history of an idea*. Univ. Califórnia Press, 2003.

BRASIL. Decreto nº 181, de 24 de janeiro de 1890. Promulga a lei sobre o casamento civil. Coleção das Leis do Império do Brasil, Brasília, DF, 1890a, v. 1, n. 1, p. 168.

BRASIL. Decreto nº 528, de 28 de junho de 1890. Regulariza o serviço da introdução e localização de imigrantes na República dos Estados Unidos do Brasil. Coleção das Leis do Império do Brasil, Brasília, DF, 1890b, v. 1, n. 6, p. 1424, 1890.

BROWN, T. A. *Genome*. 3nd Edition, BIOS Scientific Publishers Ltda. UK, 2007.

CAMPBELL, I. M. et al. *Multiallelic positions in the human genome*: challenges for genetic analyses. *Hum. Mutat*. 37, 2016.

CAMPBELL, M. C.; TISHKOFF, S. A. *African genetic diversity*: implications for human demographic history, modern human origins, and complex disease mapping. *Annu. Rev. Genomics Hum. Genet*. 9, 2008.

CAVALLI-SFORZA, L.L.; BODMER, W.F. *The Genetics of Human Populations*. Dover Publications Inc., Mineola, New York, 1997.

COSTA, J. F. *História da Psiquiatria no Brasil*: um corte ideológico. 5 ed. Rio de Janeiro: Garamond, 2007.

CROW, J.F. *Basic Concepts in Population, Quantitative, and Evolutionary Genetics*. W.H. Freeman and Company, New York, 1986.

_____.; KIMURA, M. *An Introduction to Population Genetics Theory*. Harper & Row, New York. 1970. EDWARDS, A. W. F.. *Foundations of Mathematical Genetics*, Cambridge University Press, Cambridge, 1977.

DARWIN, C. *A origem do Homem*. São Paulo, Summus, 1982.

DAWKINS, Richard. *A grande história da evolução*. Na trilha de nossos ancestrais. SP, Companhia das Letras, 2009.

DOBZHANSKY, T. *Genetics of the Evolutionary Process*. New York, NY: Columbia University Press, 1970.

_____ . *Diversidade genética e igualdade humana*. Barcelona, 1978.

FISHER, R. A. *The genetical Theory of Natural Selection*, Clarendon Press, Oxford, 1930.

HALDANE, J. B. S. *The Causes of the Evolution*, Longmans & Green, New York, 1932.

HARTLE, D. L.; CLARK, A. G. *Principle of Population Genetics*, Sinauer, Sunderland, 1989.

HOGBEN, L. *An Introduction to Mathematical Genetics*, Norton, New York, 1946.

GAULMIER, Jean. *Introduction*. In: Arthur de Gobineau, Oeuvres. Tomo I. Paris: Gallimard. pp. IX–LVII, 1983.

GILLESPIE, John H. *Population Genetics. A Concise Guide.* Baltimore/London: The Johns Hopkins University Press, 1998.

GODOY, P. Eugenia e seleção. Tese de doutorado — Faculdade de Medicina da Universidade de São Paulo, São Paulo, 1927.

GOLDSCHMIDT, R. *The material basis of evolution*. Yale University. Press, New Haven, 1940.

GONZÁLEZ-MARTÍNEZ, S.C.; KRUTOVSKY, K.V.; NEALE, D.B. *Forest-tree population genomics and adaptative evolution*. New Phytologist, 170, 2006.

GREGORY, T. *The Evolution of the Genome*. 1nd Edition, Elsevier, 2005.

GRINE, Frederick E.; FLEAGLE, John G.; LEAKEY, Richard E. The First Humans: *Origin and Early Evolution of the Genus Homo*. NY, Springer, 2009.

GUIMARÃES FILHO, A. *Da hygiene mental e sua importância em nosso meio*. 1926. Tese de doutorado em Medicina — Faculdade de Medicina da Universidade de São Paulo, São Paulo, 1926.

GURDASANI, D. et al. *The African Genome Variation Project shapes medical genetics* in Africa. Nature 517, 327–332, 2015.

H3AFRICA CONSORTIUM. *Enabling the genomic revolution in Africa*. Science 344, 1345-1346, 2014.

HABER, M. et al. *Chad genetic diversity reveals an African history marked by multiple Holocene Eurasian migrations*. Am. J. Hum. Genet. 99, 1316-1324, 2016.

HALDANE, J.B.S. *The causes of evolution*. Longman's Green, London, 1932.

HARTL, D.L.; CLARK, A.G. *Princípios de genética de populações*. 4ª ed. Porto Alegre: Artmed, 2010.

HEDRICK, P.W. *Genetics of Populations*. 2nd. Ed. Jones & Bartlett Pub, 2000.

HERRNSTEIN, Richard J., & MURRAY, Charles (1994) *The bell curve*. New York: The Free Press.

HERRON, JC & S FREEMAN. 2013. Evolutionary Analysis. Fifth Edition. Benjamin Cummings. San Francisco, CA.

HOOTON, E.A. *Methods of racial analysis. Science* 63, 75-81, 1926.

HUTTIB, C. *Race and the Third Reich*. A transitional figure between Aryanism and Nordicism was Karl Penka, 2005.

ILBOUDO, H. *et al. Introducing the TrypanoGEN biobank*: a valuable resource for the elimination of human African trypanosomiasis. *PLoS Negl. Trop. Dis*. 11, e0005438, 2017.

JACOB, François. *La logique du vivant*. Une histoire de l'hérédité. Gallimard. 1970.

JOHANSEN; MANGE, Arthur. *Basic Human Genetics*. 2 ed. Sunderland, Sinauer Associates, 1999.

JORDE, Lynn B.; Wooding, Stephen P. *Genetic variation, classification and race*. Nature Genetics 36, S28-S33, 2004.

KARAZIAN, H. H. *Mobile elements: Drivers of genome evolution*. Science 303, 2004.

KEELING, P. J.; PALMER, J. D. *Horizontal gene transfer in eukaryotic evolution*. Nature Rev. Genetics 9, 2004.

KEHL, R. *O nosso boletim: Instituto Brasileiro de Eugenia*. Boletim de Eugenia, Rio de Janeiro, v. 1, n. 1, 1929.

KHEL, R. *Lições de eugenia*, 1929.

KIMURA, M. *Population Genetics, Molecular Evolution, and the Neutral Theory*. Selected Papers. The University of Chicago Press Ltd., London, 1994.

KOONIN, E. V.; SENKENKEVITCH, T. G.; DOLJA, V. V. *The ancient Virus World and evolution of cells*. Biology Direct 1:29 doi:10.1186/1745-6150-1-29, 2006.

LEWIN, Benjamin. *GENES IX*. 9ª Edição. Artmed Editora S.A., Porto Alegre, RS, 2009.

LEWONTIN, R. C. *Biologia como ideologia: a doutrina do DNA*. Ribeirão Preto: Funpec, 2000.

LOESCHCKE, V.; TOMIUK, J. & JAIN, S.K. *Conservation Genetics.* Birkhauser Verlag, Basel, 1994.

LONG J.C., Kittles R.A. *Human genetic diversity and the nonexistence of biological races.* Hum Biol. 75, 449-71, 2003.

LOPES, E. *Trabalhos da Liga Brasileira de Hygiene Mental.* ABHM, Rio de Janeiro, 1(2) 155-156, 1925.

LYNCH, M. *The origins of genome architecture.* Sinauer associates, Sunderland, 2007.

_____.; CONNERY, J. S. (2003).

MARQUES, V. R. B. *A medicalização da raça*: médicos, educadores e discurso eugênico. Campinas: Editora da Unicamp, 1994.

MAYR, E. *Principles of Systematic Zoology.* New York, NY: McGraw-Hill, 1969.

MENDEL, G. *Versuche über Pflanzen-Hybriden.* In: Verhandlungen des naturforschenden Vereines in Brünn. Vol. IV (1865). Brünn: Im Verlage des Vereines. Disponível em: http://www.mendelweb.org/Mendel.html. Traduzido para o inglês.

MONTELEONE, P. *Cinco problemas da eugenia brasileira.* Tese de doutorado em Medicina — Faculdade de Medicina da Universidade de São Paulo, São Paulo, 1929.

MULLER, H. J. *Artificial transmutation of the gene.* Science 66, 1927.

MURPHY, Timothy; F.; LAPPÉ, Marc. *Justice and the human genome project.* CA, California Press, 1994.

NADEAU, J. H.; SANKOFF, D. *Comparable rates of gene loss and functional divergence after genome duplications early in vertebrate evolution.* Genetics 147, 1997.

NIELSEN, R. *et al. Tracing the peopling of the world through genomics.* Nature 541, 302-310 2017.

OHNO, S. *Evolution by gene duplication.* Springer Verlag, Berlin, 1970.

OLIVER, K. R. e GREENE, W. K. *Transposable elements: powerful facilitators of evolution.* Bioessays online, DOI:10.1002/bies.200800219, 2009.

OLSEN, Steven. *Mapping Human History: Genes, Race, and Our Common Origins*, Mariner Books, 2003.

OSAWA K., JUES, T. H., WATANABE, K.; MUTO, A. *Recent evidence for evolution of the genetic code.* Microbiol. Rev. 56(1), 1992.

PACHECO E SILVA, A. Conferência proferida no I Congresso Brasileiro de Eugenia. Rio de Janeiro, [ca.1929].

PARRA, Flávia C. *et al. Color and genomic ancestry in Brazilians*. PNAS 100. The National Academy of Sciences of the USA, 2003.

PATIN, E. *et al. Dispersals and genetic adaptation of Bantu-speaking populations in Africa and North America*. Science 356, 2017.

PATTHHY, L. *Genome evolution and the evolution of exon-shuffling — a review*. Gene 238(1), 1999.

PAVLIDIS, P.; ŽIVKOVIC, D.; STAMATAKIS, A.; ALACHIOTS, N. *SweeD: likelihood-based detection of selective sweeps in thousands of genomes*. Mol. Biol. Evol. 30, 2224-2234, 2013.

PENNOCK, R.T. *Creationism and intelligent design*. Annu. Rev. Genomics Hum. Genet., 4, 2003.

PICKRELL, J. K. et al. *Ancient west Eurasian ancestry in southern and eastern Africa. Proc. Natl Acad. Sci. USA* 111, 2632-2637, 2014.

_____. *et al*. Signals of recent positive selection in a worldwide sample of human populations. *Genome Res*. 19, 2009.

POSEY, J. E. *et al. Insights into genetics, human biology and disease gleaned from family based genomic studies*. Genet. Med. 21, 2019.

RETSHABILE, G. *et al. Whole-exome sequencing reveals uncaptured variation and distinct ancestry in the southern African population of Botswana*. Am. J. Hum. Genet. 102, 2018.

RIBAS, E. *Exame pré-nupcial*. Tese de doutorado em Medicina — Faculdade de Medicina da Universidade de São Paulo, São Paulo, 1927.

RODRIGUES, Nina. Os africanos no Brasil. 6.ª ed. Brasília: Universidade de Brasília, 1982.

ROTINI, C. N.; JORDE, L. B. *Ancestry and disease in the age of genomic medicine*. N. Engl. J. Med. 363, 1551–1558, 2010.

SABETI, P. C. *et al. Detecting recent positive selection in the human genome from haplotype structure*. Nature 419, 2002.

SAMPAIO, G. *Esterilizacao eugenica e a deontologia medica*. Tese de graduação em Medicina — Faculdade de Medicina da Universidade de São Paulo, São Paulo, 1928.

SCHEINFELDT, L. B. *et al. Genomic evidence for shared common ancestry of East African hunting-gathering populations and insights into local adaptation*. Proc. Natl Acad. Sci. USA 116, 4166–4175, 2019.

SCHLEBUSCH, C. M.; JABOKSSON, M. *Tales of human migration, admixture, and selection in Africa*. Annu. Rev. Genomics Hum. Genet. 19, 2018.

_____. *et al. Genomic variation in seven Khoe-San groups reveals adaptation and complex African history*. Science 338, 2012.

SEMO, A. *et al. Along the Indian Ocean coast: genomic variation in Mozambique provides new insights into the Bantu expansion*. Mol. Biol. Evol. 37, 2020.

SKOGLUND, P. *et al. Reconstructing prehistoric African population structure*. Cel 171, 59-71 2017.

SNEL, B.; BORK, P.; HUYNEN, M. A. *Genomes in flux:* The evolution of archaeal and proteobacterial gene content. Genome Res. 12, 2002.

SOUZA, S. J. *The emergence of a synthetic theory of intron evolution*. Genetica 118, 2003.

SPIRO, Jonathan P. *Defending the Master Race: Conservation, Eugenics, and the Legacy of Madison Grant*. [S.l.]: Univ. of Vermont Press, 2009.

SPRINGER, G.F.; WIENER, A.S. *Alleged causes of the present-day world distribution of the human ABO blood groups*. Nature 194: 1962. Stern, C. Principles of Human Genetics W.H. Freeman and Co., San Francisco, USA, 1960.

STEPAN, N. *A Hora da Eugenia* — raça, gênero e nação na América Latina. Rio de Janeiro: Fiocruz; 2005.

SUEOKA, N. *On the genetic basis of variation and heterogeneity of DNA base composition*. Proc. Natl. Acad. Sci. USA. 48, 1962.

SVERDLOV, A. V.; ROGOZIN, I. B.; BABENKO, V. N.; KOONIN, E. V. *Conservation versus parallel gains in intron evolution*. Nuc. Ac. Res. 33(6), 2005.

SZPIECH, Z. A.; HERNANDEZ, R. D. *Selscan: an efficient multithreaded program to perform EHH-based scans for positive selection*. Mol. Biol. Evol. 31, 2824-2827, 2014.

TAGUIEFF, Pierre-André. *La couleur et le sang*: doctrines racistes à la française. Paris: Mille et Une Nuits, 2002.

TEMPLETON, A.R. *Human races*: A genetic and evolutionary perspective. Am. Anthropol. 100, 1998.

The 1000 Genomes Project Consortium. *A global reference for human genetic variation*. Nature 526, 2015.

TISHKOFF, S. A. *et al. The genetic structure and history of Africans and African Americans. Science* 324, 2009.

TWINE, France Winddance. *Racism in a Racial Democracy:* The maintenance of white supremacy in Brazil. New Jersey: Rutgers University Press, 1997.

VITTI, J. J., GROSSMAN, S. R.; SABETI, P. C. *Detecting natural selection in genomic data. Annu. Rev. Genet.* 47, 2013.

WANG, C. *et al. Comparing spatial maps of human population-genetic variation using Procrustes analysis.* Stat. Appl. Genet. Mol. Biol. 9, 2010.

WEINHOLD, B. *Epigenetics: the Science of change.* Environ Health Perspect, 114(3), 2006.

WEISS, Kenneth M.; BUCHANAN, Anne V. *Genetics and the Logic of Evolution.* Hoboken, New Jersey: John Wiley & Sons, 2005.

WILSON, A. C.; CARLSON, S. S. e WITHE, T. J. *Biochemical evolution.* Annu. Rev. Biochem. 46, 1977.

ZHIVOTOVSKY, Lev A.; FELDMAN, Marcus W., *Genetic Structure of Human Populations*, Science, Vol 298, Issue 5602, 2002.

GOSTOU DO LIVRO QUE ACABOU DE LER?
APONTE A CÂMERA DE SEU CELULAR
PARA O QR CODE E DESCUBRA UM MUNDO PARA EXPLORAR.
UM GUIA DIGITAL COM MILHARES DE INFORMAÇÕES,
FILMES E VÍDEOS SOBRE O TEMA DESTE LIVRO.

INFORMAÇÕES SOBRE A
GERAÇÃO EDITORIAL

Para saber mais sobre os títulos e autores
da **Geração Editorial**,
visite o *site* www.geracaoeditorial.com.br
e curta as nossas redes sociais.

Além de informações sobre os próximos lançamentos,
você terá acesso a conteúdos exclusivos
e poderá participar de promoções e sorteios.

geracaoeditorial.com.br

/geracaoeditorial

@geracaobooks

@geracaoeditorial

Se quiser receber informações por *e-mail*,
basta se cadastrar diretamente no nosso *site*
ou enviar uma mensagem para
imprensa@geracaoeditorial.com.br

GERAÇÃO EDITORIAL

Rua João Pereira, 81 – Lapa
CEP: 05074-070 – São Paulo – SP
Telefone: (+ 55 11) 3256-4444
E-mail: geracaoeditorial@geracaoeditorial.com.br

Impressão e Acabamento | Gráfica Viena
Todo papel desta obra possui certificação FSC do fabricante.
Produzido conforme melhores práticas de gestão ambiental (ISO 14001)
www.graficaviena.com.br